鹿島学園高等学校

〈収録内容〉

2024 年度 …………………… 一般（数・英・理・社・国）

2023 年度 …………………… 一般（数・英・理・社・国）

※国語の大問2は、問題に使用された作品の著作権者が二次使用の許可を出していないため、問題を掲載しておりません。

2022 年度 …………………… 一般（数・英・理・社・国）

便利な DL コンテンツは右の QR コードから

解答用紙

非対応
リスニング

⇒

※データのダウンロードは 2025 年 3 月末日まで。
※データへのアクセスには、右記のパスワードの入力が必要となります。 ⇒ 871599

〈合格最低点〉

※学校からの合格最低点の発表はありません。

本書の特長

実戦力がつく入試過去問題集

- ▶ 問題 ……………… 実際の入試問題を見やすく再編集。
- ▶ 解答用紙 …… 実戦対応仕様で収録。
- ▶ 解答解説 …… 詳しくわかりやすい解説には、難易度の目安がわかる「基本・重要・やや難」の分類マークつき（下記参照）。各科末尾には合格へと導く「ワンポイントアドバイス」を配置。採点に便利な配点つき。

入試に役立つ分類マーク

基本 確実な得点源！
受験生の90%以上が正解できるような基礎的、かつ平易な問題。
何度もくり返して学習し、ケアレスミスも防げるようにしておこう。

重要 受験生なら何としても正解したい！
入試では典型的な問題で、長年にわたり、多くの学校でよく出題される問題。
各単元の内容理解を深めるのにも役立てよう。

やや難 これが解ければ合格に近づく！
受験生にとっては、かなり手ごたえのある問題。
合格者の正解率が低い場合もあるので、あきらめずにじっくりと取り組んでみよう。

合格への対策、実力錬成のための内容が充実

- ▶ 各科目の出題傾向の分析、合否を分けた問題の確認で、入試対策を強化！
- ▶ その他、学校紹介、過去問の効果的な使い方など、学習意欲を高める要素が満載！

解答用紙ダウンロード 解答用紙はプリントアウトしてご利用いただけます。弊社ＨＰの商品詳細ページよりダウンロードしてください。トビラのＱＲコードからアクセス可。

UD FONT 見やすく読みまちがえにくいユニバーサルデザインフォントを採用しています。

鹿島学園高等学校

勉強や部活動など、生徒一人ひとりの個性を伸ばす

普通科
生徒数　789名
〒314-0042
茨城県鹿嶋市田野辺141-9
☎0299-83-3211
☎0299-83-3215（入試広報部直通）
鹿島線鹿島神宮駅、
鹿島臨海鉄道荒野台駅ほか
各スクールバス（7ルート）

URL	https://kgh.ed.jp

男子サッカー部

プロフィール　未来を創造し、世界をつなぐ

1989年創立の進学、スポーツに力を入れている学校。「確かな学力」「豊かな人格形成」「将来をみすえた国際理解」の校訓のもと、特色のある教育活動を行っています。

環境　ICTを導入し充実した教育環境を実現

校内全域に高速無線LAN、全教室に電子黒板・書画カメラを常設し、ICTを活かした教育活動に力を入れています。また、2021年度入学生から一人１台PCを導入し、授業や自宅学習、課外活動に活用しています。施設面では、人工芝サッカー場２面、400m陸上タータントラック、野球・サッカー室内練習場など充実した設備を備えています。また、遠方からの生徒向けに学生寮も設けられています。

カリキュラム　3つのコースで、生徒それぞれの夢を叶える

グローバルコースは世界、アジア、日本で活躍するグローバルリーダーの育成を目指しています。少人数のクラス編成と、３名のネイティブ教員との授業を通して、コミュニケーション能力と英語４技能をバランスよく学習していきます。１年次の東南アジアへの海外研修、２年次の英語圏への語学研修も充実しています。

進学コースは習熟度別クラス編成による、生徒一人ひとりに合わせたきめ細かい授業を行っています。基礎学力の定着を目指す「授業」、大学受験対策や資格取得を目指すための応用力を伸ばす「放課後ゼミ」、長期休業中に開講される「講習」を通して、きめ細かい指導を実現しています。

芸術コースは３年間を通して素描技術の基礎を学ぶ「基礎デッサン」、PCを活用して作画を学ぶ「デザイン」、そして、１年をかけて自分のイメージを表現する「総合研究」など、充実したカリキュラムで表現する力を身につけていきます。

2年次に実施される海外への修学旅行

学校生活　多くの学校行事　全国レベルの部活動

校訓にもある、「豊かな人格形成」を育むために多くの学校行事が実施されています。４月新入生HR合宿、７月野球全校応援、９月文化祭・修学旅行（２学年）・遠足（１学年）、10月芸術鑑賞会、11月体育祭（隔年）・サッカー全校応援、２月三年生を送る会など、その他にも多くの学校行事が催されています。

部活動では、これまでに男子サッカー部が第87回全国高校サッカー選手権大会で第３位となり、硬式野球部が第103回全国高等学校野球選手権大会に出場しました。その他、女子サッカー部・レスリング部・陸上競技部・ソフトテニス部・女子ソフトボール部がインターハイや全国大会に出場しています。

進路　一人ひとりの進路に応じたサポート

大学の教授や専門学校の講師による模擬授業、進路ガイダンスなど、生徒自身が将来を考える進路指導行事を実施しています。また、大学共通テスト受験者ガイダンスや就職者ガイダンスなどの各種説明会も実施しています。こうした行事や説明会を通して、生徒一人ひとりに応じた進路サポートをしています。

過去3年間の合格実績

筑波、東京学芸、信州、茨城、静岡、鹿屋体育、会津、早稲田、明治、青山学院、立教、中央、法政、学習院、立命館、関西学院、成蹊、成城、明治学院、武蔵、獨協、國學院、東京農業、順天堂、東京経済、日本、東洋、駒澤、専修、近畿、文教、女子栄養、大妻女子、武蔵野、横浜美術、武蔵野美術、日本体育、Taylor's University、University of Illinois at Chicagoなど

国際化　将来をみすえた国際理解を養う

生徒は修学旅行や部活動の海外遠征などを通して異文化を感じ、現地の人々と交流をすることで、広い国際的視野を身につけていきます。また、留学生を積極的に受け入れ現在50名程度が在籍しています。留学生と過ごす３年間や修学旅行を通してグローバル社会を生き抜く国際感覚を養います。

2025年度入試要項

試験日　1/9（推薦）　1/18（一般）

試験科目　課題作文＋面接（推薦）
国・数・英＋面接（一般単願）
国・数・英・理・社（一般併願）

※一般併願のグローバルコースは面接あり

2025年度	募集定員
進学	190
芸術	30
グローバル	20
計	240

過去問の効果的な使い方

① **はじめに**　入学試験対策に的を絞った学習をする場合に効果的に活用したいのが「過去問」です。なぜならば，志望校別の出題傾向や出題構成，出題数などを知ることによって学習計画が立てやすくなるからです。入学試験に合格するという目的を達成するためには，各教科ともに「何を」「いつまでに」やるかを決めて計画的に学習することが必要です。目標を定めて効率よく学習を進めるために過去問を大いに活用してください。また，塾に通われていたり，家庭教師のもとで学習されていたりする場合は，それぞれのカリキュラムによって，どの段階で，どのように過去問を活用するのかが異なるので，その先生方の指示にしたがって「過去問」を活用してください。

② **目的**　過去問学習の目的は，言うまでもなく，志望校に合格することです。どのような分野の問題が出題されているか，どのレベルか，出題の数は多めか，といった概要をまず把握し，それを基に学習計画を立ててください。また，近年の出題傾向を把握することによって，入学試験に対する自分なりの感触をつかむこともできます。

過去問に取り組むことで，実際の試験をイメージすることもできます。制限時間内にどの程度までできるか，今の段階でどのくらいの得点を得られるかということも確かめられます。それによって必要な学習量も見えてきますし，過去問に取り組む体験は試験当日の緊張を和らげることにも役立つでしょう。

③ **開始時期**　過去問への取り組みは，全分野の学習に目安のつく時期，つまり，9月以降に始めるのが一般的です。しかし，全体的な傾向をつかみたい場合や，学習進度が早くて，夏前におおよその学習を終えている場合には，7月，8月頃から始めてもかまいません。もちろん，受験間際に模擬テストのつもりでやってみるのもよいでしょう。ただ，どの時期に行うにせよ，取り組むときには，集中的に徹底して取り組むようにしましょう。

④ **活用法**　各年度の入試問題を全問マスターしようと思う必要はありません。できる限り多くの問題にあたって自信をつけることは必要ですが，重要なのは，志望校に合格するためには，どの問題が解けなければいけないのかを知ることです。問題を制限時間内にやってみる。解答で答え合わせをしてみる。間違えたりできなかったりしたところについては，解説をじっくり読んでみる。そうすることによって，本校の入試問題に取り組むことが今の自分にとって適当かどうかが，はっきりします。出題傾向を研究し，合否のポイントとなる重要な部分を見極めて，入学試験に必要な力を効率よく身につけてください。

数学

各都道府県の公立高校の入学試験問題は，中学数学のすべての分野から幅広く出題されます。内容的にも，基本的・典型的なものから思考力・応用力を必要とするものまでバランスよく構成されています。私立・国立高校では，中学数学のすべての分野から出題されることには変わりはありませんが，出題形式，難易度などに差があり，また，年度によっての出題分野の偏りもあります。公立高校を含め，ほとんどの学校で，前半は広い範囲からの基本的な小問群，後半はあるテーマに沿っての数問の小問を集めた大問という形での出題となっています。

まずは，単年度の問題を制限時間内にやってみてください。その後で，解答の答え合わせ，解説での研究に時間をかけて取り組んでください。前半の小問群，後半の大問の一部を合わせて50%以上の正解が得られそうなら多年度のものにも順次挑戦してみるとよいでしょう。

英語

英語の志望校対策としては，まず志望校の出題形式をしっかり把握しておくことが重要です。英語の問題は，大きく分けて，リスニング，発音・アクセント，文法，読解，英作文の5種類に分けられます。リスニング問題の有無(出題されるならば，どのような形式で出題されるか)，発音・アクセント問題の形式，文法問題の形式(語句補充，語句整序，正誤問題など)，英作文の有無(出題されるならば，和文英訳か，条件作文か，自由作文か）など，細かく具体的につかみましょう。読解問題では，物語文，エッセイ，論理的な文章，会話文などのジャンルのほかに，文章の長さも知っておきましょう。また，読解問題でも，文法を問う問題が多いか，内容を問う問題が多く出題されるか，といった傾向をおさえておくことも重要です。志望校で出題される問題の形式に慣れておけば，本番ですんなり問題に対応することができますし，読解問題で出題される文章の内容や量をつかんでおけば，読解問題対策の勉強として，どのような読解問題を多くこなせばよいかの指針になります。

最後に，英語の入試問題では，なんと言っても読解問題でどれだけ得点できるかが最大のポイントとなります。初めて見る長い文章をすらすらと読み解くのはたいへんなことですが，そのような力を身につけるには，リスニングも含めて，総合的に英語に慣れていくことが必要です。「急がば回れ」ということわざの通り，志望校対策を進める一方で，英語という言語の基本的な学習を地道に続けることも忘れないでください。

国語

国語は，出題文の種類，解答形式をまず確認しましょう。論理的な文章と文学的な文章のどちらが中心となっているか，あるいは，どちらも同じ比重で出題されているか，韻文(和歌・短歌・俳句・詩・漢詩)は出題されているか，独立問題として古文の出題はあるか，といった，文章の種類を確認し，学習の方向性を決めましょう。また，解答形式は，記号選択のみか，記述解答はどの程度あるか，記述は書き抜き程度か，要約や説明はあるか，といった点を確認し，記述力重視の傾向にある場合は，文章力に磨きをかけることを意識するとよいでしょう。さらに，知識問題はどの程度出題されているか，語句(ことわざ・慣用句など)，文法，文学史など，特に出題頻度の高い分野はないか，といったことを確認しましょう。出題頻度の高い分野については，集中的に学習することが必要です。読解問題の出題傾向については，脱語補充問題が多い，書き抜きで解答する言い換えの問題が多い，自分の言葉で説明する問題が多い，選択肢がよく練られている，といった傾向を把握したうえで，これらを意識して取り組むと解答力を高めることができます。「漢字」「語句・文法」「文学史」「現代文の読解問題」「古文」「韻文」と，出題ジャンルを分類して取り組むとよいでしょう。毎年出題されているジャンルがあるとわかった場合は，必ず正解できる力をつけられるよう意識して取り組み，得点力を高めましょう。

数学

出題傾向の分析と 合格への対策

●出題傾向と内容

本年度の出題数は，大問5題で昨年と同じであった。❶が数・文字式の基本的な計算で5題，❷が連立方程式，2次方程式，四分位数，確率，円周角の定理を利用する角度の問題，の小問5題，❸が規則性に関する問題，❹が図形と関数・グラフの融合問題で放物線と三角形の面積を扱う典型的な形式，❺が相似を利用する平面図形の計量問題で，穴埋め形式で証明も扱う。

大半が基本から標準レベルの問題で，教科書の例題や基本問題をミスなく解ける力をつければ対応できる。各単元の基本事項を身につけ，確実に計算する能力が要求される出題になっている。

学習のポイント

教科書の例題や基本問題をくり返し解いて基礎力をしっかりと身につけよう。過去の入試問題も解いて，傾向をつかもう。

●2025年度の予想と対策

年度によって出題範囲に片寄りが見られるものの，基本から標準レベルの問題までは，すべての分野で確実に解ける力をつけておきたい。

数と式の計算，方程式などでは，自分の誤答原因をしっかり把握し，次に活用できるような学習を心がけ，すべて解けるようにしよう。

図形や関数・グラフ，平面図形では，応用力を必要とするものまで広く出題されているので，しっかり準備するためにも過去に出題された問題や類題の解法をきちんと理解しておこう。

規則性の問題についても，類題を数多く解き，短時間で規則性を見抜く力をつけておこう。

▼年度別出題内容分類表 ……

		出題内容	2020年	2021年	2022年	2023年	2024年
数と式		数の性質					
		数・式の計算	○	○	○	○	○
		因数分解	○				
		平方根	○	○	○	○	○
方程式・不等式		一次方程式	○	○	○	○	○
		二次方程式	○	○	○	○	○
		不等式			○		
		方程式・不等式の応用					
関数		一次関数	○	○	○	○	○
		二乗に比例する関数	○	○	○	○	○
		比例関数	○				○
		関数とグラフ	○	○	○	○	○
		グラフの作成					
図形	平面図形	角度	○	○	○	○	○
		合同・相似	○	○	○	○	○
		三平方の定理	○				
		円の性質		○	○	○	○
	空間図形	合同・相似					
		三平方の定理					
		切断					
	計量	長さ	○	○	○	○	○
		面積	○		○	○	○
		体積					
		証明				○	○
		作図					
		動点					
統計		場合の数					
		確率	○	○	○		○
		統計・標本調査				○	○
融合問題		図形と関数・グラフ	○	○	○	○	○
		図形と確率					
		関数・グラフと確率					
		その他					
その他			○	○	○	○	○

鹿島学園高等学校

英語 出題傾向の分析と合格への対策

●出題傾向と内容

本年度の出題構成は，リスニング問題，長文読解，語句補充問題，資料問題，会話文問題，語彙問題，英作文問題の計7題である。

長文読解は，説明文と物語文だった。要旨は把握できたと思われるが，文脈を読み取る力が問われるやや難しい問題と言える。

語句補充問題については，基本的な問題が多いが，一部に高度な文法も出題されている。読解問題に十分な時間をかけるためにも，文法問題をすばやく正確に解いて，確実に得点することが重要である。

英作文問題は，出題意図を的確に把握して解答することが大切である。

✔学習のポイント

読解にくらべ，文法問題は典型的で解きやすい問題が多い。普段から，解答する順番や時間配分を考えて問題に取り組もう。

●2025年度の予想と対策

読解問題は長さ・設問形式とも大きな変化はないものと思われる。設問は記述式のものも多く，正確な読解力と表現力をつけておく必要がある。

語句補充・言い換え・語句整序は頻出問題が多数を占め難易度も教科書の範囲のものがほとんどなので，まずは教科書を充分に学習することが必要である。その後で標準レベルの文法問題集を解くことで実力は完成するだろう。

語彙問題は，日頃から多くの英文を読み書きすることで語彙数を自然に増やすことができる。これが一番有効な対策となろう。

▼年度別出題内容分類表 ……

	出題内容	2020年	2021年	2022年	2023年	2024年
話し方・聞き方	単語の発音					
	アクセント					
	くぎり・強勢・抑揚					
	聞き取り・書き取り	○	○	○	○	○
語い	単語・熟語・慣用句	○	○	○	○	○
	同意語・反意語					
	同音異義語					
読解	英文和訳(記述・選択)	○	○	○	○	○
	内容吟味	○	○	○	○	○
	要旨把握					
	語句解釈					
	語句補充・選択	○	○	○	○	○
	段落・文整序					
	指示語			○		
	会話文	○	○	○	○	○
文法・作文	和文英訳					
	語句補充・選択	○	○	○	○	○
	語句整序			○	○	○
	正誤問題					
	言い換え・書き換え	○				
	英問英答					
	自由・条件英作文	○	○	○	○	○
文法事項	間接疑問文	○				
	進行形	○	○	○		
	助動詞		○		○	
	付加疑問文					
	感嘆文					
	不定詞	○	○	○		
	分詞・動名詞	○	○	○	○	○
	比較				○	○
	受動態				○	
	現在完了	○	○			
	前置詞	○	○	○	○	
	接続詞			○		
	関係代名詞	○				○

理科 出題傾向の分析と 合格への対策

●出題傾向と内容

本年度は問題数が大問8題，小問40題程度であった。試験時間は50分で，レベルは昨年度並みであった。

内容的には，理科の4分野すべてからの出題であった。記号で答える形式の問題が中心であるが，理由を問う記述式の問題も出題されていた。計算問題が物理分野だけでなく，今年度は生物分野でも出題されている。

教科書レベルの問題が中心ではあるが，問題文の長い問題が出題されている。題意を読み解く読解力が求められる。基本問題をしっかりと解くことが重要である。

学習のポイント

教科書の要点をしっかりと理解し，必要な事項は確実に覚えよう。

●2025年度の予想と対策

教科書を中心とした学習をまず行うこと。学習の過程で，理解不足な分野はしっかりと理解するようにしておこう。苦手分野をつくらないことが大切である。具体的には，教科書やワークレベルの問題を多く解き，基礎～標準的な計算や重要語句などをしっかりと覚えることが大切である。

さらに，記述式の問題が出題されるので，考えを短くまとめる力も必要である。

加えて，実験器具の扱い方などは，十分理解しておくようにしたい。時事的な問題が出題されることもあり，科学的な内容のニュースには注意しておきたい。

▼年度別出題内容分類表……

	出題内容	2020年	2021年	2022年	2023年	2024年
第一分野	物質とその変化	○				
	気体の発生とその性質	○	○			○
	光と音の性質				○	
	熱と温度					
	力・圧力	○	○		○	
	化学変化と質量			○		
	原子と分子					
	電流と電圧	○		○		○
	電力と熱		○			○
	溶液とその性質				○	○
	電気分解とイオン	○		○		
	酸とアルカリ・中和		○		○	○
	仕事					○
	磁界とその変化					○
	運動とエネルギー			○		○
	その他	○				
第二分野	植物の種類とその生活					
	動物の種類とその生活	○				
	植物の体のしくみ			○		○
	動物の体のしくみ	○				
	ヒトの体のしくみ		○	○		○
	生殖と遺伝		○		○	
	生物の類縁関係と進化				○	
	生物どうしのつながり					
	地球と太陽系					
	天気の変化	○	○	○		○
	地層と岩石		○			○
	大地の動き・地震	○		○	○	
	その他		○			

社会 出題傾向の分析と合格への対策

●出題傾向と内容

出題数は各分野1題ずつで小問数は50問程度と例年同様となっている。解答形式は記号選択が約6割で残りが語句記入，各分野に1行から2行の記述問題が2題ずつ出題されているので時間配分には十分注意する必要がある。

地理は2つの地図の違いやヨーロッパの産業，エネルギー，世界の経済統合など。国内では地形図の読み取りや領土，人口ピラミッドなど多岐にわたる。歴史は縄文から現代までの10の短文と，日本と世界の近～現代の年表からの政治史を中心とした出題。公民は三権分立などの政治のしくみと財政問題，経済では企業の種類や均衡価格のグラフなどからの出題である。

学習のポイント

地理：地理の学習の基本は地図帳にあり！
歴史：分野史のチェックを忘れずに！
公民：時事問題を活用しよう！

●2025年度の予想と対策

何よりも大切なことは基本内容を確実に身につけること。そのためには3分野とも教科書の内容を完璧にすることから始めよう。

地理は日本，世界を問わず，まずはおおよその地形を確認すること。そのためには何と言っても地図帳が基本。いつでも傍らにおいてすぐ調べる習慣をつけることが第一である。

歴史は大きな流れを把握すること。最初から細部にこだわってしまっては苦手になるだけ。史料のチェックも忘れないことである。

公民は憲法や政治のしくみを確認しよう。新聞やテレビなどを上手に利用して時事問題に対応することも大切である。

▼年度別出題内容分類表 ……

出題内容			2020年	2021年	2022年	2023年	2024年
地理的分野	(日本)	地形図	○				○
		地形・気候・人口	○	○	○		○
		諸地域の特色		○	○	○	○
		産業	○	○	○	○	○
		交通・貿易	○	○		○	
	(世界)	人々の生活と環境	○	○	○	○	○
		地形・気候・人口	○	○	○	○	○
		諸地域の特色	○	○		○	○
		産業	○	○		○	○
		交通・貿易			○		
	地理総合						
歴史的分野	(日本史)	各時代の特色					
		政治・外交史	○	○	○	○	○
		社会・経済史	○	○	○	○	○
		文化史	○	○	○	○	○
		日本史総合					
	(世界史)	政治・社会・経済史	○	○	○	○	○
		文化史		○	○	○	
		世界史総合					
	日本史と世界史の関連		○	○	○	○	○
	歴史総合						
公民的分野	家族と社会生活		○		○	○	○
	経済生活		○		○		○
	日本経済						
	憲法（日本）		○	○	○	○	○
	政治のしくみ		○	○	○	○	○
	国際経済						
	国際政治		○				
	その他						
	公民総合						
各分野総合問題							

国語 出題傾向の分析と合格への対策

●出題傾向と内容

本年度も，現代文の読解問題が2題，古文の読解問題が1題という大問構成となっている。

現代文の小説では，登場人物の心情を中心に問われ，50～60字とやや長めの記述式も出題されている。論説文では，接続語や言い換え，理由や具体的内容をとらえる文脈把握の設問が中心となっている。漢字の読み書きの問題も大問に含まれて出題されている。

古文は『仮名世説』からの出題で，仮名遣いや指示内容，内容の正確な読み取りが問われた。

✔学習のポイント

読解問題は，指示語や言い換え表現に注意して細部まで読むようにしよう。ことわざ・慣用句といった国語の基礎知識も身につけておこう。

●2025年度の予想と対策

本年度の大問構成が今後も続いていくものと思われる。

現代文は，標準レベルの問題集にあたり，さまざまな内容の読解問題に対応できる力をつけておくとよい。特に記述式の設問に過不足なく答える練習は重点的に行っておくとよい。

古文は，基本的な古語の意味をおさえておくことが必要である。内容の理解も問われるため，問題集を活用して読解問題の対策をとっておこう。

漢字については，基本的な漢字を正しく読み書きできるように。また，国語の基礎知識についても問われる可能性があるため，教科書に掲載されているようなものについては一通り確認しておこう。

記述式問題に時間をかけられるよう工夫しよう。

▼年度別出題内容分類表 ……

出題内容			2020年	2021年	2022年	2023年	2024年
内容の分類	読解	主題・表題					
		大意・要旨			○	○	○
		情景・心情	○	○	○	○	○
		内容吟味	○		○	○	○
		文脈把握	○	○	○	○	○
		段落・文章構成					
		指示語の問題	○	○		○	○
		接続語の問題	○	○	○	○	○
		脱文・脱語補充	○	○	○	○	○
	漢字・語句	漢字の読み書き	○	○	○	○	○
		筆順・画数・部首					
		語句の意味	○	○	○		
		同義語・対義語					
		熟語	○			○	
		ことわざ・慣用句					○
	表現	短文作成					
		作文(自由・課題)					
		その他					
	文法	文と文節	○				
		品詞・用法					
		仮名遣い		○	○	○	○
		敬語・その他					
	古文の口語訳		○		○	○	○
	表現技法						
	文学史		○			○	
問題文の種類	散文	論説文・説明文	○	○	○	○	○
		記録文・報告文					
		小説・物語・伝記	○	○	○	○	○
		随筆・紀行・日記					
	韻文	詩					
		和歌(短歌)					
		俳句・川柳					
	古文		○	○	○	○	○
	漢文・漢詩						

鹿島学園高等学校

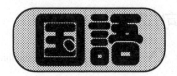

2024年度 合否の鍵はこの問題だ!!

数学 ❹，❺

❹は放物線のグラフと三角形の面積を扱う典型的な問題。(2)で直線ABの傾きが$\frac{1}{2}$であることから比例定数aを求めることになり，ここが解けなければ，その後の問題も解けないことになってしまう。まずは(1)で1つだけでも正解を作っておこう。2乗に比例する関数を学習する際には，変域と変化の割合は避けて通れない。基本的な問題を通して理解を深めておきたい。

(4)が三角形の面積を求める問題。A，B，Dの3点とも座標がわかっている状況なので，求め方はいろいろ考えられる。中1で座標の学習をした直後であれば，△ABDを含む長方形をつくり，そこから不要な部分を除いて面積を求めただろう。解説では，Dを通るy軸に平行な直線によって△ABDを2つの部分にわけて面積を求めた。Dを通り直線ABに平行な直線を準備して，等積変形を利用して面積を求める方法が一般的，こちらも確認をしておきたい。解説では，等積変形の考え方を利用して(5)を解いた。

❺も相似に関する典型的な問題。平行線の間に2直線の交点をみつけたら，その上下，または左右に相似な三角形を探せ，という問題である。今回は点Eの上下に3組の相似な三角形があり，それらを利用して辺の比を考える。また，点Hの上下にも相似な三角形があり，これを利用して(5)を解くことになる。AE：ECとAH：HCを組み合わせてAE：EH：HCを求める作業も定番なので，是非できるようにしておきたい。比は，小学校で学習したあと，ほとんど使っていないが，相似の学習をすると突然利用する機会が増える。計算力もつけておきたい。放物線と三角形の問題は頻出である。たくさん例題を解いて，慣れておきたい。

英語 ❷

❷の長文問題は，このテストで唯一長文を使った問題なので，一番得点差がつくと思われる。よって，この問題で高得点を取ることが合格への近道になる。他の問題は極めて標準的なレベルのものになっているので，あまり得点差がつかないと思ったほうがよい。

この長文で使われている語彙は標準的なものである。時に学習範囲を超えたものもあるが，詳細な語注がついているので，語彙についてはあまり心配する必要はない。使われている文法もごく標準的であり，難解なものはない。

設問を見ると，長文の内容を確認するものが並んでいる。単語を並べ替える文法問題も一つ出されているが，高いレベルのものではない。

このような問題を解くには，多くの長文を読んで，内容を正確に読み取る練習を重ねておくことが大切である。長文を読むことに苦手意識をもつ人も多いと思われるが，長文はより多く読めば読むほど慣れることができて，より速く，より正確に読めるようになるので，練習を重ねることを怠ってはいけない。もちろんその一方で，一つでも多くの語彙を身につける努力も必要である。

理科 8

大問は8題で，物理，化学，生物，地学の各分野から2題ずつであった。その中で鍵となる問題として，8をとりあげる。8は抵抗のつなぎ方と回路に関する問題である。

(1)は直列回路についての電圧の関係について記述する問題である。電圧の関係だけでなく，電流の関係についても直列回路と並列回路ではどのような関係が成り立っているかは電流回路の基本なので，ことばでもしっかりと説明できるまでになっておきたい。(2)はオームの法則を用いる基本問題なので確実に正解したい。(3)も(1)と同様に，電源電圧が同じ場合，できれば計算せずに直列回路と並列回路の間にはどのような関係が成り立つかを考えて答えられるとよい。(4)と(5)は並列と直列の複合回路である。やや複雑な回路で，電熱線の直列つなぎでは全体の抵抗は各抵抗の和となり，並列つなぎでは全体の抵抗の逆数は各抵抗の逆数の和となることを用いることで正解を導くことができる。しかし，本問ではすべての電熱線の抵抗の大きさが同じなので，解説の別解のように解けば，逆数の計算を省略することができ，時間の短縮になり，間違えの可能性を少なくすることもできる。(5)は，一般的には(4)の結果をもとにして正解を導いていく。しかし，抵抗の大きさが同じなので，電熱線Xに流れる電流に対して，電熱線YとZに流れる電流は半分になり，電圧も半分になる。これにより，電熱線YとZの消費電力は等しく，電熱線Xの消費電力の$\frac{1}{2} \times \frac{1}{2} = \frac{1}{4}$となるというようにも解ける。

試験時間に対して問題数の多い本校の問題では，与えられた条件を利用してうまく解くことで，時間や気持ちに余裕ができるので，日頃からいろいろな解法を考える習慣をつけよう。

国語 3 問二

★なぜこの問題が合否を分けるのか

新右衛門がどのような人であるかわかる文章であるため，他の問題を解くときにも重要になってくる。

★こう答えると合格できない！

「かく」が何をさしているのかが分かっていないと解けない。買う品物の値段を争うことはしないで，売る人のいう値段のままで買い取っていることを指している。

★これで合格！

「かく」は指示語なので，何を指しているか新右衛門が「どのようにすることか」把握しておくことが大切である。

社会 1 Ⅱ (3)

設問は「日本の最南端に位置する沖ノ鳥島が水没する危険があるため，政府が300億円の巨費を投じて護岸工事を行っているがその理由を水域の名称を使って説明せよ」というもの。沖ノ鳥島は東京都小笠原村に属するものの，小笠原諸島のさらに南，都心からは1700km以上も離れたサンゴ礁の無人島である。島とはいうものの満潮時には小さな2つの岩礁がようやく海面から顔をのぞかせているにすぎず，果たしてこれを島と呼んでよいのかどうかも怪しいといえる。事実，中国などは，これは岩であり国連海洋法条約でいうところの200カイリの排他的経済水域の起点となる島ではないと主張している。その中国も広大な南シナ海でさまざまな環礁を埋め立てるなどして港や滑走路を造成，軍事基地化して国際問題に発展しているのはニュースなどで目にした受験生も多いことと思われる。岩とはいったが沖ノ鳥島も単なる岩礁ではなく，周囲10km以上もあるサンゴ礁である。大海にポツンと存在する岩というイメージで考えると理解できなくなってしまう。ただ，これが岩と認定されると領海は認められるが水域の権利は奪われてしまう。島であれば約370kmの排他的経済水域の主張ができるが，岩や水没となるとこの主張ははねのけられてしまう。370kmぐらいと思うかもしれないが，これで失われる水域は日本の国土面積約38万km^2を上回るというから大変なものである。海洋国家日本の排他的経済水域は世界6位という資料もある。それでもこれだけの海域をある意味支配できるということは極めて大きい。軍事的な意味もあるかもしれないが，水産資源や何よりも海底に眠るさまざまな鉱産資源である。300億円という巨額な費用をつぎ込んでもこれを日本の領土として確保する意味は極めて大きいといえる。だからこそ政府は岩礁の保全作業のほか2007年には灯台を設置，さらに2010年には港湾施設を建設して実効支配を強化している。

本校の問題は基本的なものが中心で記述においてもそれは同様である。ただ，分野ごとに2問ずつと6問あり，そのうちの2問には2行が与えられている。字数制限はないものの日ごろからいろいろなパターンの記述問題に触れ慣れておくことは極めて大切である。単なる社会科の知識だけでなく，自分の意見も踏まえてコンパクトに文章をまとめる練習も合格の二文字を手にするには欠かせないといえよう。

MEMO

大切なことはメモしておこうネ！

2024年度

★★★★★★★★★★★★★★★★★★★★★★★

入　試　問　題

2024年度

鹿島学園高等学校入試問題(一般)

【数　学】（50分）〈満点：100点〉

1　次の計算をしなさい。

（1）　$4-6-(-7)$

（2）　$3\times(-5)-(-2)^3$

（3）　$\dfrac{3}{4}-\dfrac{8}{21}\div\dfrac{4}{7}$

（4）　$(2\sqrt{2}-1)(2\sqrt{2}+3)$

（5）　$(2x-1)^2-4(x-3)(x+3)$

2　次の各問いに答えなさい。

（1）　連立方程式 $\begin{cases} x-5y=10 \\ 3x+10y=5 \end{cases}$ を解きなさい。

（2）　2次方程式　$x^2-5x-14=0$　を解きなさい。

（3）　次のデータは，あるクラスの男子生徒10人の10点満点の計算テストの結果を表している。中央値と第3四分位数をそれぞれ求めなさい。

5，4，6，8，6，6，5，9，8，7

（単位：点）

（4）　大小2つのさいころを同時に1回投げるとき，大きいさいころの出た目の数をa，小さいさいころの出た目の数をbとする。このとき，$3a+b$が7の倍数になる確率を求めなさい。ただし，2つのさいころの1から6の目は，どの目が出ることも同様に確からしいとする。

（5）　右の図において，5点A，B，C，D，Eは1つの円の周上にあり，$\widehat{AB}=\widehat{BC}$，$\widehat{AE}=\widehat{ED}$である。∠CAD＝48°のとき，∠$x$(∠BCE)の大きさを求めなさい。

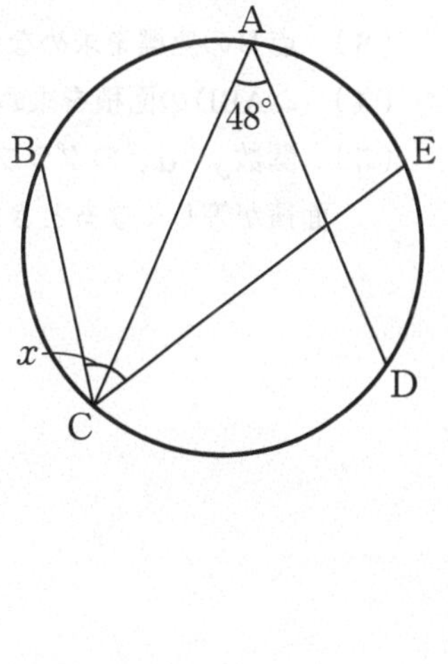

3 右の図は，同じ大きさの正三角形のタイルを規則的に並べたものである。各段の左端のタイルには2，4，6，8，10，…と偶数が書き入れられ，左端以外のタイルには，左隣のタイルに書き入れた数より1大きい数を書き入れる。このとき，次の問いに答えなさい。

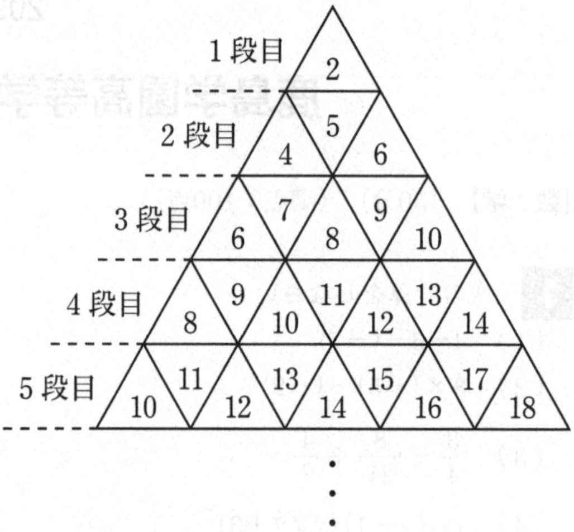

（1） 6段目の左から8番目のタイルに書かれている数を求めなさい。

（2） 9段目の右端のタイルに書かれている数を求めなさい。

（3） n段目に並ぶタイルの枚数を，nを用いて表しなさい。

（4） 右端のタイルに書かれている数が102である段は何段目か求めなさい。

（5） 並べたタイルの中に，126と書かれているタイルは何枚あるか求めなさい。

4 図のように，関数$y=ax^2$のグラフ上に，x座標が6である点Aと，x座標が-4である点Bと，点Aとy座標が等しくx座標が異なる点Cをとる。また，線分OA上にOD：DA＝1：2となる点Dをとる。直線ABの傾きが$\frac{1}{2}$であるとき，次の問いに答えなさい。ただし，$a>0$，Oは原点とする。

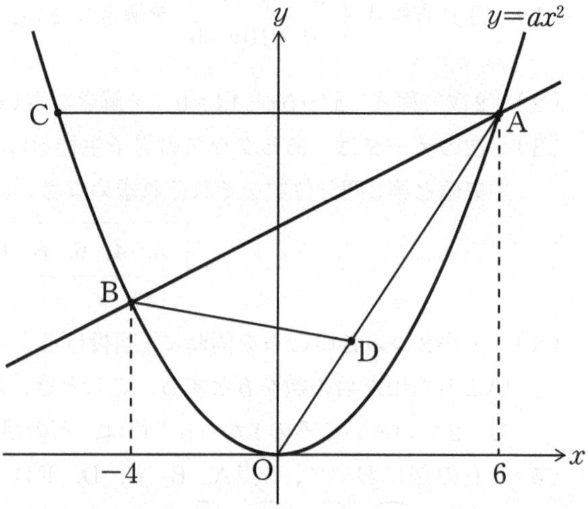

（1） 線分ACの長さを求めなさい。

（2） aの値を求めなさい。

（3） 点Dの座標を求めなさい。

（4） △ABDの面積を求めなさい。

（5） 関数$y=ax^2$のグラフのx座標が6より大きい部分に点Pをとる。△ABDの面積と△ABPの面積が等しくなるとき，点Pのx座標を求めなさい。

5 図のような，AB＝10，AD＝5，BC＝10，∠BAD＝90°，AD // BCの台形ABCDがある。辺ADの中点をMとし，線分ACと線分BMとの交点をEとする。線分AM上に点Fをとり，直線FEと辺BCとの交点をG，線分DGと線分ACとの交点をHとする。FD＝GCのとき，次の問いに答えなさい。

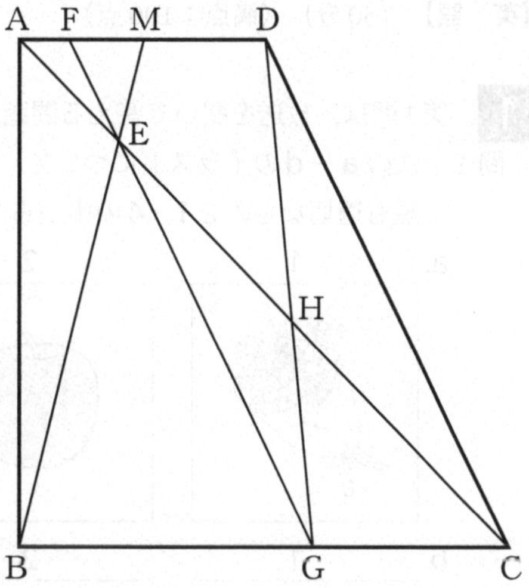

（1） ME：BEを，最も簡単な整数の比で表しなさい。

（2） AF：CGを，最も簡単な整数の比で表しなさい。

（3） FG // DCとなることを次のように証明した。[ア]，[イ]に当てはまるものをそれぞれ答えなさい。

> 【証明】
> 四角形FGCDにおいて，
> 仮定から，　　FD＝GC　　……①
> 　　　　　　　[ア]　　　……②
> ①，②より，[イ]から，四角形FGCDは平行四辺形である。
> よって，FG // DCである。【終】

（4） 線分CGの長さを求めなさい。

（5） △EGHの面積を求めなさい。

【英　語】（50分）〈満点：100点〉

1　第1問は，放送を聞いて答える問題です。問題は問１～問３まであります。

問１　次の**a**～**d**のイラストについて，それぞれ対話と質問が読まれます。質問に合う答えとして最も適切なものを**1**～**4**の中から**1つずつ**選びなさい。対話と質問は**2回ずつ**くり返します。

a.

1

2

3

4

b.

1

2

3

4

c.

1

2

3

4

d.

問２　これから，**a**～**c**の3つの対話を放送します。それぞれの対話の最後の発言の部分でチャイムが鳴ります。そのチャイムの部分に入る言葉として最も適切なものを**1**～**4**の中から**1つずつ**選びなさい。対話は**2回ずつ**くり返します。

a．**1**　No bus comes here, so walk to ABC Park.

2　You can take a bus to get to ABC Park.

3　You should take a train at the station over there.

4　Take the bus that leaves here at ten thirty.

b. 1 Wow, that looks nice.
2 This watch is not mine.
3 I don’t like blue.
4 I’ll buy a red one.

c. 1 Did you bring my bag?
2 I’ve wanted the bag.
3 How about under your desk?
4 Your bed is there.

問3 これから，a～cの3つの対話を放送します。それぞれの対話のあとで，その対話についての質問をします。それぞれの質問の答えとして最も適切なものを1～4の中から1つずつ選びなさい。対話と質問は**2回ずつ**くり返します。

a. 1 Volleyball.
2 Basketball.
3 Tennis and baseball.
4 Baseball.

b. 1 About vegetables.
2 About fruits.
3 About flowers.
4 About subjects.

c. 1 She tried to sleep at eleven.
2 She bought an English book.
3 She taught her brother English.
4 She studied English.

〈リスニングテスト放送台本〉

問1

a F：Happy Birthday, Ron! This is for you. I made it with my mother this morning.
M：Oh, it looks delicious. Thank you, Yuka!
Question：What did Yuka give Ron?

b M：Hello. This is Tom. May I speak to Saki?
F：Hi, Tom. This is Saki’s sister. I’m sorry, but she’s at the hospital. She’s visiting our aunt after going to the school library. Any messages?
M：Well, I’m in the city library now and want to ask her about our homework. I’ll call her again later.
Question：Where is Saki now?

c F：Do you often help your parents at home, Ken?
M：Yes. I cook dinner on Wednesdays, and clean the kitchen and wash the dishes from Mondays to Fridays. On weekends, I clean the bathroom.
Question：What does Ken do on weekends?

d F：Did you know that Alice is having a party at her house?
M：Yes, it will be in the third week of February, right?
F：No, in the second week. Can you go?
M：Yes, I have nothing to do every Saturday.
Question：When is Alice's party?

問2

a F：Excuse me. How can I get to ABC Park?
M：You can get there by bus from here.
F：Which bus should I take?
M：(チャイム)

b F：May I help you?
M：Oh, yes. I'm looking for a watch for my brother. Do you have any blue ones?
F：Yes. How about this one? This type is popular now.
M：(チャイム)

c M：Mom, have you seen my bag today?
F：Your bag? Well, no. Have you checked under your bed?
M：Of course. But it's not there.
F：(チャイム)

問3

a F：Kota, you are good at playing tennis. Can you play other sports?
M：Yes, I can play baseball, too. How about you, Tina?
F：I can play basketball. Actually, I'm a member of the school basketball club. Next year, I want to try volleyball.
Question：What sport can Tina play?

b F：Ken, what are you eating now?
M：I'm eating some bananas and oranges.
F：May I have some? I like them very much.
Question：What are they talking about?

c M：Hi, Rika. You look tired. Are you OK?
F：No, I'm not OK. I studied English hard last night. I went to bed at eleven thirty at night.
M：Did you?
Question：What did Rika do last night?

2 次の文章を読んで設問に答えなさい。

(1) Cars are an important and necessary part of our lives. They may not be so important for people who live in places with many trains or buses, but they are very important for people who live in places without many trains or buses. When were cars invented? More than 250 years ago.

In 1769, the steam-powered car was invented by Nicolas Joseph Cugnot in France. This first car was built to transport artillery for use in the army. Later, new steam engines were developed, the technology improved, and the number of cars gradually increased.

In 1873, electric cars were seen in the United Kingdom. You may be surprised, but (2) (than / history / older / is actually / their) the history of gasoline-powered cars. The first gasoline-powered cars were invented in 1885-1886. Two Germans, Gottlieb Daimler and Karl Benz, invented gasoline-powered cars around the same time. Later, after 1900, gasoline-powered cars were mass-produced in France and America, and they became popular.

In Japan, the first car was brought from abroad in 1898. It was a gasoline-powered car. In 1904, the first steam-powered car was created by Torao Yamaha. In 1907, Japan's first gasoline-powered car was invented. Since then, many companies have created and sold many types of Japanese gasoline-powered cars not only in Japan but also abroad. And Japanese gasoline-powered cars have been popular all around the world.

But there is a problem with gasoline-powered cars. Gasoline-powered cars have caused climate problems such as global warming. So, (3) people started to make cars that do not need gasoline. For example, a Japanese car company created the world's first fuel cell vehicle, or FCV. It's a new car that runs on hydrogen. (4) On the other hand, both the United Kingdom and the EU have decided to stop selling new gasoline-powered cars by 2035. We all need to think about the things we can do to help the environment and do them now.

invent = 発明する　steam [gasoline] -powered = 蒸気[ガソリン]の　France = フランス
transport = 輸送する　artillery = 大砲　army = 軍隊　steam = 蒸気
engine = エンジン　technology = テクノロジー　improve = 向上する　gradually = 徐々に
increase = 増える　electric = 電気の　the United Kingdom = イギリス　German = ドイツ人
mass-produced = 大量生産された　cause = 引き起こす　climate = 気候
such as ～ = ～のような　global warming = 地球温暖化
fuel cell vehicle = 燃料電池自動車　hydrogen = 水素
on the other hand = 一方

a) 下線部(1)に最も近い意味のものはどれか，選びなさい。

1．自動車は私たちの人生における重要かつ贅沢な部分だ。

2．自動車は私たちの生活にとって重要で必要なものだ。

3．自動車は私たちの人生における有意義な持ち物だ。

4．自動車は私たちの生活にとって不可欠な財産だ。

b) 下線部(2)が『実のところ，それらの歴史はガソリン車の歴史より古い』という意味になるように(　　)内の語句を並べ替えなさい。

c) 下線部(3)を日本語に訳しなさい。

d) なぜ下線部(4)のようにしなければならなかったのか，日本語で答えなさい。

e) 本文の内容に適切なものはどれか，選びなさい。

1．世界初の車は蒸気によるもので，大勢の人を運搬した。

2．1880年代，二人のドイツ人が共同でガソリン車を製造した。
3．日本初の国産車が誕生したのは，今から100年以上前のことだ。
4．日本製の燃料電池自動車は現在，あらゆる国に普及している。

3 次の英文の(　　)に入る最も適切なものはどれか，選びなさい。

a) I enjoyed (　) tennis with my friends last week.
1．play　2．playing　3．played　4．plays

b) People go to a (　　) when they want to send letters or money to their family.
1．post office　2．restaurant　3．police station　4．train station

c) A：How (　) have you been studying math?
B：For two hours.
1．far　2．much　3．often　4．long

d) A：Whose bag is this?
B：It's (　). Look. He's buying some snacks over there.
Actually, he's my brother.
1．his　2．him　3．them　4．her

e) If I were you, I (　　) talk to the teacher about the problem.
1．will　2．can　3．would　4．must

f) Roy (　) to the supermarket and bought some eggs and milk yesterday.
1．go　2．going　3．back　4．went

g) A：Ryosuke, did you watch that movie?
B：Yes, I did. I was very (　　) when the hero hurt his leg.
1．nice　2．sad　3．fine　4．great

4 次のページのポスターを見て，適切なものを選びなさい。

a) Keisuke is an eighteen-year-old high school student. He wants to go strawberry picking with his ten-year-old sister and his seven-year-old brother on a Saturday in July. How much will he have to pay for the tickets?
1．¥4,570
2．¥5,700
3．¥6,500
4．¥7,000

b) Kyoka wants to eat a strawberry cake. When should she go strawberry picking?
1．In January
2．In March
3．In August
4．In December

c) When can people buy the cheapest tickets to pick strawberries?

1. Sunday, August
2. Monday, August
3. Tuesday, December
4. Saturday, December

Fruit picking

Do you like strawberries?
Why don't you pick strawberries?

☆Tickets

	Adults (over 11 years old)	Children	Children under 6 years old
Mon - Fri	2,000 yen	1,500 yen	500 yen
Sat and Sun	2,500 yen	2,000 yen	700 yen

August…10% off

☆Items, Sales Month, and Prices

Items	Sales Month	Prices
Strawberry cookie	December	500 yen
Strawberry juice	March	400 yen
Strawberry cake	January	500 yen

adult = 大人　　item = 商品　　sales = 販売

5 次の（ a ）～（ d ）に入れる文として，最も適切なものを選択肢から選びなさい。選択肢は，1回しか使えません。

Daniel ：Hi.
Mei ：Hello, Daniel. Oh, (a) What's the matter?
Daniel ：I'm leaving Japan at the end of next month.
Takumi：Really?
Daniel ：Yes. I have to go back to London because of my father's work.
Takumi：Do you mean your whole family is going back to London?
Daniel ：That's right.
Mei ：I'll miss you.
Takumi：Me, too. Oh! How about doing something to make some special memories?
Mei ：That's a good idea! Daniel, (b)
Daniel ：I want to travel with you.
Takumi：Sounds great.
Mei ：Why don't we visit Chiba? We can go there by bus and visit many famous places.
Daniel ：Can we?
Takumi：Yes. Daniel, (c)
Daniel ：I want to go there for a three-day weekend in February.
Mei ：OK. (d)
Daniel ：That's great. Thank you, Mei.
Mei ：You're welcome. But first, we have to talk to our parents about the trip.
Takumi：You're right.

What's the matter? = どうしたの?　　whole = すべての　　memories = 思い出（複数形）

1. I have gone to Chiba.
2. you look sad.
3. when would you like to go?
4. what can we do?
5. I'll make a travel plan.

6 CとDの関係がAとBの関係と同じになるようにDに適切な英単語を書きなさい。

	A	B	C	D
a）	run	runner	speak	（　　）
b）	fast	faster	easy	（　　）
c）	start	finish	remember	（　　）
d）	buy	bought	hear	（　　）
e）	see	seen	ride	（　　）

7 次の会話が成り立つように，下線部に適切な英文を書きなさい。ただし，単語1語のみで解答することは認めません。

a）Bob ： Why don't we go to the museum next Sunday?

Mary ： Sounds good. Let's meet at the train station.

________________________?

Bob ： At ten thirty in the morning.

Mary ： OK. I can't wait to see you!

b）Mike ： You're always watching videos about cats.

Emily ： Yes. I like cats very much. ________________________.

Mike ： Really? What are their names?

Emily ： Ikura, Momo, Nasu, and Uni.

Mike ： Wow! They have Japanese food names.

【理　科】（50分）〈満点：100点〉

1　植物の葉のはたらきを調べるために，次の**実験**を行った。以下の問いに答えなさい。

【実験】

葉の枚数や大きさ，茎の長さや太さがほぼ同じツバキの枝を6本用意し，**図1**のように，水が一定量入ったメスシリンダーにそれぞれさした。次に，水面からの水の蒸発を防ぐために油をたらし，水面の位置に印をつけた。これらを次のA～Fの条件で8時間置いた。**表1**は，A～Fの条件における水の減少量を測定した結果であり，**表2**は，**実験**からわかったことをまとめたものである。

図1

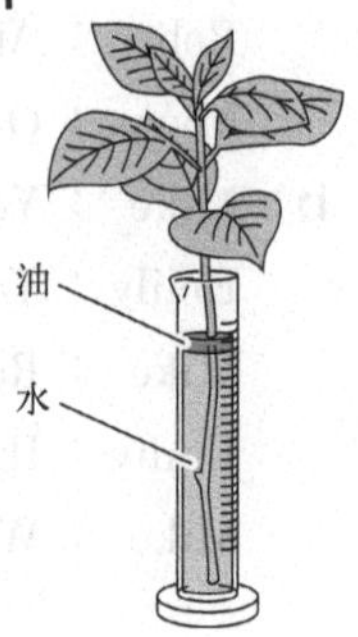

A　すべての葉の表側にワセリンを塗り，光が当たるところに置く。
B　すべての葉の裏側にワセリンを塗り，光が当たるところに置く。
C　すべての葉を切り取り，切り口にワセリンを塗り，光が当たるところに置く。
D　すべての葉の表側にワセリンを塗り，光が当たらないところに置く。
E　すべての葉の裏側にワセリンを塗り，光が当たらないところに置く。
F　何も処理せず，光が当たるところに置く。

表1

条件	A	B	C	D	E	F
水の減少量〔cm^3〕	3.4	1.0	0.4	0.1	0.1	4.0

表2

①　光が当たっているとき，葉の表側からよりも裏側から出ていった水の量が多い。
②　葉の裏側から出ていった水の量は，光が当たっているときのほうが，光が当たっていないときより多い。

（1）　植物の体から水が水蒸気になって出ていくはたらきを何というか，**漢字**で答えなさい。

（2）　**表1**の実験結果より，光が当たっているとき，葉の裏側から出ていった水の量は何cm^3か答えなさい。

（3）　**表2**の①，②は，A～Fのどの条件とどの条件の結果を比較するとわかるか，適当なものをそれぞれ選び，記号で答えなさい。

（4）　葉から出る水の量は，気孔の開閉によって調節されており，気孔は酸素と二酸化炭素の出入り口にもなっている。ツバキの枝を，光が全く当たらないところに置いたとき，気孔から出ていく酸素と二酸化炭素の量はどのようになるか，最も適当なものを，次の**ア**～**エ**の中から一つ選び，記号で答えなさい。

ア　酸素だけが出ていくようになる。
イ　二酸化炭素だけが出ていくようになる。
ウ　酸素が二酸化炭素より多く出ていくようになる。
エ　酸素と二酸化炭素が，ほぼ同じ量ずつ出ていくようになる。

(5) ツバキの枝を赤色に着色した水に数時間さしたあと，葉の断面を顕微鏡で観察した。**図2**は，このとき見られた葉の断面のようすを表したものである。以下の(ⅰ)～(ⅱ)の問いに答えなさい。

図2

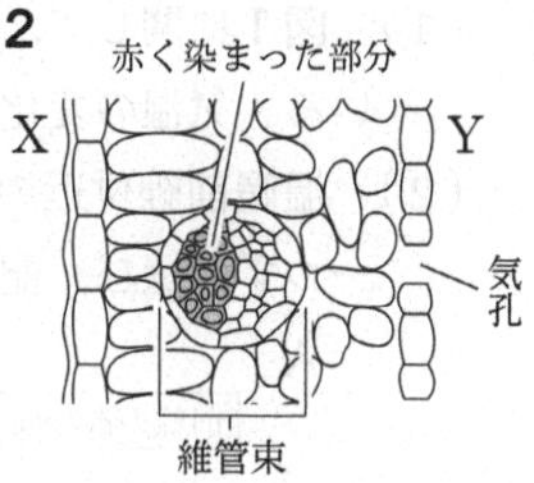

(ⅰ) 葉の表側は，**図2**のX，Yのどちら側か，記号で答えなさい。

(ⅱ) 次の文は，維管束について述べたものである。文中の空欄 **あ** ～ **い** に当てはまる語句をそれぞれ書きなさい。

> **図2**の維管束のうち，赤く染まった部分は **あ** である。植物の体から水が水蒸気になって出ていくはたらきによって，根から水や水にとけた肥料分が吸収され，根，茎，葉の **あ** を通り，植物の体全体に運ばれる。また，葉でつくられた養分は **い** を通り，植物の体全体に運ばれる。

2

ある年の2月14日に，茨城県のある地点Pで**観測**を行った。以下の問いに答えなさい。

【観測】

図1は，午前11時から午後11時までの気温，湿度，風向の変化を表したものであり，この時間帯の平均気温は9.5℃であった。**図2**は，この日の午前11時の天気図であり，地点Pの付近には，温暖前線と寒冷前線をともなった低気圧が見られた。

図1

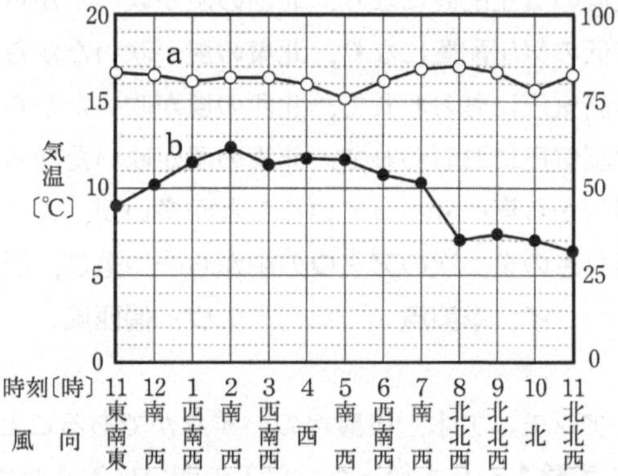

図2

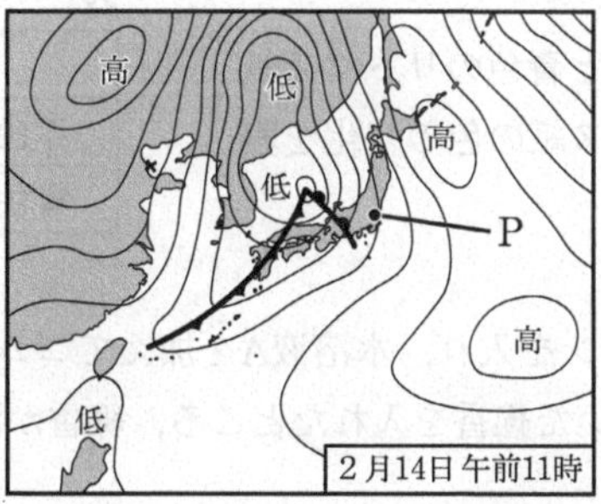

（1） **図1**に関して，グラフa，bは，一方が気温の変化を表し，もう一方が湿度の変化を表している。気温の変化を表しているグラフはa，bのどちらか，記号で答えなさい。

（2） 温暖前線付近のようすを表した図をA～Bから，温暖前線を表す記号を**ア**～**イ**からそれぞれ一つずつ選び，記号で答えなさい。

A

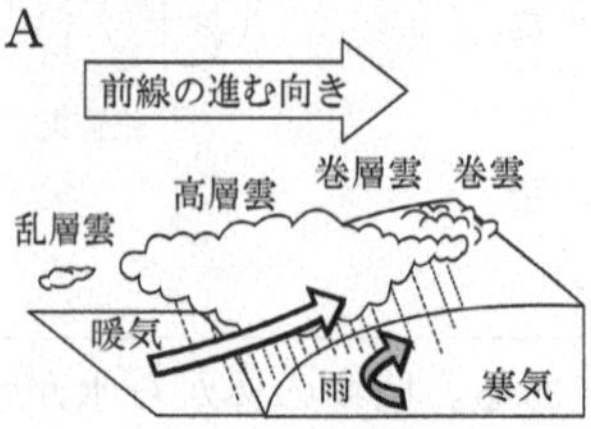

B

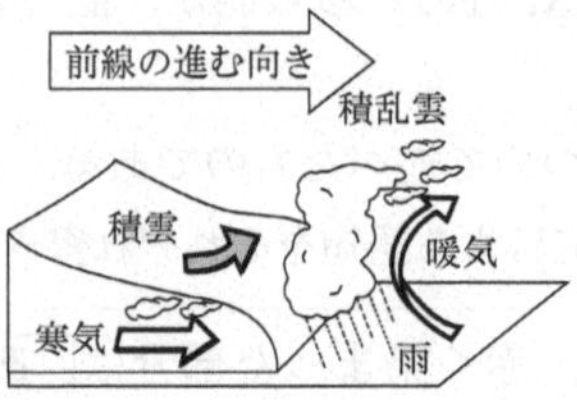

ア

イ

（3） **図2**に見られる2つの前線は，この日のうちに地点Pを通過した。寒冷前線が地点Pを通過した時間帯として最も適当なものを，次の**ア**～**オ**の中から一つ選び，記号で答えなさい。

ア 午後2時～3時　**イ** 午後3時～4時　**ウ** 午後6時～7時

エ 午後7時～8時　**オ** 午後8時～9時

（4） **図2**に見られる2つの前線をともなった低気圧が，日本の東の海洋上に抜けたあと，日本の多くの地点で気温が下がった。気温が下がった理由を説明した文として最も適当なものを，次の**ア**～**エ**の中から一つ選び，記号で答えなさい。

ア 一時的に西高東低の気圧配置になり，北西の風が吹いたから。

イ 一時的に西高東低の気圧配置になり，北東の風が吹いたから。

ウ 一時的に太平洋高気圧におおわれて，北西の風が吹いたから。

エ 一時的に太平洋高気圧におおわれて，北東の風が吹いたから。

（5） 日本付近の天気は，西から東へ変わっていくことが多いが，このことに大きく影響しているものは何か，最も適当なものを，次の**ア**～**ウ**の中から一つ選び，記号で答えなさい。

ア 海陸風　**イ** 季節風　**ウ** 偏西風

3

うすい過酸化水素水，アンモニア水，炭酸水のいずれかであることがわかっている水溶液A，B，Cを用意して，次の**実験1～5**を行った。以下の問いに答えなさい。

【実験1】

水溶液A，B，Cを赤色と青色のリトマス紙にそれぞれつけ，リトマス紙の色の変化を**表**にまとめた。

表

水溶液	A	B	C
赤色リトマス紙	×	×	○
青色リトマス紙	×	○	×

(○：変化あり，×：変化なし)

【実験2】

試験管に二酸化マンガンを入れ，水溶液Aを加えてゴム栓でふたをした。しばらくしてから，この試験管に火のついた線香を入れたところ，線香が激しく燃えた。

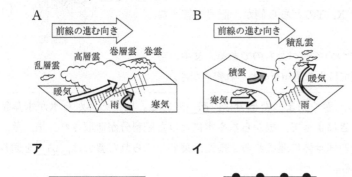

【実験3】

試験管に沸騰石を入れ，水溶液Bを加えて**図1**のように加熱したところ，石灰水が白くにごった。

【実験4】

試験管に沸騰石を入れ，水溶液Cを加えて**図2**のように加熱し，出てきた気体を2本の試験管X，Yに集めた。試験管Xに集めた気体に，フェノールフタレイン溶液を加えたところ，フェノールフタレイン溶液の色が変化した。

【実験5】

実験4の試験管Yにゴム栓でふたをし，これを**図3**のように，水の入った水そうに逆さまに立て，ゴム栓をはずしたところ，試験管Yの中に水が勢いよく入った。

図1

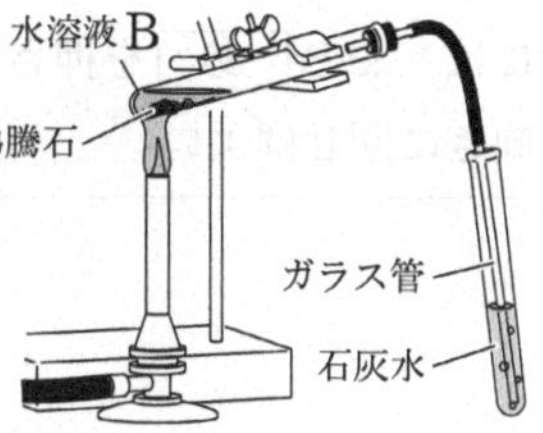

図2

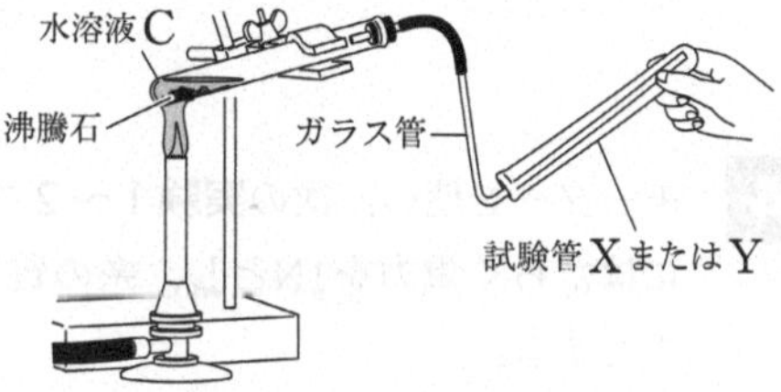

図3

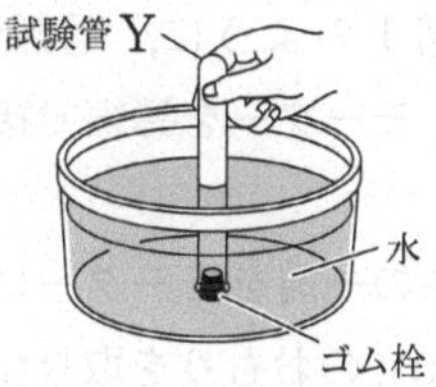

(1)　**実験2**で発生した，線香を激しく燃やした気体と，**実験3**で発生した，石灰水を白くにごらせた気体を，それぞれ**化学式**で書きなさい。

(2)　次の文は，**実験4**について述べたものである。文中の空欄[あ]～[い]に当てはまる語句として適当なものを，次の**ア**～**オ**の中からそれぞれ一つずつ選び，記号で答えなさい。また，[う]に当てはまる語句を書きなさい。

> **実験4**では，試験管Xに加えたフェノールフタレイン溶液の色が，[あ]色から[い]色に変化した。また，**図2**のような気体の集め方を[う]法という。

ア 青　**イ** 赤　**ウ** 黄　**エ** 緑　**オ** 無

(3)　**実験5**に関して，水が試験管Yの中に勢いよく入った理由を，試験管Yの中の気体の名称とその性質にふれて**20字以内**で答えなさい。

(4)　次のページの**図4**は，実験で使用したガスバーナーを模式的に表したものであり，R，Sはねじを回す向きを示している。次の文は，ガスバーナーの操作について述べたものである。文中の空欄[あ]～[い]に当てはまるものとして適当なものを，**図4**のP～Qの中からそれぞれ一つずつ選び，記号で答えなさい。また，[う]に当てはまるものとして最も適当なものを，**図4**のR～Sの中から一つ選び，記号で答えなさい。

ガスバーナーの炎を青色にするために，空気の量を調節するには，ねじ[あ]を押さえながら，ねじ[い]だけを[う]の向きに回せばよい。

図４

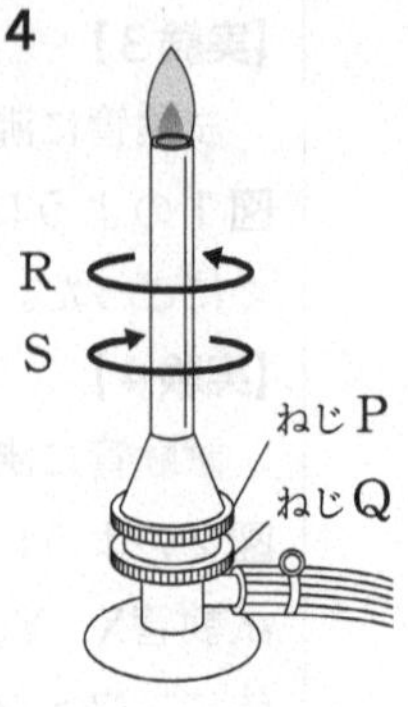

4 モーターを使い，次の**実験１～２**を行った。以下の問いに答えなさい。ただし，100ｇの物体にはたらく重力を1Nとし，糸の質量，空気抵抗，糸と滑車の間にはたらく摩擦は考えないものとする。

【実験１】

① **図１**のように，電源装置に電流計，電圧計，モーターを導線で接続し，回路をつくった。

② 糸の一端をモーターに取りつけ，もう一端に80ｇのおもりを取りつけた。

③ 電源装置でモーターに2.0Vの電圧を加え，モーターの回転によっておもりが一定の速さで引き上げられているとき，電流の大きさは0.6Aであった。このとき，おもりを80cm引き上げるのに5.0秒かかった。

図１

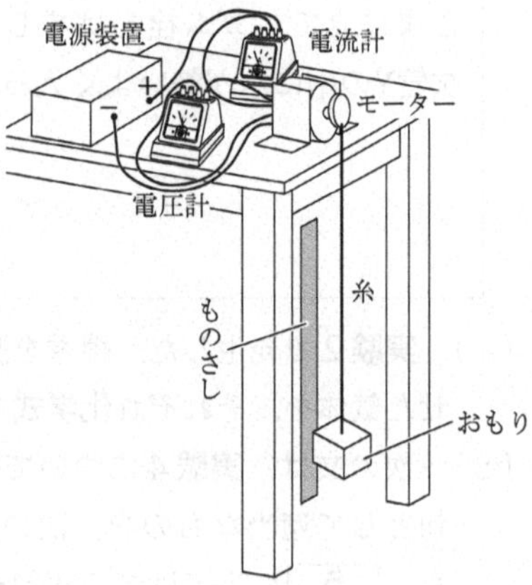

【実験２】

① **図２**のように，80ｇのおもりを取りつけた20ｇの動滑車に糸を通し，糸の一端はモーターに，もう一端は固定されたばねばかりに取りつけた。

② 電源装置でモーターに電圧を加え，おもりを一定の速さで80cm引き上げた。

図２

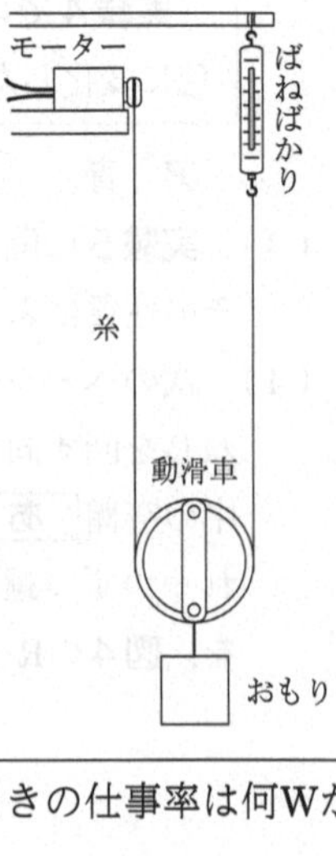

（１） **実験１**に関して，モーターがおもりを一定の速さで80cm引き上げたときの仕事率は何Wか**小数第３位を四捨五入して小数第２位まで**求めなさい。

(2) **実験1**に関して，モーターが5.0秒間で消費した電力量は何Jか答えなさい。

(3) 次の文は，**実験1**におけるエネルギーの移り変わりについて述べたものである。文中の空欄 **あ** ， **う** に当てはまる語句をそれぞれ書きなさい。また， **い** に当てはまる語句として最も適当なものを，次の**ア**～**ウ**の中から一つ選び，記号で答えなさい。

> モーターは，電源装置から供給される **あ** エネルギーによって回り，おもりが引き上げられていくにしたがって，おもりの力学的エネルギーが増加する。おもりが80cm引き上げられる間に，モーターに供給された **あ** エネルギーの大きさは，おもりの力学的エネルギーが増えた大きさと比べて **い** 。これは，回転しているモーターから音エネルギーや **う** エネルギーが発生し，モーターが音を出したり，温かくなったりするためである。

ア 大きい　　**イ** 小さい　　**ウ** 変わらない

(4) **実験2**に関して，おもりが一定の速さで引き上げられているとき，ばねばかりが示す値は何Nか答えなさい。また，おもりを80cm引き上げたとき，糸の巻かれた長さは何cmか答えなさい。

(5) **図3**は，モーターの原理を示した模式図である。磁石の間にコイルがあり，整流子を通った電流は，**図3**の ➞ の向きに流れている。この整流子はモーターを回転させ続けるため，どのようなはたらきをしているか，コイルに流れる電流に着目して<u>**20字以内**</u>で答えなさい。

図3

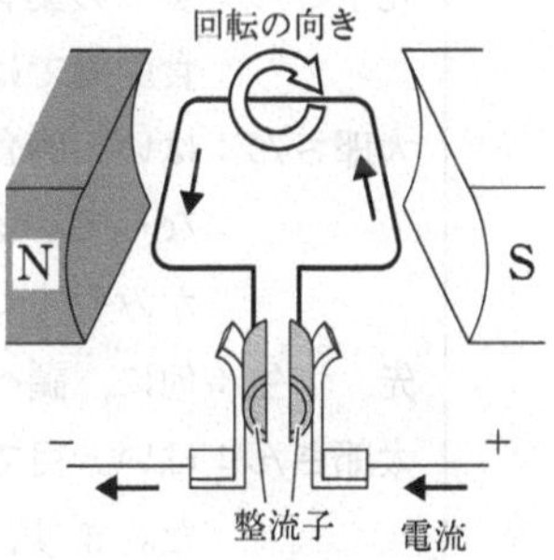

5

太郎さんたちは，刺激に対する反応を調べるために，次の**実験**を行い，目のつくりと受け取った刺激に対する反応のしくみについて調べた。これに関する先生と太郎さんたちとの会話文を読み，以下の問いに答えなさい。

【実験】

① **図1**のように，10人が片手を上げて一列に並び，太郎さんはストップウォッチを持ち，他の9人の方を向いて立った。

図1

② 太郎さんは，ストップウォッチをスタートさせると同時に手を下げた。

③　花子さんは，太郎さんの手が下がり始めるのを見たら，すぐに手を下げた。残りの人も，前の人の手が下がり始めるのを見たら，すぐに手を下げた。

④　太郎さんは，一番後ろの人の手が下がり始めるのを見たら，すぐにストップウォッチを止め，かかった時間を記録した。

⑤　②～④と同様の実験をあと2回行い，その結果を**表**にまとめた。

表

	時間〔秒〕
1回目	1.98
2回目	1.71
3回目	1.80

太郎さん：**実験**では，目で刺激を受け取ってから反応するまでの時間を調べました。**図2**は，目のつくりの断面を模式的に表したもので，像を結び光の刺激を受け取る部分は，**図2**の[あ]の部分です。

先　　生：そうですね。目などの，刺激を受け取る器官を感覚器官といいましたね。

図2

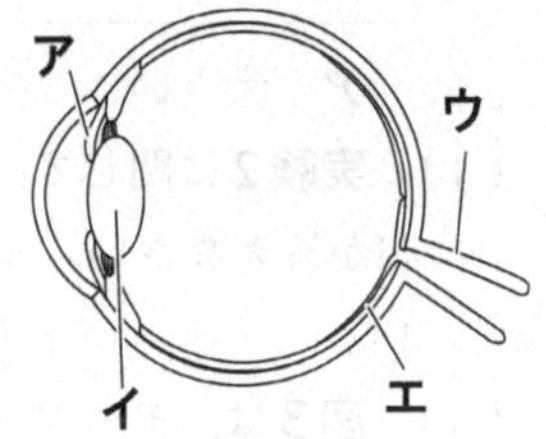

花子さん：多くの動物には目が二つありますが，肉食動物と草食動物では目のつき方が違いますね。見え方に違いはあるのでしょうか。

太郎さん：はい。肉食動物は目が前向きについていることで，草食動物と比べて視野がせまくなっている一方で，[い]に見える範囲が広くなっているため，距離を正確につかみやすくなっています。

先　　生：他に，調べたことはありますか。

太郎さん：はい。目で受け取った刺激に対する反応は，どのようなしくみで起こるか調べました。まず，目で受け取った刺激は信号に変えられ，感覚神経を通って脳に伝わり，ものが見えたと感じます。次に，脳から出た反応の命令がせきずいから運動神経を通って，運動器官に伝わることで反応が起こります。

先　　生：目で受け取った刺激に対する反応が起こる経路は，そのとおりですが，刺激と反応の命令が伝わる経路はすべてが同じというわけではありません。たとえば，手の皮ふからの刺激は，感覚神経を通ってせきずいに伝わり，せきずいから脳に伝わります。

花子さん：私は，熱いものに触れてしまって手を引っこめたことがあったのですが，そのときは体が勝手に動いた気がしました。これは，どのようなしくみになっているのでしょうか。

太郎さん：それは，無意識に起こる反応で反射といいます。反射は，反応の命令が脳ではなく[う]ことで，反応までの時間が短くなり，少しでも早く反応して危険を回避することができるしくみになっています。

先　　生：そのとおりです。調べたことから新たな疑問をもち，追求する姿勢が素晴らしいですね。

（1）　**実験**に関して，**表**の実験結果から，刺激を受け取ってから反応するまでにかかる一人あたりの時間は何秒か**小数第3位を四捨五入して小数第2位まで**答えなさい。ただし，手を下げる反応とストップウォッチを止める反応にかかる時間は同じものとします。

(2) 先生と太郎さんたちの会話について，以下の(ⅰ)～(ⅳ)の問いに答えなさい。

(ⅰ) 会話文中の[**あ**]に当てはまるものとして最も適当なものを，**図2**の**ア**～**エ**の中から一つ選び，記号で答えなさい。

(ⅱ) 会話文中の[**い**]に当てはまる語句を書きなさい。

(ⅲ) 会話文中の[**う**]に当てはまる適当な文を，**10字以内**で答えなさい。

(ⅳ) 信号の伝達や命令を行う器官を神経系という。そのうち，脳やせきずいのように，判断や命令を行う神経を何というか答えなさい。

6 地層について調べるために，次の**観察**を行った。以下の問いに答えなさい。ただし，この付近の地層は一定の厚さで水平に積み重なり，上下の逆転はないものとする。

【観察】

ある露頭で見られる地層を観察した。**図**は，観察した地層の一部を模式的に表したものであり，図中のX－Yは断層を，P－Qは凹凸《おうとつ》のある重なりを示している。cの層のX－Yをはさんだ泥岩，砂岩，れき岩，石灰岩の層は，それぞれ同じ層であることがわかっている。

図

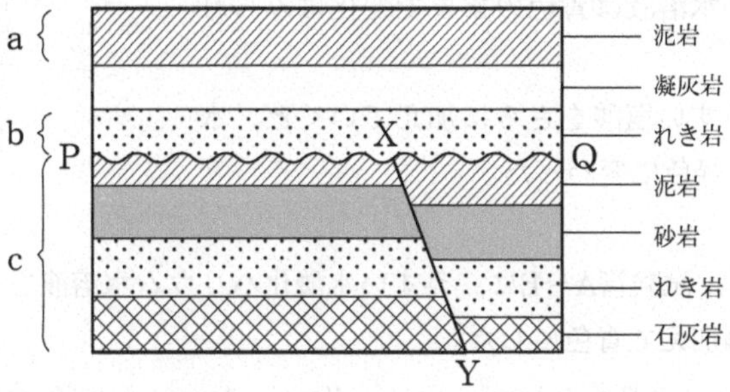

(1) 地層を観察したところ，その表面の岩石がもろくなっていた。長い間に気温の変化や水のはたらきなどによって，岩石の表面がもろくなることを何というか答えなさい。

(2) **図**のX－Yの断層は，cの層にどのような力がはたらいて，どのようにずれて生じたと考えられるか，最も適当なものを，次の**ア**～**エ**の中から一つ選び，記号で答えなさい。ただし，矢印➡は，地層にはたらいた力の向きを表し，矢印→は，地層がずれて動いた向きを表している。

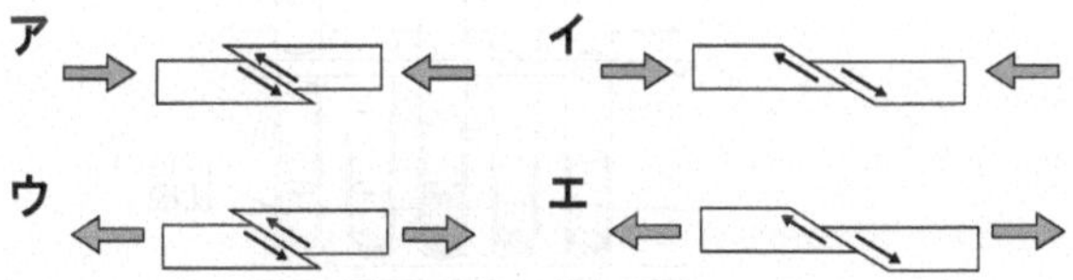

(3) 次の**ア**～**カ**を，**図**の地層ができる間に起こったと考えられる順に左から並べて記号で答えなさい。

ア aの層が堆積した。
イ P－Qの凹凸《おうとつ》ができた。
ウ bの層が堆積した。
エ X－Yの断層ができた。
オ 火山の噴火が起こり，火山灰が堆積した。
カ cの層が堆積した。

（4） **図**の石灰岩の地層からは，フズリナの化石が発見された。このことから，この層はいつごろ堆積したと考えられるか，その地質年代の名称を答えなさい。また，次の文は，フズリナのように地層が堆積した地質年代を知る手がかりとなる示準化石の条件をまとめたものである。空欄□に当てはまる最も適当な文を，「時代」と「範囲」という2つの語句を使って**20字以内**で答えなさい。

条件：□栄えた生物の化石であること。

7

酸とアルカリの中和反応について調べるために，次の**実験１～２**を行った。以下の問いに答えなさい。

【実験１】

① うすい水酸化ナトリウム水溶液10cm^{3}をビーカーに入れ，BTB溶液を数滴加えて青色にした。**図１**のように，ガラス棒でかき混ぜながら，ビーカーにうすい塩酸2cm^{3}をこまごめピペットで少しずつ加えていったところ，水溶液は青色のままで変化はみられなかった。

② ビーカーにうすい塩酸をさらに加えていくと，水溶液が青色から緑色に変わった。

図１

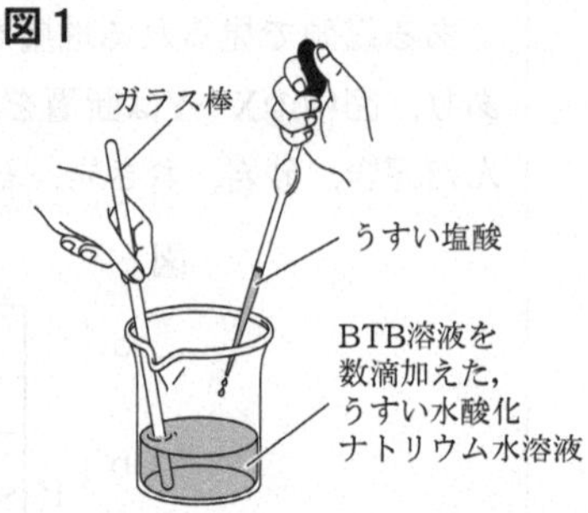

【実験２】

① **図２**のように，試験管A～Eに，うすい水酸化バリウム水溶液をそれぞれ5cm^{3}ずつ入れ，BTB溶液を数滴加えて青色にした。

② 試験管A～Eに，それぞれ1cm^3，2cm^3，3cm^3，4cm^3，5cm^{3}のうすい硫酸を加えると，すべての試験管で水溶液が白くにごった。

③ しばらく放置すると，**図３**のように，試験管A～Eのすべてに白色の沈殿が見られ，試験管A，Bの水溶液は青色で，試験管C～Eの水溶液は黄色になった。

図２

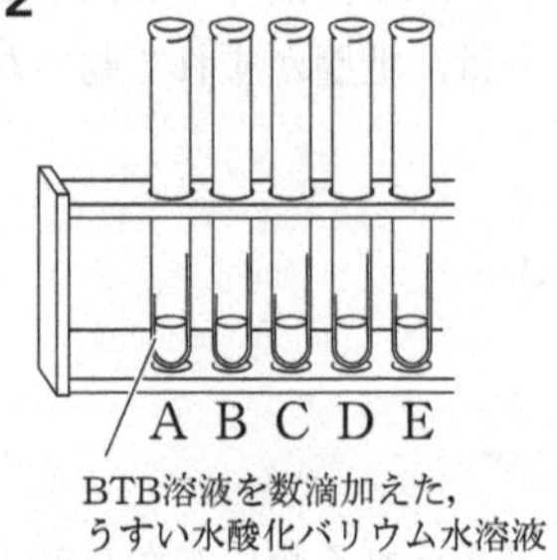

図３

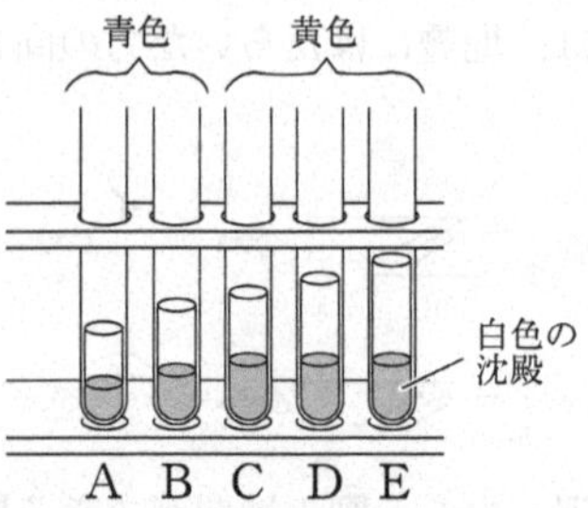

（1） **実験１**の①におけるビーカー内の水溶液の性質とpHの値の組み合わせとして最も適当なものを，次の**ア～エ**の中から一つ選び，記号で答えなさい。

	水溶液の性質	pHの値
ア	アルカリ性	7より小さい
イ	アルカリ性	7より大きい
ウ	酸性	7より小さい
エ	酸性	7より大きい

(2) **図4**は，**実験1**の①において，ある時点での水溶液中のナトリウムイオンと，中和によって生じた水分子のようすをモデルで示したものであり，(Na^+)はナトリウムイオンを，(H_2O)は中和によって生じた水分子を表している。**図4**の状態のとき，水溶液中の塩化物イオンと水酸化物イオンは，それぞれいくつあるか，その数だけ，塩化物イオンの記号(Cl^-)と，水酸化物イオンの記号(OH^-)を，**図4**の[ ]の中にかき入れなさい。

図4

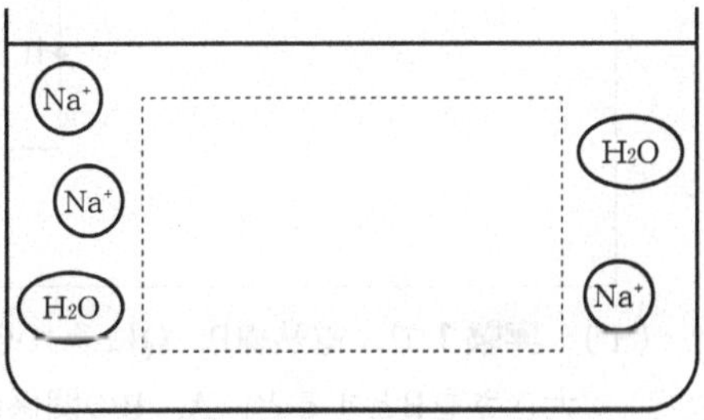

(3) **実験2**で起こる反応を表す化学反応式の空欄□に当てはまるものを答えなさい。

H_2SO_4 ＋ $Ba(OH)_2$ → □

(4) **実験2**の③に関して，加えたうすい硫酸の量は試験管A～Eの順に多くなっているが，試験管C～Eでは沈殿の量が同じであった。これは，試験管C～Eで，沈殿ができるのに必要なイオンのうち，あるイオンが不足したからである。この不足したイオンは何か，最も適当なものを，次の**ア**～**エ**の中から一つ選び，記号で答えなさい。

ア 水素イオン　　**イ** 硫酸イオン
ウ バリウムイオン　　**エ** 水酸化物イオン

8 回路に流れる電流と加わる電圧の大きさについて調べるために，次の**実験1～3**を行った。以下の問いに答えなさい。

【実験1】

抵抗の大きさが同じ電熱線P，Qと電源装置を用いて，**図1**のような回路をつくった。a－c間の電圧が3.0Vになるように電源装置で回路に電圧を加え，点a，点b，点cに流れる電流の大きさをそれぞれ測定した。

図1

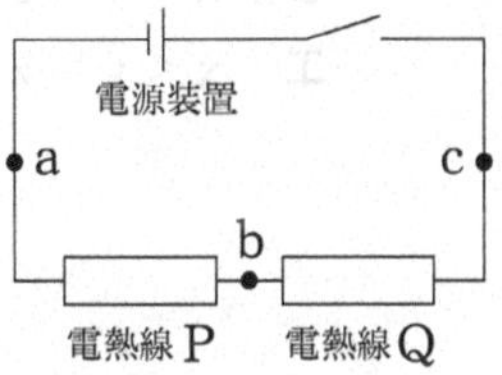

【実験2】

実験1と同じ電熱線P，Qと電源装置を用いて，**図2**のような回路をつくった。d－g間の電圧が3.0Vになるように電源装置で回路に電圧を加え，点d，点e，点f，点gに流れる電流の大きさをそれぞれ測定した。このとき，点eに流れる電流の大きさは0.20Aであった。

図2

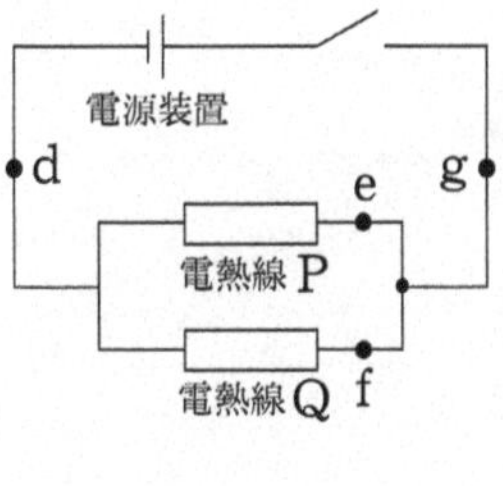

【実験３】

抵抗の大きさが同じ電熱線X，Y，Zと電源装置を用いて，**図３**のような回路をつくった。h－j間の電圧が6.0Vになるように電源装置で回路に電圧を加え，点ｉに流れる電流の大きさを測定したところ，0.20Ａであった。

図３

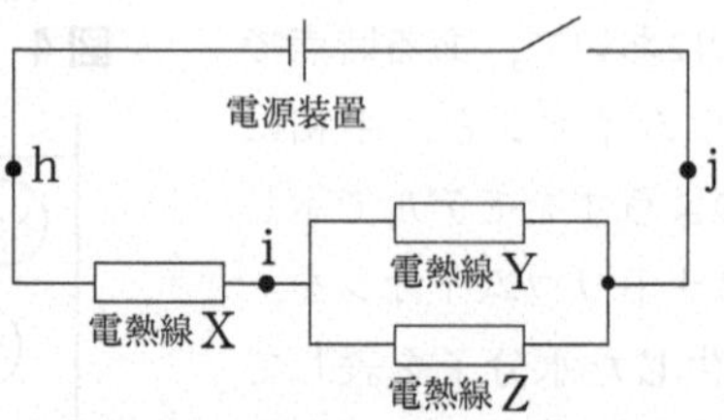

（１）　**実験１**で，電熱線P，Qにそれぞれ加わる電圧の大きさの和をA，回路全体に加わる電圧の大きさをBとすると，A，Bの関係はどのようになるか**10字以内**で答えなさい。

（２）　**実験２**で，電熱線Pの抵抗の大きさは何Ωか答えなさい。

（３）　**実験１**，**２**で，点ａ～ｇを流れる電流の大きさについて述べたものとして適当なものを，次の**ア**～**エ**の中からすべて選び，記号で答えなさい。

ア　点ｂを流れる電流は，点ａを流れる電流より大きい。
イ　点ｃを流れる電流は，点ｄを流れる電流より大きい。
ウ　点ｇを流れる電流は，点ｆを流れる電流より大きい。
エ　点ｅを流れる電流は，点ａを流れる電流より大きい。

（４）　**実験３**で，電熱線Xの抵抗の大きさは何Ωか答えなさい。

（５）　**実験３**で，電熱線X，Y，Zが消費する電力の大きさを，それぞれｘ，ｙ，ｚとすると，ｘ，ｙ，ｚの大きさの関係はどのようになるか，最も適当なものを，次の**ア**～**エ**の中から一つ選び，記号で答えなさい。

ア　ｘ＞ｙ＞ｚ
イ　ｘ＞ｙ＝ｚ
ウ　ｘ＜ｙ＜ｚ
エ　ｘ＜ｙ＝ｚ

【社　会】（50分）〈満点：100点〉

1　日本や世界の地理に関する以下の問いに答えなさい。

Ⅰ．次の2つの世界地図を見て，あとの問いにそれぞれ答えなさい。

（世界地図１）

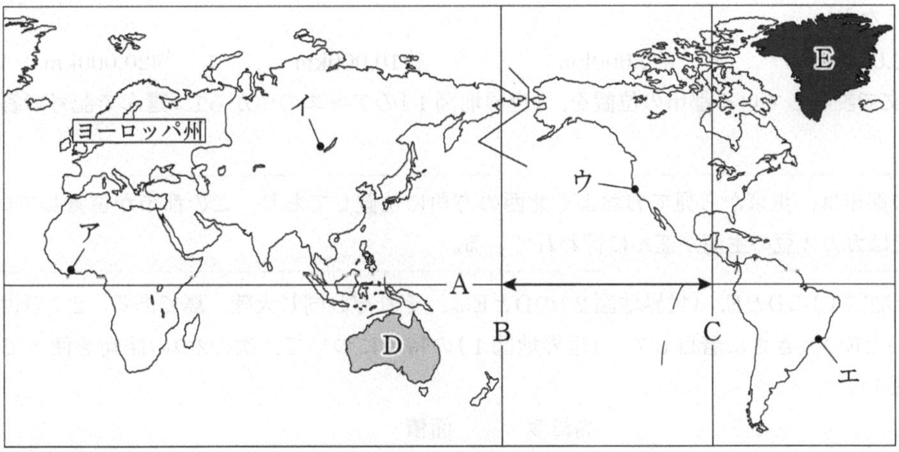

（世界地図２）

(1) (世界地図1)は，緯線と経線が直角に交わる図法で作成した地図で，(世界地図2)は，中心の東京からの距離と方位が正しく表される図法で作成した地図である。(世界地図1)には示されていないが，(世界地図2)には示されている大陸の名前を答えなさい。

(2) (世界地図1)のAは0度の緯線，Bは経度180度の経線，Cは西経90度の経線である。Aの緯線上のBとCの経線の間の⟷で示した部分の実際の長さを，次のア～エの中から1つ選んで記号で答えなさい。

ア 約2,000km　　イ 約5,000km　　ウ 約10,000km　　エ 約20,000km

(3) 次の文で説明している都市の位置を，(世界地図1)のア～エの中から1つ選んで記号で答えなさい。

この都市は，東京から見ておおよそ北西の方角に位置しており，この都市が位置している国ではカカオ豆の生産が盛んに行われている。

(4) (世界地図1)のDとE，(世界地図2)のDとEは，それぞれ同じ大陸，島である。2つの世界地図のDとEの大きさに着目して，(世界地図1)の特色について，次の2つの語句を使って説明しなさい。

高緯度　　面積

(5) (世界地図2)にFで示した，サハラ砂漠の南の縁にあたる地域を何というか答えなさい。

(6) さとし君は，(世界地図1)のヨーロッパ州に属している4か国の農業について(資料1)にまとめた。(資料1)から読み取れることについて正しく述べているものを，あとのア～エの中から1つ選んで記号で答えなさい。

(資料1) 4か国の農地面積，経営農家戸数，おもな農産物の生産量と家畜飼育頭数

	農地面積(万ha)	経営農家戸数(千戸)	小麦(万トン)	ばれいしょ(万トン)	牛(万頭)	豚(万頭)
イタリア	1312	1146	672	143	640	854
フランス	2862	457	3014	869	1779	1374
ドイツ	1667	276	2217	1172	1130	2607
スウェーデン	300	63	321	88	139	138

2020年(「データブック オブ・ザ・ワールド2023」より作成)

ア 4か国の経営農家1戸あたりの農地面積を比較すると，フランスが最も広く，スウェーデンが最も狭い。

イ 4か国のいずれも，小麦の生産量はばれいしょの生産量よりも多いが，その差が最も大きいのはドイツである。

ウ フランスの小麦とばれいしょの生産量は，それぞれスウェーデンの小麦とばれいしょの生産量の10倍以上である。

エ 4か国の牛の飼育頭数の合計と豚の飼育頭数の合計を比較すると，豚の飼育頭数の合計のほうが多い。

(7) (資料2)は，(資料1)の4つのいずれかの国の総発電量と発電源別の割合を示したものである。フランスにあてはまるものを，(資料2)のア～エの中から1つ選んで記号で答えなさい。

(資料2)　4か国の総発電量と発電源別の割合

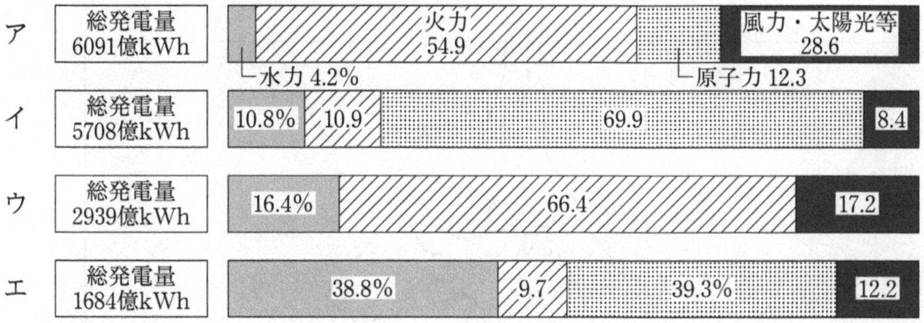

2019年(「世界国勢図会 2022/23」より作成)

(8)(資料3)は，ヨーロッパ州の多くの国が加盟しているEU(ヨーロッパ連合)と，ASEAN(東南アジア諸国連合)，USMCA(アメリカ・メキシコ・カナダ協定)，中国のいずれかについて，面積，人口，国内総生産，貿易総額(輸出額と輸入額の合計)を比較したものである。EUにあてはまるものを，(資料3)のア～エの中から1つ選んで記号で答えなさい。なお，(資料3)のア～エは，それぞれ同じ地域・国を示している。

(資料3)　4つの地域，国の面積，人口，国内総生産，貿易総額の比較

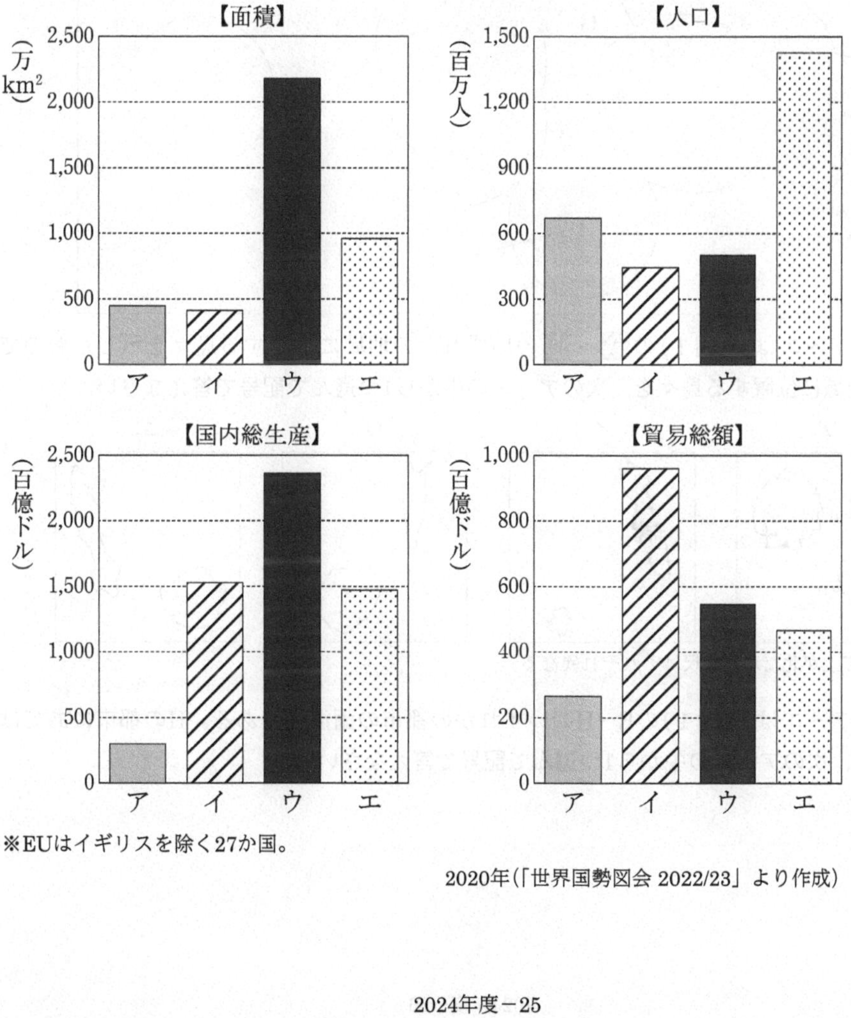

※EUはイギリスを除く27か国。

2020年(「世界国勢図会 2022/23」より作成)

Ⅱ．日本とその周辺を示した次の(図１)を見て，あとの問いにそれぞれ答えなさい。

(図１)

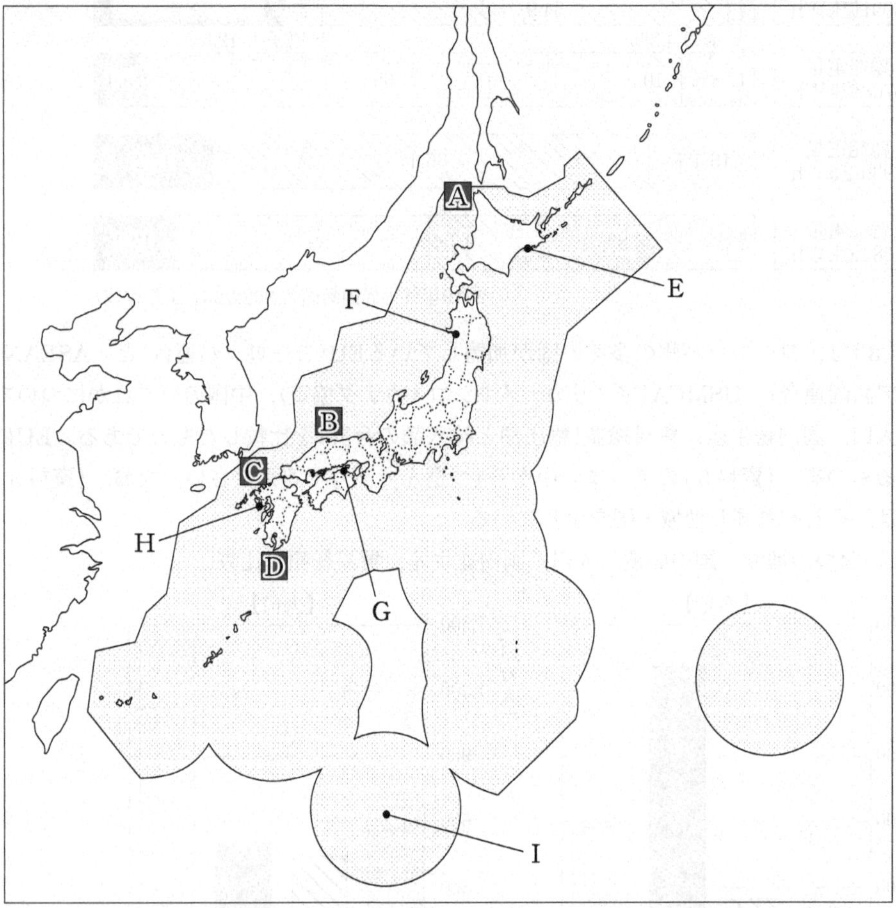

（１） 次のア～エは，(図１)のA～Dのいずれかの地域に位置する島々を示したものである。Dの地域に位置する島々を，次のア～エの中から1つ選んで記号で答えなさい。

ア　イ　ウ　エ

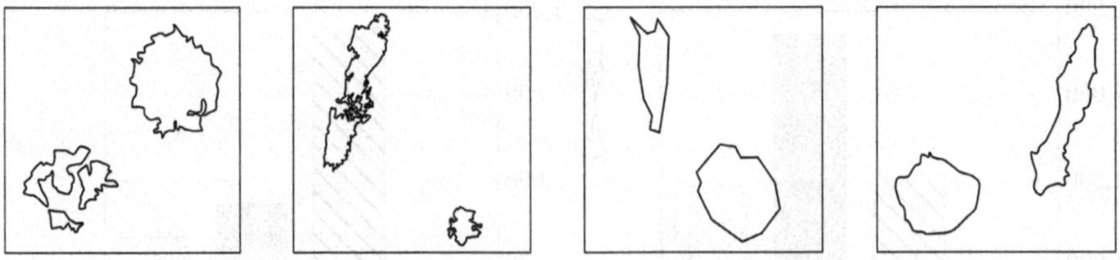

※すべて上が北だが，縮尺はそれぞれ異なる。

（２） 次のア～エは，(図１)のE～Hのいずれかの都市の雨温図である。Hの都市にあてはまる雨温図を，次のア～エの中から1つ選んで記号で答えなさい。

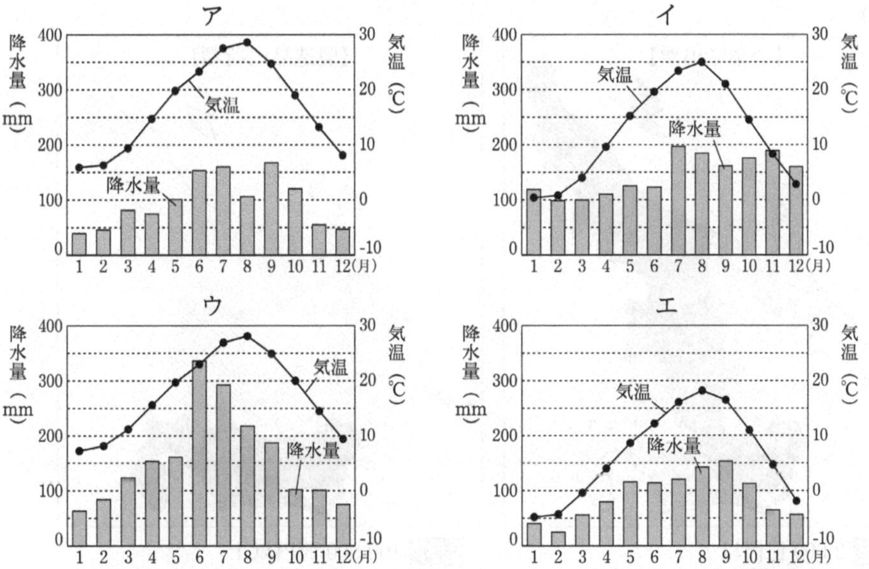

(「理科年表 2023」より作成)

(3)　(図1)のＩの島は，日本の最南端に位置する沖ノ鳥島である。この島は侵食が進んで水没する危険があったため，政府はこの島を守るために約300億円かけて護岸工事を行った。政府がこの島の護岸工事を行った理由を，(図1)に で示した水域の名称を使って説明しなさい。

(4)　次のア～ウは，1935年，1960年，2022年のいずれかの年の日本の年齢別人口を男女別に示した人口ピラミッドである。ア～ウを，年代の古いものから順に並べて記号で答えなさい。

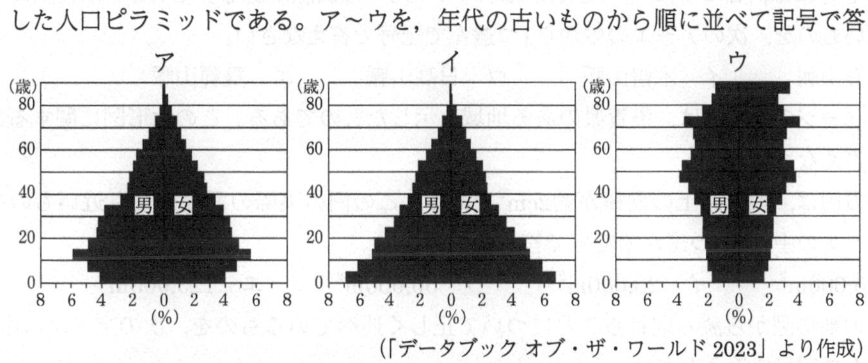

(「データブック オブ・ザ・ワールド 2023」より作成)

(5)　次のページの(図2)は，中部地方の各県の農業産出額と製造品出荷額を示したものである。あとの文章にあてはまる県の県庁所在地の都市名を答えなさい。

この県の2020年における農業産出額は974億円で，2019年における製造品出荷額は2兆5053億円である。

(図２)

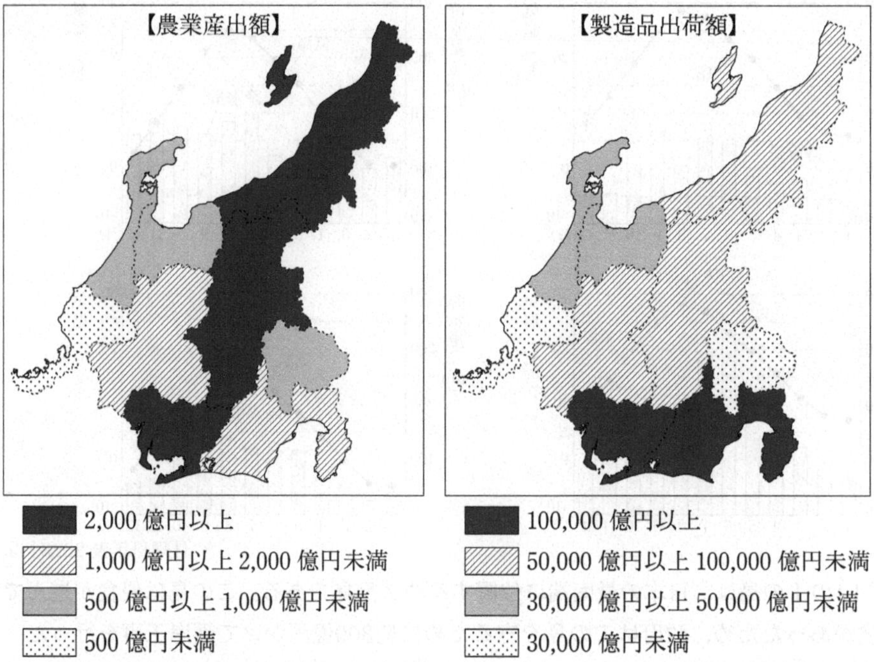

※農業産出額は2020年，製造品出荷額は2019年。　　　　（「データでみる県勢 2023」より作成）

（６） 中部地方には，日本アルプスともよばれている3つの山脈がある。この3つの山脈にあてはまらないものを，次のア～エの中から1つ選んで記号で答えなさい。

ア　赤石山脈　　イ　木曽山脈　　ウ　日高山脈　　エ　飛騨山脈

（７） 次のページの地形図は，滋賀県のある地域を示したものである。この地形図に関するあとの問いに答えなさい。

① Wの円は，地形図上の面積が約$2cm^2$である。この円の実際の面積に最も近いものを，次のア～エの中から1つ選んで記号で答えなさい。

ア　$5,000m^2$　　イ　$25,000m^2$　　ウ　$50,000m^2$　　エ　$125,000m^2$

② この地形図から読み取れることについて正しく述べているものを，次のア～エの中から1つ選んで記号で答えなさい。

ア　Xの地域は，おもに果樹園に利用されている。

イ　Y地点とZ地点とでは，Y地点のほうが標高が高い。

ウ　東近江市の市役所から見て，箕作山はおおよそ北東に位置している。

エ　東近江市の市役所の周辺には，警察署や消防署が見られる。

※編集の都合で90%に縮小しています。

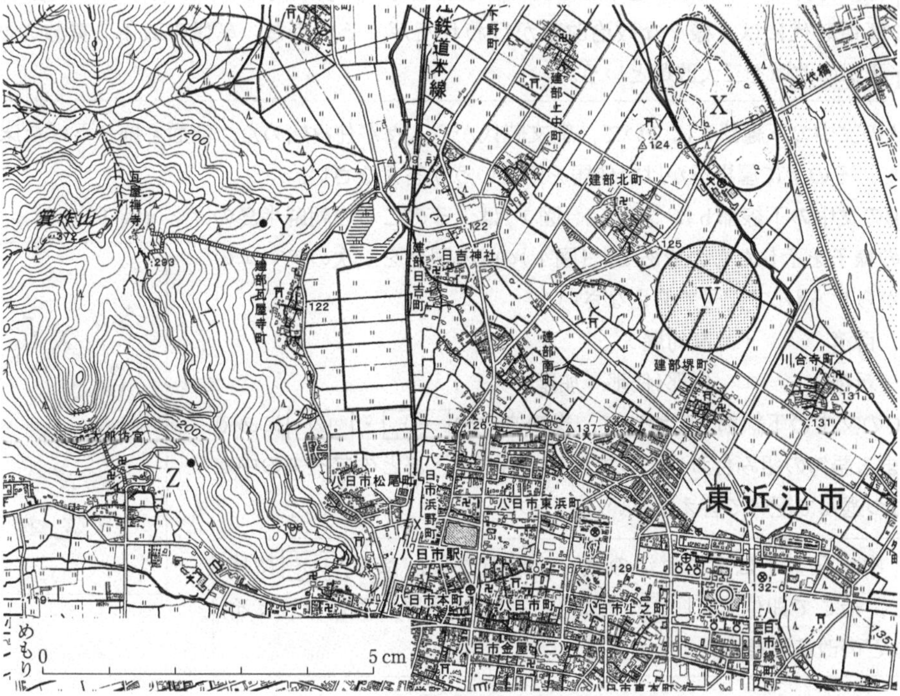

(国土地理院発行2万5千分の1地形図「八日市」より作成)

2 歴史に関する以下の問いに答えなさい。

Ⅰ. 次のA～Jの各文を読んで，あとの問いにそれぞれ答えなさい。

A　a縄文時代の人々は，狩りや漁，採集などで食料を得て，縄文土器を使って煮炊きをするなどして暮らしていた。

B　倭の五王の一人の武は，b朝鮮半島の国々に対して優位に立とうとして，中国の南朝に使いを送った。

C　c中大兄皇子と中臣鎌足らは，天皇をしのぐ勢力を誇っていた蘇我氏を倒して政治改革を始めた。

D　中国の律令にならって大宝律令が制定され，d全国を治める仕組みが細かく定められた。

E　桓武天皇は，律令政治を立て直そうとして，都を長岡京に移し，eさらに平安京に移した。

F　源頼朝は，弟の義経を捕らえることを口実に守護と地頭の設置を朝廷に認めさせたり，征夷大将軍に任じられたりして，f鎌倉幕府を開いた。

G　後醍醐天皇は，鎌倉幕府を倒した後，自ら政治を行う建武の新政を始めたが，g2年ほどで失敗に終わった。

H　h応仁の乱によって都は荒廃し，将軍の権力は失われて，各地で戦国大名が領国を奪い合うi戦国時代となった。

I	j 豊臣秀吉は，小田原の北条氏を倒し，東北地方の大名も従えて天下統一を成し遂げた。
J	k 江戸時代には，様々な政治改革が行われたが，そのうち，享保の改革，寛政の改革，l 天保の改革を三大改革という。

（1） Aの文中の下線部aについて，縄文時代から人々が住み始めた，地面を掘り下げた床に柱を立て，その上に屋根をかけた住居を何というか答えなさい。

（2） Bの文中の下線部bについて，(図1)は，そのころの朝鮮半島の国の様子を示したものである。(図1)のXの国名を，次のア～エの中から1つ選んで記号で答えなさい。

ア 百済　　イ 高句麗

ウ 新羅　　エ 伽耶(任那・加羅)

(図1)

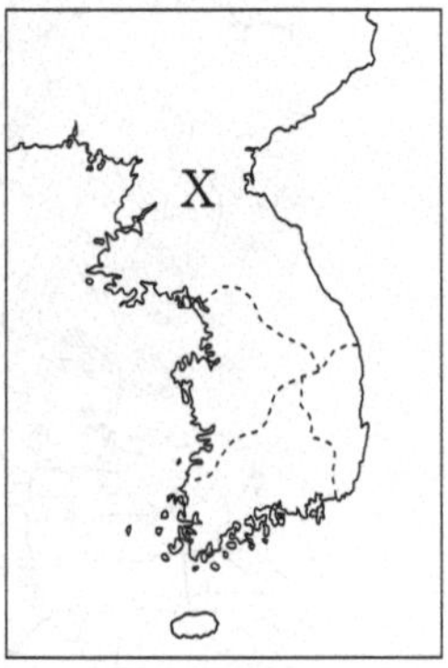

（3） Cの文中の下線部cについて，次の文中の ① ・ ② にあてはまる語句の組み合わせとして正しいものを，あとのア～エの中から1つ選んで記号で答えなさい。

> 中大兄皇子は，白村江の戦いに敗れた後，都を ① に移し，そこで即位して ② となり，初めて全国の戸籍をつくるなどの改革を進めた。

ア ① 飛鳥　② 天智天皇

イ ① 飛鳥　② 天武天皇

ウ ① 大津　② 天智天皇

エ ① 大津　② 天武天皇

（4） Dの文中の下線部dについて，大宝律令などにより定められた仕組みの説明として正しいものを，次のア～エの中から1つ選んで記号で答えなさい。

ア 中央には，神祇官，太政官の二官と8つの省などが置かれた。

イ 地方は国・郡・里に区分され，九州には多賀城，東北地方には大宰府が置かれた。

ウ 6歳以上の男子には口分田が与えられたが，女子には与えられなかった。

エ 成人男子には，口分田の面積に応じて稲を納める調という税が課せられた。

（5） Eの文中の下線部eについて，このころの仏教について正しく述べているものを，次のア～エの中から1つ選んで記号で答えなさい。

ア 念仏を唱えて阿弥陀仏にすがり，死後に極楽浄土に生まれ変わることを願う浄土信仰が広まった。

イ 中国の高僧の鑑真が，正しい戒律を日本に伝えようとして，何度も失敗して失明しながらも，ついに来日を果たした。

ウ 座禅によって自分の力でさとりを開こうとする禅宗のうち，臨済宗を栄西が，曹洞宗を道元がそれぞれ中国から伝えた。エ 中国で新しい仏教を学んだ最澄が比叡山に延暦寺を建てて天台宗を開き，空海が高野山に金剛峯寺を建てて真言宗を開いた。

エ 中国で新しい仏教を学んだ最澄が比叡山に延暦寺を建てて天台宗を開き，空海が高野山に金剛峯寺を建てて真言宗を開いた。

（6） Fの文中の下線部 f について，鎌倉時代におこった次のア～オのできごとを時代順に並べた時に，3番目となるものを1つ選んで記号で答えなさい。

ア　永仁の徳政令が出される。　　イ　御成敗式目(貞永式目)が出される。
ウ　弘安の役がおこる。　　エ　文永の役がおこる。
オ　承久の乱がおこる。

（7） Gの文中の下線部 g について，建武の新政が失敗に終わった理由を，次の2つの語句を使って説明しなさい。

公家　　　　武士

（8） Hの文中の下線部 h について，応仁の乱に関係する人物として誤っているものを，次のア～エの中から1つ選んで記号で答えなさい。

ア　足利義政　　イ　今川義元　　ウ　細川勝元　　エ　山名持豊(宗全)

（9） Hの文中の下線部 i について，日本が戦国時代であったときに，ヨーロッパでおこったできごとを，次のア～エの中から1つ選んで記号で答えなさい。

ア　第1回の十字軍が派遣された。
イ　ムハンマドがイスラム教を開いた。
ウ　コロンブスが大西洋を横断する航路を開いた。
エ　イギリスで名誉革命がおこり，「権利章典」が出された。

(10) Iの文中の下線部 j について，(図2)は，豊臣秀吉が，全国の田畑の面積や土地の良し悪しなどを，統一したものさしで調べた様子を示したものである。この政策を何というか答えなさい。

(図2)

(11) Jの文中の下線部 k について，江戸時代に，庶民に対して読み・書き・そろばんなどの実用的な知識や技能を教えた教育機関を何というか答えなさい。

(12) Jの文中の下線部 l について，天保の改革の中で，次の法令が出された。この法令が出されたことと最も関係の深いできごとを，あとのア～エの中から1つ選んで記号で答えなさい。

外国船が難破して漂流し，薪や水，食料を求めてきたとき，事情を考えず，いちずに打ち払っては失礼なので，よく様子を見て必要な品を与え，帰るように言い聞かせよ。ただし，上陸させてはならない。

ア　アヘン戦争　　イ　大塩平八郎の乱
ウ　ラクスマンの来航　　エ　フランス革命

Ⅱ. 19世紀以降の日本と世界のおもなできごとをまとめた次の略年表を見て，あとの問いにそれぞれ答えなさい。

年代	日本のおもなできごと	世界のおもなできごと
1854	日米和親条約が結ばれる……………A	
1861		アメリカで南北戦争がおこる
1867	大政奉還が行われる	
1871		ドイツが統一される……………B
1881	国会開設の勅諭が出される……………C	
1882		三国同盟が成立する……………D
1889	大日本帝国憲法が発布される	
1907		三国協商が成立する……………E
1910	大逆事件がおこる	
1914		第一次世界大戦が始まる……………F
1918	米騒動がおこる……………G	
1919		ベルサイユ条約が結ばれる
1923	関東大震災がおこる	
1929		世界恐慌がおこる……………H
1932	五・一五事件がおこる	
1939		第二次世界大戦が始まる
1945	ポツダム宣言を受諾する……………I	
1950		朝鮮戦争が始まる
1955	自由民主党が結成される……………J	
1962	↕ア	キューバ危機がおこる
1964	東海道新幹線が開通する	
1973	↕イ	第四次中東戦争がおこる……………K
1985	男女雇用機会均等法が成立する	
1989	↕ウ	ベルリンの壁が崩壊する……………L
1995	阪神・淡路大震災がおこる	
2001	↕エ	アメリカ同時多発テロがおこる
2011	東日本大震災がおこる	

(１) 略年表中のAについて，この条約で開港された2つの港の位置を，(図１)のア～オの中から2つ選んで記号で答えなさい。

(2) 略年表中のBについて，プロイセンの首相として国力を高め，他国との戦争に勝利するなどしてドイツの統一に尽力し，「鉄血宰相」とよばれた人物の名を答えなさい。

(図1)

(3) 略年表中のCについて，国会開設の勅諭が出された翌年に，国会の開設に備えて，大隈重信を党首として結成された政党を何というか答えなさい。

(4) 略年表中のD・E・Fについて，(図2)は，第一次世界大戦前の国際関係を示したものである。(図2)のW～Zにあてはまる国名の組み合わせとして正しいものを，次のア～エの中から1つ選んで記号で答えなさい。

ア W イギリス X フランス
Y ドイツ Z イタリア

イ W イギリス X ドイツ
Y フランス Z イタリア

ウ W ドイツ X イタリア
Y フランス Z イギリス

エ W フランス X イギリス
Y イタリア Z ドイツ

(図2)

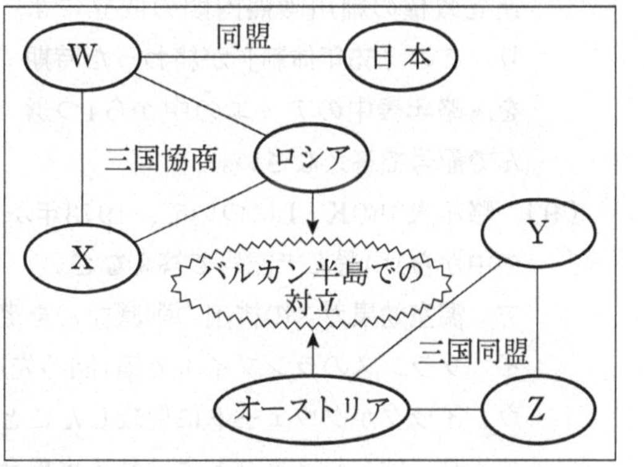

(5) 略年表中のGについて，次の文中の ① ・ ② にあてはまる語句の組み合わせとして正しいものを，あとのア～エの中から1つ選んで記号で答えなさい。

米騒動が全国的に広まると，寺内正毅内閣は軍隊を出動させてこれを鎮圧したが，その責任をとって総辞職した。その後をうけて，立憲政友会総裁の ① が，陸軍・海軍・外務の3大臣以外はすべて立憲政友会の党員で組織する，本格的な政党内閣を組織した。 ① は，選挙法を改正して， ② に選挙権を与えた。

ア ① 犬養毅 ② 満25歳以上のすべての男子
イ ① 犬養毅 ② 満25歳以上の男子で，直接国税を3円以上納める者
ウ ① 原敬 ② 満25歳以上のすべての男子
エ ① 原敬 ② 満25歳以上の男子で，直接国税を3円以上納める者

(6) 略年表中のHについて，次のページの(図3)は，世界恐慌前後の世界のおもな国の鉱工業生産指数の推移を示したものである。(図3)のPの国は，世界恐慌の影響をあまり受けずに鉱工業生産指数が伸びているが，その理由を，Pの国名とその国の経済政策にふれて説明しなさい。

（7） 略年表中のIについて，ポツダム宣言に基づいて，戦後の日本の民主化政策が行われた。この民主化政策として誤っているものを，次のア～エの中から1つ選んで記号で答えなさい。

ア 地租改正

イ 財閥解体

ウ 教育基本法の制定

エ 治安維持法の廃止

（8） 略年表中のJについて，自由民主党の結成により，野党第一党の社会党と対峙しながら自由民主党が政権を担当する「55年体制」が始まった。非自民連立政権の細川護熙内閣の成立により，この「55年体制」が終わった時期を，略年表中のア～エの中から1つ選んで記号で答えなさい。

(図3)

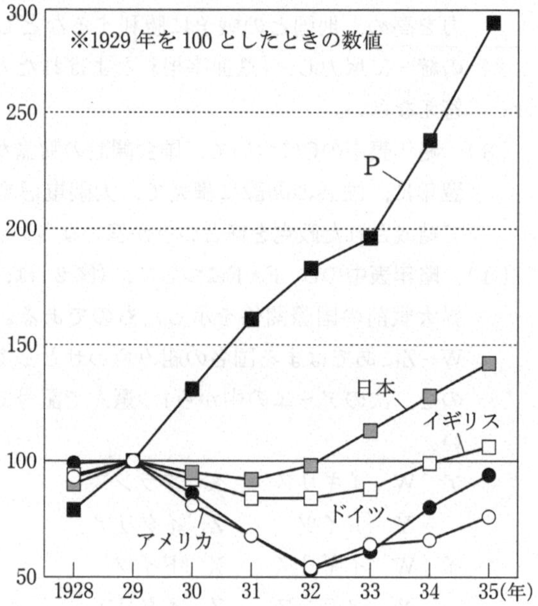

(「本邦主要経済統計」より作成)

（9） 略年表中のK・Lについて，1973年から1989年までの間におこったできごとを，次のア～エの中から1つ選んで記号で答えなさい。

ア 温室効果ガスの排出の削減などを定めたパリ協定が合意された。

イ フランスのランブイエで第1回の先進国首脳会議が開かれた。

ウ イラクがクウェートに侵攻したことをきっかけに湾岸戦争が始まった。

エ リーマンショックとよばれる世界金融危機がおこった。

3 日本の政治・経済に関する以下の問いに答えなさい。

Ⅰ. 次の文を読んで，あとの問いにそれぞれ答えなさい。

> 日本の国の政治では，権力を立法権，行政権，司法権の3つに分け，それぞれ国会，内閣，裁判所に担当させるa三権分立の仕組みを採用している。3つの機関のうち，国会と内閣は密接な関係にあり，内閣は国会の信任に基づいて成立するというb議院内閣制が採用されている。これに対し，c裁判所は，法律や命令・規則・処分などがd憲法に違反していないかを判断する違憲審査権(違憲立法審査権)を持ち，他の2つの機関から独立している。一方，地方の政治においては，その地域に住む住民の意思がより反映されるように，e地方自治の原則に基づいた仕組みが採用されている。

（1） 下線部aについて，フランスの思想家で，著書の「法の精神」の中で三権分立を唱えた人物を，次のア～エの中から1つ選んで記号で答えなさい。

ア モンテスキュー　　イ リンカン　　ウ ルソー　　エ ロック

（2） 下線部bについて，国会と内閣の関係について正しく述べているものを，次のア～エの中から1つ選んで記号で答えなさい。

ア　内閣総理大臣の指名について，衆議院と参議院の議決が異なった場合に，衆議院が出席議員の3分の2以上の多数で再可決すれば衆議院の議決が国会の議決となる。

イ　衆議院が内閣不信任案を可決したときには，内閣は必ず10日以内に衆議院を解散して，民意を総選挙で問わなくてはならない。

ウ　内閣総理大臣は，国会議員の中から国会の議決によって指名され，国務大臣は，内閣総理大臣が任命し，国務大臣の過半数は国会議員でなければならない。

エ　内閣の内閣総理大臣と国務大臣にのみ国政調査権が認められており，審議についての記録の提出を国会に求めることなどができる。

(3)　下線部cについて，(図1)は，ある裁判の様子を示したものである。(図1)について述べた次の文中の［①］・［②］にあてはまる語句の組み合わせとして正しいものを，あとのア～エの中から1つ選んで記号で答えなさい。

(図1)

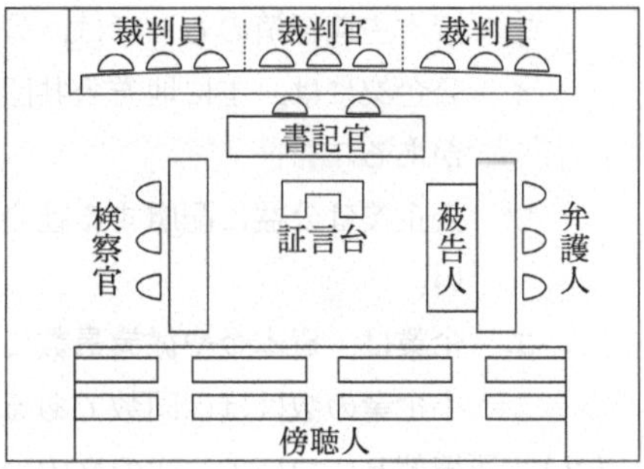

> (図1)は，地方裁判所で行われる［①］裁判の第一審の様子を示したものである。(図1)の裁判員は，裁判官と一緒に評議を行い，被告人が有罪か無罪かを決め，有罪の場合，［②］決める。

ア　①　民事　　②　どのような刑罰にするかは裁判官が

イ　①　民事　　②　どのような刑罰にするかも裁判員と裁判官で評議して

ウ　①　刑事　　②　どのような刑罰にするかは裁判官が

エ　①　刑事　　②　どのような刑罰にするかも裁判員と裁判官で評議して

(4)　下線部dについて，日本国憲法の3つの基本原則のうち，平和主義は前文と第何条に記されているか。次のア～エの中から1つ選んで記号で答えなさい。

ア　第1条　　　イ　第6条　　　ウ　第9条　　　エ　第14条

(5)　下線部eについて，(図2)は，茨城県の歳入総額とその内訳を示したものである。歳入のうちの地方交付税は，国から地方公共団体へ配分される依存財源であるが，国が地方公共団体に地方交付税を配分する目的を，次の語句を使って説明しなさい。

格差

(図2)

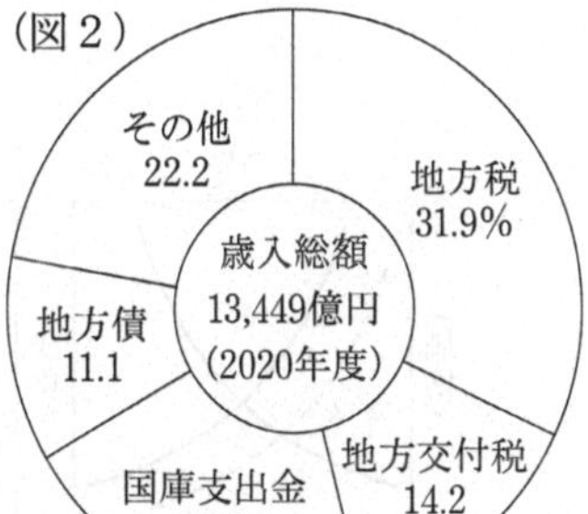

(「データでみる県勢2023」より作成)

Ⅱ．次の文を読んで，あとの問いにそれぞれ答えなさい。

> 現代の経済ではおもに${}_{a}$企業が生産の役割を担っている。企業は大きく私企業と公企業に分けられ，私企業の代表的なものが${}_{b}$株式会社である。企業はより良い商品やサービスを提供して利益をあげようと競争しているが，少数の企業が${}_{c}$市場を独占すると，価格が不当に引き上げられるなど消費者の不利益となるため，${}_{d}$独占禁止法が定められており，このほかにも${}_{e}$消費者を守るためにさまざまな制度が定められている。

（1） 下線部aについて，企業について正しく述べているものを，次のア～エの中から1つ選んで記号で答えなさい。

ア 資本主義経済のもとでは，公企業も私企業も利潤を目的として生産活動を行っている。

イ 公企業には，主に地方公共団体が運営するバスや地下鉄の運行事業，水道や公立病院などがある。

ウ 公企業は公益に配慮する社会的責任を負っているが，私企業には社会的責任は求められない。

エ 企業は，資本金や従業員数により大企業と中小企業に分けられるが，日本では大企業と中小企業の数はほぼ同数である。

（2） 下線部bについて，次の文中の［　　　］にあてはまる語句を答えなさい。

> 株式会社に出資した人を株主といい，株主には，株主総会に出席して議決に参加する権利や，株式会社の利潤の一部を［　　　］として受け取る権利を持っている。

（3） 下線部cについて，(図１)は，ある商品の市場における需要量と供給量，価格の関係を示したものである。(図１)の商品において，生産量だけが増加したときの価格の変動について正しく示しているものを，次のア～エの中から1つ選んで記号で答えなさい。

(図１)

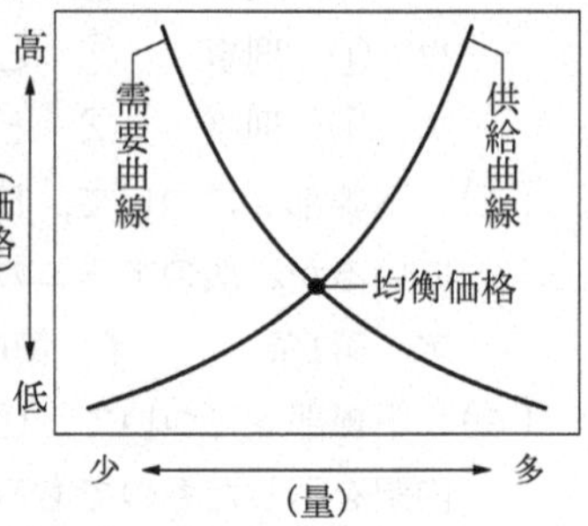

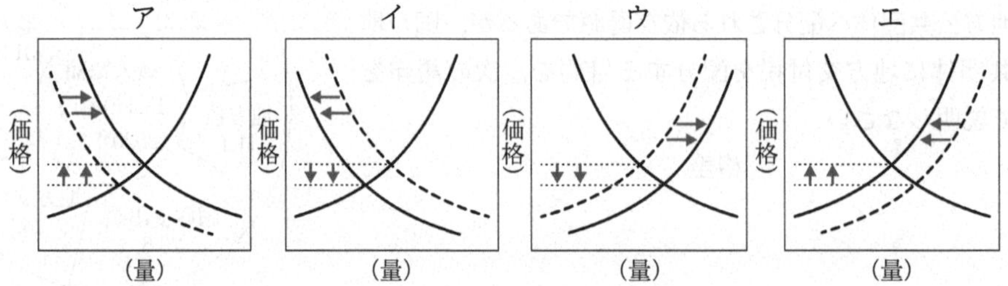

（4） 下線部dについて，独占禁止法を運用して，企業の不当な価格操作などを監視している機関を何というか答えなさい。

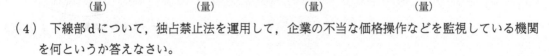

(5)　下線部eについて，消費者を守る制度の1つであるクーリング・オフについて述べたあとの文中の［　　　　］にあてはまる文を，次の2つの語句を使って答えなさい。

一定期間内　　　　契約

> 右の書面は，クーリング・オフの通知書の例を示したもので，訪問販売などで商品を購入する契約を締結した場合でも，［　　　　］ことを定めたクーリング・オフが認められている。

> ●契約年月日　令和○年○月○日
> ●販売業者　○○株式会社
> ●担当者名　○○○○
> ●商品名　○○○○
> ●契約金額　○○、○○○円
> 右の契約を解除します。
> 令和○年○月○日
> ○○○○

Ⅲ．次の文を読んで，あとの問いにそれぞれ答えなさい。

> 国や地方公共団体が行う経済的な活動を財政という。政府の収入の多くは a税金でまかなわれ，b社会保障や公共事業などに支出される。こうした収入と支出の1年間の計画を予算といい，c国会で審議し議決される。また，d日本銀行には，こうした政府が管理するお金の出し入れを担う「政府の銀行」としての役割がある。

(1)　下線部aについて，次の文中の［ ① ］・［ ② ］にあてはまる語句をそれぞれ答えなさい。

> 税金を納めること(納税)は，日本国憲法に定められた国民の3つの義務のうちの1つで，国民の義務には，このほかに，［ ① ］と，子どもに普通教育を受けさせる義務がある。
> また，税金には大きく2つの種類があり，そのうち，所得税や法人税のように，税を納める人と税を負担する人が同じ税を［ ② ］税という。

(2)　下線部bについて，日本の社会保障制度について正しく述べているものを，次のア～エの中から1つ選んで記号で答えなさい。

ア　日本の社会保障制度は，社会保険，公衆衛生，社会福祉，公的扶助の4つの柱からなっていて，日本国憲法の定める自由権のうち，生命・身体の自由に基づいている。

イ　公的扶助は，失業などで最低限度の生活を営めない人に生活保護などを行う制度で，加入者が積み立てた保険料から必要なときに給付を受ける。

ウ　高齢社会をむかえて導入された介護保険制度は，介護サービスを利用している高齢者が支払う料金によって運営されている制度である。

エ　年金保険では，保険料を納める働く世代が減る一方で，保険給付を受ける世代が増えていることが問題となっている。

(3)　下線部cについて，(図1)は，国会における予算審議の流れの様子を示したものである。(図1)のA～Cにあてはまる語句の組み合わせとして正しいものを，あとのア～エの中から1つ選んで記号で答えなさい。

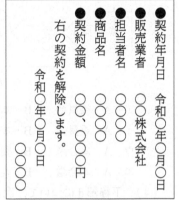

(図1)

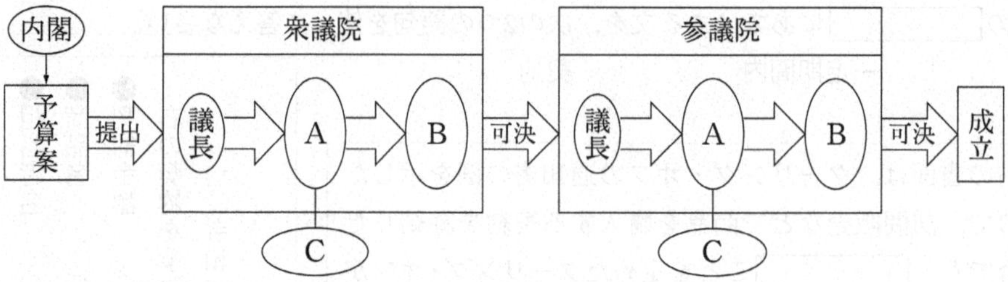

ア　A　委員会　　B　本会議　　C　公聴会
イ　A　委員会　　B　本会議　　C　両院協議会
ウ　A　本会議　　B　委員会　　C　公聴会
エ　A　本会議　　B　委員会　　C　両院協議会

(4)　下線部dについて，次の文中の ① ～ ④ にあてはまる語句の組み合わせとして正しいものを，あとのア～エの中から1つ選んで記号で答えなさい。

> 日本銀行は，物価の変動をおさえて景気を安定させる金融政策を行っている。例えば，不景気(不況)のときには，日本銀行は，国債などを一般の銀行 ① ，一般の銀行が貸し出すお金が ② ようにして，景気の回復を図っている。逆に，好景気(好況)のときには，日本銀行は，国債などを一般の銀行 ③ ，一般の銀行が貸し出すお金が ④ ようにして，景気の行き過ぎをおさえている。

ア　①　から買い取り　　②　減る　　③　に売り　　④　増える
イ　①　から買い取り　　②　増える　　③　に売り　　④　減る
ウ　①　に売り　　②　減る　　③　から買い取り　　④　増える
エ　①　に売り　　②　増える　　③　から買い取り　　④　減る

問三　**傍線部④「うれへ」**の意味として最も適切なものを次の選択肢から一つ選び、記号で答えなさい。

ア　恩恵

イ　疑い

ウ　喜び

エ　心配

問四　空欄Ｘに入る言葉を四字で本文中から抜き出して書きなさい。また、空欄Ｙに入る言葉として最も適切なものを次の選択肢から一つ選び、記号で答えなさい。

ア　情けをかける

イ　旅は道連れ世は情け

ウ　情けは人のためならず

エ　あだも情けも我が身より出る

問五　空欄Ｚに入る言葉を五字以内で答えなさい。

問六　本文の内容に合致するものとして適切なものを次の選択肢から一つ選び、記号で答えなさい。

ア　新右衛門は、暑さや寒さが厳しくても商売を休むべきではないと教えている。

イ　新右衛門は、商品を売る人たちに何かを施すことで重労働をねぎらっている。

ウ　新右衛門は、自分たちよりも苦労をしている商人の生活のことを考えている。

エ　新右衛門は、利益のために商品の値段を交渉するのは恥であると感じている。

店やスーパーで廃棄される食品」の注意するべき特徴を三十字で本文中から抜き出して答えなさい。

問六 本文で述べられている内容として適切なものを次の選択肢から一つ選び、記号で答えなさい。

ア 食品ロスをゼロにするためには強制的な方法をとるしかないが、自然の摂理の影響や食料市場の仕組みをあえて考えないことで可能になる。

イ 食品ロスを減らしたいと思うのは当然の感覚だが、そのためには必ずコストが発生するので、安易に食品ロスの削減を進めるべきではない。

ウ 食品ロスを削減しようとすることは利点のみにつながるわけではないので、様々な立場を考慮した上で可能性や技術開発を検討するべきだ。

エ 食品ロスのリサイクルは現状では多くの問題があるが、ニーズを考えて研究を進めれば、食品ロス削減の最もよい方法になる可能性がある。

3

A は『仮名世説』の内容であり、B はこれを学習した生徒と先生の会話である。これらを読んで後の問いに答えなさい。

A 菓子をあきなふ新《しん》右衛《ゑ》門《もん》と①**いへる**は、少欲至直※1にして、日ごとに買ふ品の価《あたひ》を争ふことなく、売る人のいふままにまかせて求めければ、家内の者※2いぶかりて、「商人はいづれも同じことにて、そのあたへの高下を争ふ②**ならひ**なるに、いかなれば③**かくいふままにはしたまふ**ぞ」といふを聞きて、「彼らは日ごとに重きを荷《にな》ひて、朝はとく※3出《い》で、ゆふべには遅く帰る。ことに暑寒の折からはその苦しみいふべくもあらじ。おのれらは年中店に居て風雨の④**うれへ**もなく家業をいとなむはありがたきことならずや。たとひ人にもの施すことはなしがたくとも、せめてはその価を争はずして求めなば、少しは彼らが助けともならんか」といひける。後々は新右衛門が情あることを知りて、売る者も価をひきくして持ち来たりしとなん。

(『仮名世説』による。)

※1 少欲至直…欲が少なく正直であること。
※2 家内の者…家族の者。
※3 とく…早く。

B 生徒「新右衛門を表す『 X 』という言葉が示されていますが、読み進めると納得できます。」

先生「そうですね。『 Y 』ということわざは知っていますか。この文章はまさにその意味を表しています。」

生徒「確かに、結果を見るとこのことわざそのもののようです。」

先生「新右衛門が人々の Z 行動をとっていた人だということがよくわかります。私たちも見習いたいものですね。」

問一 傍線部①「いへる」、傍線部②「ならひ」を現代仮名遣いに改めて答えなさい。

問二 傍線部③「かくいふままにはしたまふ」とあるが、具体的には新右衛門がどのようにすることかを三十字以上四十字以内で説明しなさい。

大量に堆肥を作れば作るほど、それに見合う大量の需要が必要になってくるからです。

18 しかしながら、プロの農家というのは、**土壌**d の状態に合わせて、肥料の成分を細かくコントロールする施肥設計をしています。

［E］、飲食店やスーパーなどから出る、内容がバラバラで、食品以外の不純物が混じっているかもしれない食品ロスを、そのまま堆肥にしても農家が使えるような品質にはなりません。食品ロスを分別するなどすれば、農家でも使えるような品質の堆肥を作ることは可能ですが、そのための社会的コストが食品ロスを単純に廃棄処分するよりも高くなる可能性は十分あります。

19 つまり、「食べる」側は、自分たちが残した食品が堆肥になれば、「無駄を減らした」という気になるかもしれませんが、必ずしもそうとは言えないということです。もし需要もないのに堆肥を作れば、「廃棄される食品」が「使われない堆肥」に形を変えるだけで、社会全体としてみると、リサイクルした分だけさらに資源を無駄遣いしているかもしれないのです。

20 このような状況を**避**e けるためには、「食べる」側と「食料生産」側が、お互いのニーズをよく理解した上で、堆肥だけに限らず、他の様々な可能性も注意深く検討する必要があります。加えて、リサイクル自体にかかるコストを安くするような技術開発も重要になってきます。

21 また、自然の摂理の影響を抜きにして、食料市場の仕組みだけに目を向けても、食品ロスをゼロにするのはかなり難しいでしょう。

（下川哲『食べる経済学』による。）

問一 **二重傍線部a〜e**の漢字の読み方をひらがなで答えなさい。

a **焼却**　b **排出**　c **伴**う　d **土壌**　e **避**ける

問二 空欄A〜Eに入る接続語を、次の選択肢からそれぞれ一つずつ選び、記号で答えなさい。（重複選択不可）

ア しかし　イ また　ウ そのため

エ たとえば　オ つまり

問三 次の一文は［1］〜［21］段落のいずれかの最後に入る。適切な段落の番号を答えなさい。

《もちろん、好き嫌いや食べ残しは許されません。》

問四 **傍線部①「理由は、大きく3つあります」**とあるが、食品ロスを削減するべき3つの理由についてまとめた次の表の空欄ア〜クに入る語を、字数に従って本文中から抜き出して答えなさい。

理由	誰のためか	可能になること
フードシステムの効率性の改善	［ア(三字)］の人たち	［イ(二字)］の利用や［ウ(二字)］の、無駄を減らす。
持続可能性の改善	［エ(四字)］の人たち	未来により多くの［オ(四字)］を残す。
食料保障の改善	［カ(三字)］の人たち	［キ(四字)］の［カ］において食料の［ク(三字)］を増やす。

問五 **傍線部②「飲食店やスーパーで廃棄される食品を、堆肥や飼料にリサイクルする」**とあるが、リサイクルするにあたって「飲食

までの段階で発生しています。そのような国内の食品ロスを減らすことで、生産量は変わらずとも、消費者まで届く食品の総量を増やすことができるのです。

9 もう1つ、みなさんに知っておいてほしいことがあります。それは、食品ロスの削減によって、すべての人が得をするわけではないということです。[B]、食品ロスを削減するためには必ずコストが発生し、誰かがこのコストを負担することになるということです。

10 たとえば、家庭での食品ロスを減らして食品への支出を減らすということは、その食品の売り上げが減るということです。そのため、その食品の生産に関わっている人たちや企業の収入も減ることになります。また、食品ロスの処理やリサイクルで収入を得ている人たちや企業の収入も減る可能性があります。

11 加えて、食品ロスをリサイクルすることで削減しようとするとき、リサイクルするための追加の費用や資源が必要になります。たとえば、②**飲食店やスーパーで廃棄される食品を、堆肥や飼料にリサイクルする**取り組みがあります。[C]そのためには、専用施設まで運んで肥料化や飼料化する作業がc伴うため、追加の費用や燃料が必要になります。そして、その追加コストは、一部は税金が使われるなどして、誰かが負担する必要があるのです。

12 食品ロスをゼロにすることは、本来食べられる食品の廃棄をなくすということだけを考えたとしても、きわめて非現実的です。[D]、もし強制的にゼロにできたとしても、そのような状況が、社会にとって最も望ましい状況だとは思えません。誤解しないでほしいのですが、食品ロスをさらに削減することは可能だと思います。ただ、ゼロにはできないという意味です。

13 これには、もちろん理由があります。食料の生産は天候などに大きく依存しており、栽培期間も長いため、工業製品のように需要に合わせて生産量を細かく調整できないからです。そのうえ、食料の特性上、長期間保存できない作物も少なくありません。一方で、人間が一定期間に食べられる量には上限があります。そのため、気候、病害虫、豊作時の生産調整などが原因で発生する食品ロスをゼロにすることは、ほぼ不可能だといえます。

14 もし、自然の摂理を無視してまで食品ロスをゼロにしようとすると、社会に大きな歪《ゆが》みを生じさせる可能性があります。たとえば、極端な例ですが、その年の食料の収穫量に合わせて、強制的に人々の食べる量を決めれば、食品ロスはゼロにできるかもしれません。

15 ここまで極端でなくても、食品ロスをリサイクルするという選択肢もあります。ただ、食品ロスを減らすことを主な目的としたリサイクルだと、社会全体としては資源の無駄遣いになる可能性があります。

16 ここでポイントになるのが、リサイクル製品に対する需要です。食品ロスからリサイクル製品を作ったとしても、十分な需要がなければ、その製品は使われないまま結局ロスになるうえに、リサイクルのために使われた資源も無駄になってしまうからです。

17 このようなリスクを孕《はら》んでいる事例に、食品ロスを堆肥にするという取り組みがあります。家庭で出た生ごみを堆肥にして家庭菜園で使うくらいの話であればいいのですが、社会全体で大規模に食品ロスを堆肥にしようとすると話はまったく異なってきます。というのも、

し、会話をすることができていた須山とも決別していくことを感じさせる場面になっている。

イ　人が怖くなるきっかけとなった出来事を詳細に描いたうえで、学校に誘う須山との会話によってつかの間のやすらぎを感じたことをほのめかし、「ぼく」が須山にひかれていくことを感じさせる場面になっている。

ウ　「ぼく」の日々の過ごし方を描いたうえで、自分の意識を変えるきっかけになりそうだった須山と会話をした過去の回想を挟み込みながら、前に踏み出せていない「ぼく」の弱さを感じさせる場面になっている。

エ　一人きりで過ごすときの「ぼく」の行動や思いを描いたうえで、須山との会話から、それまで意識していなかったことに目を向けている様子を示すことで、今後の「ぼく」の変化を感じさせる場面になっている。

2

次の文章を読んで後の問いに答えなさい。

1 日本だけで約600万トンもの本来食べられる食品が捨てられていると聞くと、「もったいない」と感じる人も多いでしょう。そして、「もったいない」から食品ロスを減らすべきだ、となるのは当然の流れです。

2 ただ、食品ロスを削減するべき理由は、それだけではありません。①**理由は、大きく3つあります**。そして、それぞれの理由ごとに、主に「誰のため」かに違いがあります。

3 1つ目の理由は、フードシステムの効率性の改善です。

4 これは、食料の供給と消費における無駄を減らすということで、主に現世代の人たちのためになります。「もったいない」という視点も、ここに含まれます。どのような無駄があるかというと、たとえば、廃棄される食品の生産や流通に使われた水や生産資材などが無駄になったり、食品ロスの**焼却**aのために税金が使われたり、食品ゴミに含まれる水分のせいで焼却施設の発動効率が下がったりします。また、家庭での食品ロスは、食べない食品にお金を支払っているということなので、食品ロスを減らすことで無駄な支出を減らすことができます。このように、フードシステムの無駄を減らすことで、社会全体としては、無駄な資源の利用や支出を減らすことができるのです。

5 2つ目の理由は、持続可能性の改善です。

6 これは、未来の食料生産に必要な自然資源をより多く残すということで、主に将来世代の人たちのためです。捨てられる分の食料生産を減らすことで、温室効果ガス（GHG）の**排出**bを削減したり、水資源を節約したりできるからです。[A]、ハンバーガー1個の生産を減らすだけで、水3000リットルを節約できるといわれています。これは、ハンバーガーに使われている牛肉を生産するため、つまり牛を育てるために、大量の水が消費され、大量のGHGが排出されているからです。

7 3つ目の理由は、食料保障の改善です。

8 これは、食料不足に苦しむ国での食料供給量を増やすということで、主に現在と未来の途上国の人たちのためです。途上国における食品ロス（もしくはフードロス）の多くは、収穫後から小売り店に届く

「読者がいなきゃ小説は成り立たない。原がやってる手品だって同じでしょ？　ステージの上で、君は決して一人きりじゃない」

須山はまるであたりまえのことを言うみたいに、ぼくに気づきを与えてくれた。

「君は、人が好きなんだよ」

断言された。ぼくはきょとんとする。

「だって、観客がいるから、君は魔法使いになれるんだもの」

（涌井学『マジックに出会って　ぼくは生まれた』による。）

問一　**二重傍線部a～e**のカタカナを漢字に直して答えなさい。

a **カガミ**　b **ネムる**　c **ホウカゴ**　d **フかれて**　e **シセイ**

問二　**傍線部①「幻の声が頭の中で響き続ける」**とあるが、このときの「ぼく」の心情として最も適切なものを次の選択肢から一つ選び、記号で答えなさい。

ア　一度休んでからは学校が怖くなるばかりで、ひたすらマジックの練習だけを続けている自分の行動について、心の中の自分に批判されているように感じている。

イ　学校に行かず何もせずにいるのは怖いので、マジックの流れを整理するのと同様に、クラスメートとの会話を思い出して自分について反省しようと思っている。

ウ　マジックを練習していないときはどうしても悲観的な想像を巡らせてしまい、学校に来なくなった自分の悪口をクラスメートが言っているような気がしている。

エ　家の中で時間が空いてしまうのが怖いため、新しいマジックを考えたり流れを整理したりしていないときはクラスメートとの会話を思い出したくなっている。

問三　**傍線部②「私は、人を感動させる小説を書きたい」**とあるが、このときの須山の様子として最も適切なものを次の選択肢から一つ選び、記号で答えなさい。

ア　人が怖くなって学校に行こうとしない「ぼく」の本心を聞いて、明るく前向きな話をすることによってその場の雰囲気を変えようとしている。

イ　弱気になっている「ぼく」を前にして、自分自身について素直な思いをさらけ出すことにより、少しでも前向きになってもらおうとしている。

ウ　マジックをやることに弱気になっている「ぼく」に対して、やりたいことを宣言することで、自分の方が思いが強いことを誇ろうとしている。

エ　人が怖くなっちゃったかもしれないと話す「ぼく」に対して、同じ思いをしてきた自分の経験を伝えて、その痛みを分かち合おうとしている。

問四　**傍線部③「原だって同じでしょ？」**とあるが、須山は二人のどのようなことがどのような理由で同じだと思ったのかを五十字以上六十字以内で答えなさい。（句読点含む。）

問五　この文章について述べたものとして最も適切なものを次の選択肢から一つ選び、記号で答えなさい。

ア　孤独を感じながらも必死に自分自身と向き合っている「ぼく」の日々を描いたうえで、須山との意識の違いを明らかに

真に収まるみたいに、目の中が空と海と山でいっぱいになるのだ。

不登校になる前、cホウカゴになると、ぼくは時々そこに出かけていって海をながめた。

石畳に尻をついて海を見るのが好きだったんだ。

今日ぼくは、ひさしぶりに風にdフかれていた。須山《すやま》に呼び出されたからだ。

となりに須山がいる。ぼくと須山は横に並んで、石畳に腰かけて海をながめていた。

「学校来なよ。原」

須山に言われた。ひざを抱いたままぼくはだまりこむ。

須山も同じeシセイで海を見ていた。

「いいじゃん別に。クラスメートが何言おうとさ。私は———、原のしたことまちがってないと思うよ。自分がすべてをかけて取り組んでるものをないがしろにされたら、だれだってキレるよ。私だって怒る」

「…………」

「わかるよ。だって、魂なんでしょ?」

ぼくは自分のひざに顔をうずめた。くやしい。背中がプルプル波打ってしまう。

「おれ……、なんかもう、人が怖くなっちゃったかもしれない。だってさ、あんなにおれのマジックをよろこんでくれてたのに、一回やらかしただけで、もう完全に無視なんだ。人ってそんな簡単に、人を嫌いになれるもんなのかな」

須山の声がした。

「原は人が嫌いなの?」

「わからない」

「②私は、人を感動させる小説を書きたい」

須山が急にそんなことを言った。とっさには意味がわからなくてぼくは顔を上げる。

須山は海を見ていた。

「原の気持ちわかるよ。私だって人が怖い。でも私はさびしがり屋だから。人といるのは辛《つら》いのに、一人でいるのはさびしいから。だから———、だから私は小説を通して人とつながりたいんだと思う。もし、私の小説を読んで感動してくれる人がどこかにいたなら、それは、その人の世界と私の世界がつながったってことだと思うから。そう思えればさびしくないような気がするから」

一人を好んでいるように見えていたけれど、そうではなかったのだ。彼女だってもがいている。もがきながら相手に自分を伝えようとしている。その手段がみんなとちがうだけだ。

彼女の言葉は小説なんだ。須山にとっては、小説が魂なんだ。

「だから須山は———、小説を書いてるの?」

たずねたら意外そうな顔をされた。

「③原だって同じでしょ?」

どういう意味かわからなかった。

「だって原はマジックが好きなんでしょ? 魔法使いになりたいんでしょ?」

その通りだ。それだけは確実に言える。

ぼくはマジックが好きだ。大好きだ。

【国　語】（五〇分）〈満点：一〇〇点〉

1　次の文章を読んで後の問いに答えなさい。

> 高校一年生の「ぼく」は、プロのマジシャンを目指していて、日々そのための練習や勉強を欠かさない。文化祭のクラスの出し物としてマジックショーをすることになり、みんなで練習を重ねていたが、一人の女子がマジックの道具であるボールを放り投げたことに怒りを感じた「ぼく」は、その女子を怒鳴りつけてしまう。翌日からクラス中で無視されるようになり、「ぼく」は学校に行けなくなる。

一度休んだら、ますます学校が怖くなった。想像の中でクラスメートがぼくをののしる。ふとんをかぶって、想像の中のみんなの声にずっとおびえていた。

母は心配して「何があったのか話してみて」と言ってきた。父は何も言ってこなかった。兄妹たちは心配そうな目をぼくに向けていたけれど、しばらくの間は放っておいてくれるつもりらしかった。

人が怖いから外も怖い。

でも、何もせずにいるのはもっと怖くて、ぼくは家に引きこもったまま、ひたすらマジックの練習だけを続けていた。

自宅の空き部屋は、もうずいぶん前からぼく専用のマジック部屋になっている。そこに置いた大きなa**カガミ**の前で、カードやコインの基本技法を毎日一から確認した。基礎練習をひたすらくり返したら、次は応用に入る。新しいマジックを考えたり、一連のマジックの流れを整理したりしてすごす。

時間が空いてしまうのが怖かった。頭が勝手にいろいろ考えてしまうから。

原《はら》ってどんなやつ？

マジックおたくのキモいやつ。

マジック以外何一つとりえがないやつ。

ていうか、あいつ、どんな顔してたっけ？

原ってだれだっけ？

①**幻の声が頭の中で響き続ける**。

わかっていた。休めば休むほど行きづらくなる。ほんとうなら一日でも早く教室にもどって、みんなにわびるなり、逆ギレするなりすべきなのだ。そうすれば方向性が見えてくる。どう対処すればいいのか、少なくとも、いまよりは真っ当なことを考えられるようになる。

重い気分を振り払うように練習に打ちこんだ。

気がつくと時計は十二時をゆうに回っていて、ぼくの部屋以外はすべての窓が暗くなっている。

そして力つきてb**ネム**る。

こうしてぼくの鬱々とした日々はすぎていった。

松本峠の苔《こけ》むした石畳を踏んで長い坂を上ると、その先には海がある。

学校の近くの峠道だ。

松本峠からは七里《しちり》御浜《みはま》と熊野の山並みが見渡せる。まるで一枚の写

2024年度

解　答　と　解　説

《2024年度の配点は解答欄に掲載してあります。》

＜数学解答＞

1 (1) 5　(2) -7　(3) $\frac{1}{12}$　(4) $5+4\sqrt{2}$　(5) $-4x+37$

2 (1) $x=5$, $y=-1$　(2) $x=-2$, 7　(3) 中央値　6点，第3四分位数　8点
(4) $\frac{1}{6}$　(5) $\angle x=66$度

3 (1) 19　(2) 34　(3) $2n-1$枚　(4) 26段目　(5) 32枚

4 (1) 12　(2) $a=\frac{1}{4}$　(3) (2, 3)　(4) 20　(5) $1+\sqrt{41}$

5 (1) 1：4　(2) 1：4　(3) ア　FD∥GC　イ　1組の向い合う辺が平行でその長さが等しい　(4) 4　(5) $\frac{64}{9}$

○推定配点○

1 各4点×5　**2** (3) 各2点×2　他　各4点×4　**3** 各4点×5　**4** 各4点×5
5 (1)～(3) 各3点×4　他　各4点×2　計100点

＜数学解説＞

1 (数・式の計算，平方根)

基本 (1) $4-6-(-7)=4-6+7=5$

(2) $3\times(-5)-(-2)^3=3\times(-5)-(-8)=-15+8=-7$

(3) $\frac{3}{4}-\frac{8}{21}\div\frac{4}{7}=\frac{3}{4}-\frac{8\times7}{21\times4}=\frac{3}{4}-\frac{2}{3}=\frac{9-8}{12}=\frac{1}{12}$

(4) $2\sqrt{2}=a$とみると$(2\sqrt{2}-1)(2\sqrt{2}+3)=(a-1)(a+3)=a^2+2a-3=(2\sqrt{2})^2+2\times2\sqrt{2}-3=8+4\sqrt{2}-3=5+4\sqrt{2}$

(5) $(2x-1)^2-4(x-3)(x+3)=(4x^2-4x+1)-4(x^2-9)=4x^2-4x+1-4x^2+36=-4x+37$

2 (連立方程式，2次方程式，四分位数，確率，円周角の定理)

(1) $x-5y=10$…①は2倍して，$2x-10y=20$…①×2　$3x+10y=5$…②　①×2＋②は$5x=25$　$x=5$　①に代入すると$5-5y=10$　$-5y=5$　$y=-1$

基本 (2) $x^2-5x-14=0$　$(x+2)(x-7)=0$　$x=-2$, 7

(3) 10人の得点を小さい順に並べると，4, 5, 5, 6, 6, 6, 7, 8, 8, 9　10人の中央値は(小さい方から5番目)と(小さい方から6番目)の平均　$(6+6)\div2=6$点　第3四分位数は大きい方5人の中の中央値と考えればよいので，小さい方から8番目　8点

(4) 大小2つのさいころの目の出方は$6\times6=36$通り　その中で$3a+b$が7の倍数になるのは$(a, b)=(1, 4), (2, 1), (3, 5), (4, 2), (5, 6), (6, 3)$の6通り。その確率は$\frac{6}{36}=\frac{1}{6}$

(5) BD，BEを結ぶ。$\overset{\frown}{AB}=\overset{\frown}{BC}$より円周角は等しいので，$\angle ACB=\angle BEC=a$とおく。$\overset{\frown}{AE}=\overset{\frown}{ED}$より円周角は等しいので，$\angle ACE=\angle EBD=b$とおく。$\overset{\frown}{CD}$に対する円周角なので，$\angle CBD=\angle CAD=48$　△BCEについて内角の和は180度なので，$2a+2b+48=180$　$a+b+24=90$　$a+b=66$　$\angle x=a+b=66°$

3 （規則性）

(1)　各段の左端のタイルに書かれた数は2，4，6，8，10，…であり，n段目の左端の数は$2n$と表すことができる。6段目の左端の数は$2\times6=12$である。左から8番目のタイルに書かれた数は，これより7つ大きい数なので，$12+7=19$

重要 (2)　各段に並んだタイルの数は，1，3，5，7，9枚と奇数になっており，左端の数より1小さいので，n段目のタイルの枚数は，$2n-1$枚と表せる。したがって，n段目の右端のタイルに書かれた数は$2n+(2n-1)-1=4n-2$である。9段目の右端のタイルに書かれた数は$4\times9-2=34$

(3)　2段目は左端の数が4でタイルの枚数が3，3段目は左端の数が6でタイルの枚数が5，4段目は左端の数が8でタイル枚数が7，n段目に並ぶタイルの枚数は，n段目の左端の数より1小さい。$2n-1$枚

(4)　$4n-2=102$　　$4n=104$　　$n=26$　　26段目

(5)　左端が126になるのは，$2n=126$より$n=63$　　63段目　　右端が126になるのは，$4n-2=126$　$4n=128$　　$n=32$　　32段目　　この間の段にはすべて126と書かれたタイルが存在するので，$63-31=32$枚

4 （図形と関数・グラフの融合問題，2乗に比例する関数，1次関数，三角形の面積）

(1)　点Aと点Cはy軸に関して線対称な位置にあり，Aのx座標が6であれば，点Cのx座標は-6となり，$AC=6\times2=12$となる。

(2)　点Aは放物線$y=ax^2$上の点で$x=6$なので$y=6^2\times a=36a$　　$A(6,\ 36a)$　　Bも同じ放物線上の点で$x=-4$なので，$y=(-4)^2\times a=16a$　　$B(-4,\ 16a)$である。直線ABの傾き＝変化の割合＝$\frac{36a-16a}{6-(-4)}=\frac{20a}{10}=2a=\frac{1}{2}$なので，$a=\frac{1}{4}$　　放物線の式は$y=\frac{1}{4}x^2$となり，$A(6,\ 9)$，$B(-4,\ 4)$である。

(3)　直線OAは原点を通るので$y=mx$とおけるが，Aを通るので$6m=9$　　$m=\frac{3}{2}$となり，$y=\frac{3}{2}x$である。Dからx軸に垂線をおろしx軸との交点をD′，Aからx軸に垂線をおろしx軸の交点をA′とすると，△ODD′∽△OAA′になるので，OD′：D′A′＝OD：DA＝1：2　　$OD'=6\times\frac{1}{3}=2$　　$D'(2,\ 0)$　Dは直線OA上の点なので，$D(2,\ 3)$となる。

重要 (4)　直線ABは傾きが$\frac{1}{2}$なので$y=\frac{1}{2}x+n$とおけるが，Aを通ることから$\frac{1}{2}\times6+n=9$　　$n=6$　$y=\frac{1}{2}x+6$　　直線AB上に$E(2,\ 7)$を取ると，$ED=7-3=4$　　△ABD＝△AED＋△BED＝$\frac{1}{2}\times4\times4+\frac{1}{2}\times4\times6=8+12=20$

やや難 (5)　直線ABとy軸との交点をFとおくと，$F(0,\ 6)$　　y軸上にP′F＝ED＝4となるように，直線ABより上に点P′をとるとP′(0，10)　　これにより△ABP′＝△ABDとすることができる。P′を通り直線ABと平行な直線は$y=\frac{1}{2}x+10$　　これと放物線の交点のうち，x座標が6より大きい点をPとすればよい。$\frac{1}{4}x^2=\frac{1}{2}x+10$　　$x^2-2x-40=0$　　$x=\frac{-(-2)\pm\sqrt{(-2)^2-4\times1\times(-40)}}{2\times1}=\frac{2\pm\sqrt{164}}{2}=\frac{2\pm2\sqrt{41}}{2}=1\pm\sqrt{41}$　　$x>6$より$x=1+\sqrt{41}$

5 （平面図形の計量，相似，証明）

(1)　AD∥BCより錯角は等しいので∠MAE＝∠BCE，∠AME＝∠CBE，2組の角がそれぞれ等しいので△EMA∽△EBC　　対応する辺の比が等しいので，ME：BE＝MA：BC＝$5\times\frac{1}{2}$：10＝1：4　　AE：CE＝MA：BC＝1：4でもある。

(2)　AD∥BCより錯角は等しいので∠EAF＝∠ECG，∠EFA＝∠EGC，2組の角がそれぞれ等しいので△EAF∽△ECG　　対応する辺の比が等しいのでAF：CG＝AE：CE＝1：4

(3)　四角形FGCDにおいて，仮定からFD＝GC…①　　FD∥GCア…②　　①，②より1組の向い合う辺が平行でその長さが等しいイから，四角形FGCDは平行四辺形である。よって，FG∥DCである。

(4)　(2)でAF：CG＝1：4であり，仮定よりFD＝GCなので，AF：FD＝1：4　これとAD＝5より $CG=FD=5\times\frac{4}{5}=4$

やや難　(5)　AD∥BCより錯角は等しいので，∠HAD＝∠HCG，∠HDA＝∠HGC　2組の角がそれぞれ等しいので△HAD∽△HCG　AH：CH＝AD：CG＝5：4＝25：20，AE：CE＝1：4＝9：36　したがって　AE：EH：HC＝9：16：20　$\triangle AGC=\frac{1}{2}\times GC\times AB=\frac{1}{2}\times 4\times 10=20$　$\triangle EGH=\triangle AGC\times\frac{EH}{AC}=20\times\frac{16}{45}=\frac{64}{9}$

★ワンポイントアドバイス★

前半の小問群は基本的な問題だが，後半の大問については，練習量が必要になる。標準的な問題で，小問を1つ1つ丁寧に扱うことを意識しておこう。

＜英語解答＞

1　問1　a　4　b　3　c　2　d　1　問2　a　4　b　1　c　3　問3　a　2　b　2　c　4

2　a　2　b　their history is actually older than (the history)　c　人びとはガソリンを必要としない車を作り始めました。　d　ガソリン車が地球温暖化のような気候問題を引き起こすから。　e　3

3　a　2　b　1　c　4　d　1　e　3　f　4　g　2

4　a　3　b　1　c　2

5　a　2　b　4　c　3　d　5

6　a　speaker　b　easier　c　forget　d　heard　e　ridden

7　a　(例)　When [What time] shall [should] we meet (at the [train] station?).

b　(例)　I have four [4] cats at home.

○推定配点○

1　各2点×10　**2**～**6**　各3点×24　**7**　各4点×2　計100点

＜英語解説＞

1　リスニング問題解説省略。

2　(長文読解問題・説明文：内容吟味，語句整序，英文和訳)

(全訳)　(1)車は私たちの生活に欠かせない重要な部分です。電車やバスが多い場所に住んでいる人にとってはあまり重要ではないかもしれませんが，電車やバスが少ない場所に住んでいる人にとっては非常に重要です。車はいつ発明されたのでしょうか。250年以上前です。

1769年，フランスのニコラ・ジョゼフ・キュニョーによって蒸気で動く自動車が発明されました。この最初の車両は，軍隊で使用する大砲を輸送するために製造されました。その後，新しい蒸気機関が開発され技術が向上し，車両の数は徐々に増加していきました。

1873年にイギリスで電気自動車が登場しました。あなたは驚くかもしれませんが，(2)実はその歴史はガソリン車の歴史よりも古いのです。最初のガソリン車は1885年から1886年に発明されました。ゴットリープ・ダイムラーとカール・ベンツという二人のドイツ人は，ほぼ同時期にガソリン車を発明しました。その後，1900年以降，フランスやアメリカでガソリン車が量産され普及しました。

日本では，1898年に初めて自動車が海外から持ち込まれました。それはガソリンで動く車でした。1904年に山葉虎雄によって最初の蒸気の車が製造されました。1907年，日本初のガソリン自動車が発明されました。以来，多くの企業が日本国内だけでなく海外でも多くの種類の日本製ガソリン車を開発・販売してきました。そして日本のガソリン車は世界中で人気があります。

しかし，ガソリン車には問題があります。ガソリン車は地球温暖化などの気候問題を引き起こしています。そこで(3)人々はガソリンを必要としない自動車を作り始めました。たとえば，日本の自動車会社は世界初の燃料電池車(FCV)を開発しました。水素で動く新しい車です。(4)一方で，英国とEUは2035年までにガソリン車の新車販売を停止することを決定しました。私たちは皆，環境のために何ができるかを考え，今すぐ実行する必要があります。

a) important と necessary の意味に合うので，2が答え。

b) than があるので，比較級の文だと判断する。よって，〈比較級＋ than ～〉の形にする。actually は比較級の直前に置く。

c) 〈 start to ～〉で「～し始める」という意味になる。また，that 以下が cars を修飾している。よって，「ガソリンを必要としない→車」となる。

d) 「ガソリン車は地球温暖化などの気候問題を引き起こしています」とあるので，この部分を使ってまとめる。

重要 e) 1 「軍隊で使用する大砲を輸送するために製造されました」とあるので，誤り。 2 「ほぼ同時期にガソリン車を発明しました」とあり，「共同で」が誤り。 3 「1904年に山葉虎雄によって最初の蒸気の車が製造されました」とあるので，正しい。 4 文中に書かれていない内容なので，誤り。

3 (語句補充問題：動名詞，名詞，疑問詞，代名詞，仮定法，動詞，形容詞)

基本 a) 「私は先週友人たちとテニスをして楽しんだ。」 enjoy, finish, stop の後に動詞を置く場合には動名詞にする。

b) 「手紙やお金を家族に送りたいとき，人々は郵便局へ行く。」 2＝レストラン，3＝警察署，4＝駅

c) 「A：あなたはどれくらいの間数学を勉強していますか？ B：2時間です。」〈 how long ～ 〉は「どれくらいの間～」という意味で，時間や期間の長さをたずねる時に用いられる。

d) 「A：これは誰のバッグですか？ B：それは彼のです。見て。彼は向こうでスナックを買っています。実は彼は私の兄です。」「彼のもの」という意味を表すときは his を使う。

e) 「もし私があなたなら，その問題について先生に話します。」〈 if 主語＋過去形の動詞～ 〉は仮定法過去で，実現が不可能な願望を表す。主節では動詞の前に would などを置く。

f) 「ロイは昨日スーパーマーケットへ行き，卵と牛乳を買った。」「昨日」とあるので，過去形を選ぶ。

g) 「A：リョウスケ，その映画を見ましたか？ B：はい，見ました。ヒーローが彼の足をケガしたとき私はとても悲しかったです。」 1＝すばらしい，3＝元気な，4＝偉大な

4 (資料問題：内容吟味)

フルーツ狩り

イチゴは好きですか。

イチゴ狩りをしませんか。

☆切符

	大人(11歳以上)	子供	6歳以下の子供
月曜～金曜	2,000円	1,500円	500円
土曜と日曜	2,500円	2,000円	700円

8月…10％引き

☆商品，販売月，価格

商品	販売月	価格
イチゴクッキー	12月	500円
イチゴジュース	3月	400円
イチゴケーキ	1月	500円

a) 「ケイスケは18歳の高校生である。彼は7月の土曜日に10歳の妹と7歳の弟と一緒にイチゴ狩りに行きたいと考えている。彼はチケット代にいくら払わなければならないか。」 土曜日の料金から考える。ケイスケは18歳なので，2,500円，妹と弟はそれぞれ2,000円になるので，3が答え。

b) 「キョウカはイチゴのケーキを食べたいと思っている。彼女はいつイチゴ狩りに行くべきか。」 2つ目の表から1が答え。

c) 「イチゴ狩りの最も安いチケットはいつ購入できるか。」 8月は10％割引になるので，答えは1か2になる。また，日曜日より月曜日のほうが安いので，2が答え。

5 (会話文問題：語句補充)

ダニエル：やあ

メイ　　：こんにちは，ダニエル。あら，(a)悲しそうね。どうしたの？

ダニエル：来月末に日本を出発するんだよ。

タクミ　：本当に？

ダニエル：うん。父の仕事の関係でロンドンに戻らなければならないんだ。

タクミ　：家族全員がロンドンに戻るということ？

ダニエル：そうだよ。

メイ　　：寂しくなるね。

タクミ　：ぼくもだよ。ああ！　特別な思い出を作るために何かしてみようよ？

メイ　　：それは良いアイデアね！　ダニエル，(b)私たちに何ができるかしら？

ダニエル：君たちと一緒に旅行したいですね。

タクミ　：いいね。

メイ　　：千葉に行ってみない？　バスでそこに行って，たくさんの有名な場所を訪れることができるよ。

ダニエル：そうなの？

タクミ　：そうだよ。ダニエル，(c)いつ行きたい？

ダニエル：2月の三連休に行きたいな。

メイ　　：わかった。(d)旅行計画を立てるね。

ダニエル：それは素晴らしいね。ありがとう，メイ。

メイ　　：どういたしまして。でもその前に，旅行について両親に話さなければいけないね。

タクミ　：その通り。

1 「私は千葉に行ってしまった。」

6 (語彙問題：名詞，比較級，反意語，過去形，過去分詞)

a) 「走る」:「走者」＝「話す」:「話者」 動詞に関連する名詞にする。

基本 b) 「速い」:「より速い」＝「容易な」:「より容易な」 比較級にする。

c) 「始める」:「終える」＝「覚える」:「忘れる」 反意語にする。

d) 「買う」:「買った」＝「聞く」:「聞いた」 過去形にする。

e) 「見る」:「『見る』の過去分詞」＝「乗る」:「『乗る』の過去分詞」 過去分詞にする。

7 (英作文問題：語句補充)

a) ボブ　　：来週の日曜日に博物館に行きませんか。
メアリー：いいですね。駅で会いましょう。＿＿＿＿＿＿？
ボブ　　：午前10時半にしましょう。
メアリー：わかりました。待ち遠しいです。
解答例：「いつ(何時に)駅で会いましょうか。」 ボブが会う時間を答えているので，会う「時」をたずねる言い方を考える。

b) マイク　：あなたはいつもネコの動画を見ていますね。
エミリー：はい。私はネコが大好きです。＿＿＿＿＿＿。
マイク　：そうですか。その名前は何ですか。
エミリー：イクラ，モモ，ナス，そしてウニです。
マイク　：わお！　日本の食べ物の名前がついているんですね。
解答例：「私は家で4匹ネコを飼っています。」 名前をたずねられて，4つの名前を答えているので，「4匹ネコを飼っている」と答えるのが適切である。

★ワンポイントアドバイス★

3のe)では仮定法が使われている。仮定法ではなく，ふつうに未来においてどうなるかわからないことを述べるときは〈 if 主語＋現在の動詞～ 〉となることを覚えておこう。(例)　If it is fine tomorrow, we will go to the park.

＜理科解答＞

1 (1)　蒸散[蒸散作用，蒸散現象]　(2)　3.0[3](cm^3)　(3)　①　AとB　②　AとD
(4)　イ　(5)　(i)　X　(ii)　あ　道管[導管]　い　師管[篩管]

2 (1)　b　(2)　図　A　記号　イ　(3)　エ　(4)　ア　(5)　ウ

3 (1)　実験2　O_2　実験3　CO_2　(2)　あ　オ　い　イ　う　上方置換(法)
(3)　(例)　アンモニアが水に非常によくとけるから。　(4)　あ　Q　い　P　う　R

4 (1)　0.13(W)　(2)　6.0[6](J)　(3)　あ　電気(エネルギー)　い　ア
う　熱(エネルギー)　(4)　値　0.5$\left[0.50,\ \frac{1}{2}\right]$(N)　長さ　160[160.0](cm)
(5)　(例)　半回転ごとに電流の向きをかえるはたらき。

5 (1)　0.18(秒)　(2)　(i)　エ　(ii)　立体的　(iii)　(例)　せきずいから出される
(iv)　中枢神経

6 (1)　風化[風化作用]　(2)　エ
(3)　カ→エ→イ→ウ→オ→ア
(4)　名称　古生代
条件　(例)　限られた時代に広い範囲で

7 (1)　イ　(2)　右図
(3)　$(H_2SO_4 + Ba(OH)_2 \rightarrow)$　$BaSO_4 + 2H_2O$
(4)　ウ

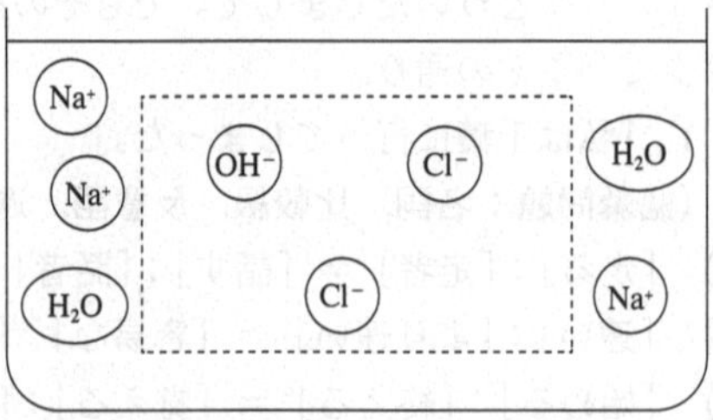

8 (1)　(例)　AとBは等しい　(2)　15[15.0](Ω)　(3)　ウ，エ　(4)　20[20.0](Ω)
(5)　イ

〇推定配点〇
各2点×50(1(3)，8(3)各完答)　　計100点

＜理科解説＞

1 (植物のからだのしくみ―蒸散)

基本 (1) 植物が根からとり入れた水が，葉などにある気孔から水蒸気となって出ていくはたらきを蒸散という。

(2) Cの結果から，光が当たっているときの葉以外からの蒸散量が0.4cm^3とわかる。Aの結果が，光が当たっているときの葉の裏側と葉以外からの蒸散量であることから，葉の裏側からの蒸散量は3.4－0.4＝3.0(cm^3)とわかる。

重要 (3) ① ワセリンを塗った部分だけが異なる実験を選ぶ。Aでは葉の表側に，Bでは葉の裏側にワセリンをぬっているので，Aから葉の表側以外からの蒸散量，Bから葉の裏側以外からの蒸散量がわかる。よって，AとBの差から葉の表側からと裏側からの蒸散量の差がわかり，Aのほうが蒸散量が多いことより，葉の表側よりも裏側からの蒸散量が多いことがわかる。 ② 葉の裏側からの蒸散があり，光の条件だけが異なる実験を選ぶ。BとEは葉の裏側にワセリンをぬり，Cは葉を切り取っているので，いずれの実験でも葉の裏側からの蒸散はない。また，Fは葉に何も処理をしていないので，葉の両側からの蒸散量を示している。これらのことから，葉の裏側から蒸散があって，光を当てたAと当てていないDを比べると，光を当てたAのほうが蒸散量が多いことがわかる。

重要 (4) 光を全く当てないとき，ツバキは呼吸だけを行い，酸素をとり入れて二酸化炭素を出す。よって，気孔から出ていく気体は二酸化炭素だけとなる。

重要 (5) 図2で，赤く染まった部分は根から吸い上げた水の通り道の道管である。葉の維管束では，道管は表側にある。また，葉でつくられた養分は師管を通ってからだ全体に運ばれる。

2 (天気の変化―気象)

(1) 午前11時から午後11時までの間の平均気温が9.5℃であったことから，グラフが9.5℃やその前後の温度範囲内で変化しているbが気温のグラフであるとわかる。

基本 (2) Aのように暖気が寒気の上にはい上がるように進む前線は温暖前線で，天気図記号ではイとなる。Bのように寒気が暖気の下にもぐりこむように進む前線は寒冷前線で，天気図記号ではアとなる。

重要 (3) 寒冷前線が通過すると気温が急激に下がり，風が北よりに変化する。図1から，気温が急に下がり，風向が南西から北北西に変化した午後7時から8時の間に寒冷前線が通過したと考えられる。

(4) 低気圧が日本の東の海洋上に抜けると，日本列島は図2で大陸に見られる高気圧の影響を強く受けるようになる。このとき，高気圧からの冷たい北西の風がふき，気温は下がる。また，日本の東に低気圧，西に高気圧があるような気圧配置を西高東低の気圧配置という。

重要 (5) 中緯度上空には偏西風と呼ばれる西風がふいている。そのため，日本付近の天気は西から東へと変わっていくことが多くなる。

3 (気体―気体の性質)

重要 (1) 実験2で発生した気体は，火のついた線香が激しく燃えたことから酸素とわかる。酸素の化学式はO_2である。実験3で発生した気体は，石灰水が白くにごったことから二酸化炭素とわかる。二酸化炭素の化学式はCO_2である。

(2) フェノールフタレイン溶液は，アルカリ性の水溶液と反応して無色から赤色に変化する。また，図2のような気体の集め方を上方置換法といい，水にとけやすく，空気よりも軽い気体を集めるのに適した方法である。

重要 (3) 実験4で発生した気体は，フェノールフタレイン溶液の色を変化させたことから，アンモニアであることがわかる。このことから，水溶液Cはアンモニア水とわかる。アンモニア水を加熱して発生させて集めた気体はアンモニアである。アンモニアは非常に水にとけやすいので，アンモニアを集めた試験管Yを水の入った水そうに入れると，アンモニアが水にとけて試験管内の圧力が小さくなって水が勢いよく入る。

基本 (4) ねじPは空気調節ねじ，ねじQはガス調節ねじである。炎の色を青色に調節するには，ガス調節ねじをおさえて空気調節ねじだけを，空気の量が多くなるようにRの向きに回す。

4 **(仕事・エネルギー―仕事とエネルギー，モーターのしくみ)**

重要 (1) おもりにはたらく重力の大きさは0.8Nなので，おもりがされた仕事の大きさは0.8(N)×0.8(m)＝0.64(J)である。この仕事を5.0秒でしているので，仕事率は0.64(J)÷5.0(s)＝0.128(W)，小数第3位を四捨五入すると0.13Wとなる。

(2) モーターには2.0Vの電圧が加えられ，0.6Aの電流が流れていたので，消費電力は2.0(V)×0.6(A)＝1.2(W)である。よって，5.0秒間で消費した電力量は1.2(W)×5.0(s)＝6.0(J)

やや難 (3) 電源装置によってモーターに電圧が加わって電流が流れることで，モーターは電気エネルギーを得る。モーターは電気エネルギーを利用して糸を巻き上げておもりを引き上げる。おもりが引き上げられることでおもりの位置エネルギーが増加し，おもりのもつ力学的エネルギーが増加する。しかし，モーターの得た電気エネルギーは糸を引き上げるはたらきだけでなく，回転の際に発生する音のエネルギーや摩擦によって生じる熱エネルギーにも変換されるため，おもりの得る力学的エネルギーの大きさは，モーターの得た電気エネルギーより小さくなる。

重要 (4) 動滑車とおもりの質量を合わせると20＋80＝100(g)なので，はたらく重力の大きさは1Nである。動滑車を用いると必要な力の大きさは半分になるので，ばねばかりが示す値は1(N)÷2＝0.5(N)である。また，動滑車を用いると糸を引く長さは2倍になるので，糸の巻かれた長さは80(cm)×2＝160(cm)である。

(5) 整流子があることで，コイルが半回転するごとに電流の向きが変わり，図3のような位置では磁界に対する電流の向きがつねに一定方向となり，一定方向に回転し続けることができる。

5 **(ヒトの体のしくみ―刺激と反応)**

やや難 (1) 太郎さんが手を下げてから太郎さんがストップウォッチを止めるまでに，「花子さんが，太郎さんが手を下げるのを見て手を下げる」→「花子さんのすぐ後ろの人が，花子さんが手を下げるのを見て手を下げる」→…→「一番後ろの人が，すぐ前の人が手を下げるのを見て手を下げる」→「太郎さんが，一番後ろの人が手を下げるのを見てストップウォッチを止める」という10人の反応が行われている。表から，1回目～3回目の時間の平均は(1.98＋1.71＋1.80)(s)÷3＝1.83(s)なので，刺激を受けとってから反応するまでにかかる一人あたりの時間は1.83(s)÷10＝0.183より，小数第3位を四捨五入して0.18秒とわかる。

重要 (2) (i) 光の刺激による像は網膜(図のエ)に結ばれる。アは光の量を調節する虹彩，イはレンズ，ウは感覚神経(視神経)である。 (ii) 肉食動物の目が前向きについていることで，立体的に見える範囲が広くなり，えものとの距離を正確につかむことができる。 (iii) 反射では，感覚器官から感覚神経を通ってせきずいに伝わり，運動器官への反応の命令はせきずいから直接出されて，運動神経を通って運動器官へ伝わる。 (iv) 脳やせきずいなどの判断や命令を行う神経をまとめて中枢神経という。一方，感覚神経や運動神経などをまとめて末しょう神経という。

6 (地層と岩石―地層の観察)

基本 (1) 気温の変化や水のはたらきなどによって，長い時間をかけて岩石の表面がもろくなっていくことを風化という。

重要 (2) 同じ種類の層が断層の左側では上に，右側では下にずれていることがわかる。このような断層を正断層といい，地層の両側から引っ張るような力がはたらいてできる。

やや難 (3) 地層に上下の逆転がない場合，下にある層ほど古いので，a・b・cの層は，古いものから順にc→b→aとなる。次に，X－Yの断層はcの層には見られるが，その他には見られないことから，cの層ができた後，bの層ができる前のものだとわかる(c→断層→b→a)。次に，P－Qの凹凸(不整合面)は，bの層とcの層の間にあり，bの層に断層がつながっていないことから，断層ができた後，b層ができる前にできたものだとわかる(c→断層→凹凸→b→a)。最後に，火山灰が堆積してできた岩石である凝灰岩の層は，a層とb層の間に見られることから，b層ができた後，a層ができる前にできたものだとわかる。これらのことから，c(カ)→断層(エ)→凹凸(イ)→b(ウ)→火山灰(オ)→a(ア)の順となる。

(4) フズリナは古生代の示準化石で，示準化石には限られた時代に広い範囲で栄えた生物の化石が利用される。

7 (酸とアルカリ・中和―酸とアルカリの中和)

基本 (1) 水酸化ナトリウム水溶液はアルカリ性の水溶液で，アルカリ性の水溶液のpHは7より大きい。

やや難 (2) 水酸化ナトリウム$NaOH$は水溶液中で，ナトリウムイオンNa^+と水酸化物イオンOH^-に電離し，塩酸HClは水素イオンH^+と塩化物イオンCl^-に電離している。水酸化ナトリウム水溶液と塩酸を混合すると，同数の水酸化物イオンと水素イオンが結びついて水H_2Oが生じるが，ナトリウムイオンと塩化物イオンは電離したままである。図4では，ナトリウムイオンの数が3個あることから，もとの水酸化ナトリウム水溶液にはナトリウムイオンが3個，水酸化物イオンが3個あったと考えられ，水分子が2個できていることから，水酸化物イオンとして残るのは1個であることがわかる。また，水分子が2個できていることから，もとの塩酸には水素イオンが2個，塩化物イオンが2個あったと考えられ，水素イオンはすべて水になることから，塩化物イオン2個が水溶液中に残ることがわかる。

(3) 硫酸H_2SO_4と水酸化バリウム$Ba(OH)_2$が反応すると，硫酸バリウム$BaSO_4$と水H_2Oができる。

やや難 (4) 実験2で生じた沈殿は，バリウムイオンBa^{2+}と硫酸イオンSO_4^{2-}が結びついてできた硫酸バリウムの沈殿である。実験2では，一定量の水酸化バリウム水溶液に対して，量を変えて硫酸を加えているので，沈殿が生じなくなったとき，硫酸イオンは余っていることになり，不足しているのはバリウムイオンであることがわかる。

8 (電流と電圧―回路と電流)

重要 (1) 直列回路では，各電熱線に加わる電圧の和と回路全体(電源装置)の電圧は等しくなる。

(2) 電熱線Pの両端に加わる電圧は3.0V，電熱線Pを流れる電流が0.20Aなので，オームの法則より，電熱線Pの抵抗の大きさは，3.0(V)÷0.20(A)＝15(Ω)

やや難 (3) ア…直列回路では，回路の各点を流れる電流の大きさはどこでも等しいので，点a，点bを流れる電流の大きさは等しい。よって誤り。 イ…電熱線を並列につなぐと，全体の抵抗の大きさはそれぞれの電熱線の抵抗の大きさよりも小さくなる。このことから，図1の回路全体の抵抗よりも，図2の回路全体の抵抗のほうが小さくなるため，点cを流れる電流のほうが，点dを流れる電流よりも小さくなる。よって誤り。 ウ…並列回路では，各電熱線に流れる電流の和と回路全体の電流が等しいので，点eと点fを流れる電流の和と，点dや点gを流れる電流が等しくなる。よって正しい。 エ…電熱線Pには電源装置の電圧と同じ大きさの電圧が加わるので，点eを流れる電流の大きさは，電熱線Pだけに電源装置をつないだときと同じ大きさとなる。図1の回路全体の抵抗は電熱線PとQを抵抗の大きさの和となるので，電熱線Pだけのときよりも抵抗の大きさが大きくなり，電流は流れにくくなる。よって，正しい。

やや難 (4) 電熱線の抵抗の大きさをR(Ω)，電熱線YとZの並列部分の抵抗の大きさをR_{YZ}(Ω)とすると，$\frac{1}{R_{YZ}}=\frac{1}{R}+\frac{1}{R}=\frac{2}{R}$より，$R_{YZ}=\frac{1}{2}R$となる。電熱線YとZの並列部分を1つの抵抗とみなすと，回路全体の抵抗の大きさは$R+\frac{1}{2}R=\frac{3}{2}R$となる。点iに流れる電流の大きさは回路全体に流れる電流の大きさに等しく，h−j間の電圧が6.0Vなので，オームの法則より，$0.20(A)\times\frac{3}{2}R(\Omega)=6.0(V)$　$R=20(\Omega)$

【別解】 抵抗の大きさが同じ電熱線をつないだときの全体の抵抗の大きさは，直列つなぎの場合，つないだ電熱線の数に比例し，並列つなぎの場合，つないだ電熱線の数に反比例する。よって，電熱線1個の抵抗をR(Ω)とすると，電熱線YとZの並列部分全体の抵抗は$\frac{1}{2}R$となる。～(以降は上記と同じ解き方)

やや難 (5) 電熱線Xには0.20Aの電流が流れ，抵抗が20Ωなので，0.20(A)×20(Ω)=4.0(V)の電圧が加わる。電熱線YとZには同じ大きさの電圧が加わり，その大きさは6.0−4.0=2.0(V)，それぞれに流れる電流は同じ大きさなので，0.20(A)÷2=0.10(A)となる。よって，それぞれの電熱線の消費電力は，X…4.0(V)×0.20(A)=0.80(W)，Y，Z…2.0(V)×0.10(A)=0.20(W)となる。したがって，消費電力の大きさの関係は$x>y=z$となる。

★ワンポイントアドバイス★

基本～標準レベルの問題が中心だが，計算問題や記述式の問題，作図問題などさまざまな解答形式で出題され，出題単元も幅広いので，かたよりのない学習をこころがけよう。

＜社会解答＞

1 Ⅰ (1) 南極大陸 (2) ウ (3) ア (4) (例) 高緯度ほど面積が拡大して表されている。 (5) サヘル (6) エ (7) イ (8) イ Ⅱ (1) エ (2) ウ (3) (例) 沖ノ鳥島が水没すると，その周辺にある広大な排他的経済水域を失うことになるから。 (4) イ→ア→ウ (5) 甲府市 (6) ウ (7) ① エ ② イ

2 Ⅰ (1) 竪穴住居 (2) イ (3) ウ (4) ア (5) エ (6) エ (7) (例) 公家重視の政治に対して，武士の不満が高まったから。 (8) イ (9) ウ (10) 太閤検地 (11) 寺子屋 (12) ア Ⅱ (1) ア・ウ (2) ビスマルク (3) 立憲改進党 (4) ア (5) エ (6) (例) Pの国はソ連で，ソ連では社会主義に基づく五か年計画などの計画経済が進められていたから。 (7) ア (8) ウ (9) イ

3 Ⅰ (1) ア (2) ウ (3) エ (4) ウ (5) (例) 地方公共団体間の財政格差を緩和するため。 Ⅱ (1) イ (2) 配当[配当金] (3) ウ (4) 公正取引委員会 (5) (例) 一定期間内であれば，無条件で契約を解除できる。 Ⅲ (1) ① 勤労の[働く]義務 ② 直接税 (2) エ (3) ア (4) イ

○推定配点○

1 Ⅰ(1)・(5)・Ⅱ(5) 各3点×3 Ⅰ(4) 4点 Ⅱ(3) 6点 Ⅱ(4) 2点 他 各1点×10

2　Ⅰ(1)・(10)・(11)・Ⅱ(2)・(3)　各3点×5　Ⅰ(7)　4点　Ⅱ(1)　2点(完答)
Ⅱ(6)　6点　他　各1点×13　**3**　Ⅰ(5)・Ⅱ(5)　各4点×2　Ⅱ(2)・(4)・Ⅲ(1)　各3点×4
他　各1点×9　計100点

＜社会解説＞

1　**(地理—地形図・国土と自然・産業・経済統合など)**

Ⅰ　(1)　メルカトル図法は極も赤道と同じ長さになるため極地方を表すには向いていない。
(2)　地球の一周(約40000km)の4分の1となる。
(3)　方位が正しいのは2の正距方位図法。カカオ豆の生産はコートジボワール・ガーナの順。
(4)　世界最大の島であるグリーンランドも面積ではオーストラリア大陸の3分の1以下。
(5)　サヘルはサハラ砂漠と熱帯アフリカの境に当たりアフリカの飢餓ベルトとも呼ばれる。
(6)　牛の合計は3688万頭，豚は4973万頭。農家1戸あたりはイタリアが最低，小麦とばれいしょの差が大きいのはフランス，小麦との差はどちらも10倍以下。
(7)　独自の核政策のフランスは原発が中心。アはドイツ，ウはイタリア，エはスウェーデン。
やや難　(8)　小国が多いEUは貿易に依存する割合が高い。アはASEAN，ウはUSMCA，エは中国。
Ⅱ　(1)　細長い種子島と丸い屋久島。アは隠岐，イは対馬・壱岐，ウは利尻島・礼文島。
(2)　気温が高く夏に雨が多い九州の気候。アは瀬戸内，イは日本海側，エは北海道。
(3)　満潮時にはほとんど海面下に没するサンゴ礁。水没すると国土面積を上回るEEZが失われる。
(4)　一般に社会の成熟に伴い富士山型→釣り鐘型→つぼ型へと変化していく。
(5)　農業では山梨・富山・石川，製造品では山梨・福井が条件に当てはまる。
(6)　日高山脈は北海道中央部から襟裳岬に至る山脈で山頂付近にはカールがみられる。
重要　(7)　①　1cm×2cmと考えると250m×500mとなる。　②　2万5千分の1では主曲線は10mおき。Yは190m，Zは160m程度。Xには広葉樹，箕作山は北西，消防署(Y)はみられない。

2　**(日本と世界の歴史—古代～現代の政治・社会史など)**

Ⅰ　(1)　地面を丸く掘り下げ数本の柱で屋根をふいた建物。平安から鎌倉頃まで利用された。
(2)　中国東北部の南東から朝鮮半島に進出，7世紀後半に唐・新羅の連合軍により滅亡した。
(3)　①　壬申の乱で焼失した都。　②　近江令や庚午年籍《こうごねんじゃく》などさまざまな改革を実施した天皇。
(4)　神祇・祭祀を司る神祇官と，律令行政を担当する太政官の下に8つの省が置かれた。九州が太宰府，東北が多賀城，女子にも支給，稲を納めるのは租，調は各地の特産物。
(5)　最澄と空海は桓武天皇の下で入唐。浄土信仰は10世紀以降，鑑真は奈良，曹洞宗は鎌倉。
重要　(6)　オ(1221年)→イ(1232年)→エ(1274年)→ウ(1281年)→ア(1297年)の順。
(7)　公家を重視する恩賞や人事への不満などから社会が混乱，足利尊氏の反乱につながった。
(8)　足利氏の有力一門で義元の頃に東海一の大名と称されたが桶狭間の戦いで敗死した。
(9)　戦国時代は応仁の乱(1467年)からの1世紀。コロンブスの新大陸発見は1492年。十字軍は11世紀末から13世紀，ムハンマドは7世紀前半，名誉革命は17世紀後半。
(10)　統一した基準で収穫量を決め年貢を算定，荘園制に終止符を打った土地政策。
(11)　中世の寺院教育をもとに幕末には全国に広く普及，明治の小学校の母体ともなった。
(12)　アヘン戦争での中国の状況を知り異国船打払い令を緩和した天保の薪水給与令。
Ⅱ　(1)　伊豆の下田と北海道の箱館の2港開き鎖国政策を放棄。
(2)　「現下の問題は多数決などではなく鉄と血によってのみ解決」との議会演説から命名。
(3)　政変で下野した大隈重信を中心にイギリス流の穏健な立憲君主制を主張した。

(4) ドイツ包囲網の三国協商とドイツを中心とする三国同盟の対立。
(5) ① 爵位を持たず平民宰相と人気を博した。 ② 10円から減額したが普通選挙には反対。
(6) 資本主義経済体制から排除されていたことで世界恐慌の影響はほとんど受けなかった。
(7) 地租改正は明治の土地改革。戦後の農村の民主化は農地改革。
(8) 1993年の総選挙で非自民8会派による内閣が成立したがわずか8か月余りで崩壊した。
やや難 (9) サミットは石油ショックを機に開催(1975年)。アは2015年，ウは1991年，エは2008年。

3 (公民―憲法・政治のしくみ・企業など)

Ⅰ (1) 権力者はすべてこれを濫用すると説いたフランスの啓蒙思想家。
(2) 憲法67・68条の規定。再可決は法律案，不信任は解散か総辞職，国政調査権は各院。
(3) ① 刑事事件の原告は検察官。 ② 有罪とするには最低一人の裁判官の賛成を要する。
重要 (4) 戦争放棄と戦力及び交戦権の否認を規定。ア・イは天皇，エは法の下の平等。
(5) 国庫支出金が使途限定なのに対し使い道は自由。財政が豊かな自治体には交付されない。
Ⅱ (1) 造幣局などは国立の公企業。私企業にも社会的責任，企業の98%は中小企業。
(2) 株主総会での発言権も配当も所有する株式の割合に応じて与えられる。
(3) 生産量の増加以外，技術革新や税の引き下げ，賃金の低下などでも供給曲線は右に移動。
重要 (4) 内閣府の外局で，首相が国会の同意で任命する委員長と4人の委員から構成される。
(5) 通信販売や自ら店舗に出向いて購入するなど適用されない場合もある。
基本 Ⅲ (1) ① 勤労は義務でも権利でもある。 ② 直接税中心だが消費税など間接税も増えている。
(2) 現役世代の保険料を高齢者に支給する賦課方式を採用，少子高齢化で財政難になっている。
(3) 重要な法案は利益関係者や専門家などの意見を聞く公聴会が義務化されている。
(4) 不景気の時には減税や金利の引き下げなど市場に流通する通貨量を増やす政策を選択する。

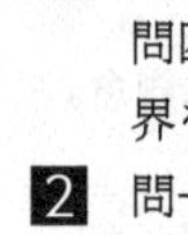

★ワンポイントアドバイス★

記述問題は長文でなくても注意が必要である。指定語句など与えられた条件を確認するとともに，主述や文末などのチェックを忘れないようにしよう。

<国語解答>

1 問一 a 鏡 b 眠 c 放課後 d 吹 e 姿勢 問二 ウ 問三 イ
問四 (例) 須山が小説を書くことも，原がマジックをすることも，他人の世界と自分の世界をつなぐ手段だから，同じだと思っている。 問五 エ

2 問一 a しょうきゃく b はいしゅつ c ともな d どじょう e さ
問二 A エ B オ C ア D イ E ウ 問三 14段落
問四 ア 現世代 イ 資源 ウ 支出 エ 将来世代 オ 自然資源
カ 途上国 キ 食料不足 ク 供給量 問五 内容がバラバラで，食品以外の不純物が混じっているかもしれない 問六 ウ

3 問一 ① いえる ② ならい 問二 買う品物の値段を争うことはしないで，売る人の言う値段のままで買い取っていること。 問三 エ 問四 X 少欲至直 Y ウ
問五 (例) 助けになる 問六 ウ

○推定配点○

1 問一・問二 各2点×6 他 各3点×3 **2** 問一 各2点×5 他 各3点×16

3 問一・問三　各2点×3　　他　各3点×5　　　計100点

＜国語解説＞

1 (漢字の読み書き，大意・要旨，内容吟味，情景・心情把握，)

基本 問一　a 「鏡」人の姿や物の形を映し見る道具。　b 「眠」心身の動きが一時的に低下し，目を閉じて無意識の状態のこと。　c 「放課後」学校でその日の授業が終わったあと。　d 「風が吹く」風が動く様子を表している。　e 「姿勢」物事に対する心の持ち方や行動の仕方。

問二　傍線①の前に理由が書かれている。時間が空くと想像の中のクラスメイトの声が聞こえて，その声におびえてしまっていたので，マジックをすることで，考えないようにしていた。

問三　須山も人が怖いが寂しがりやで，人と居るのが辛いが一人で居るのは寂しいと思っている。小説を通じて人と繋がりたいと思っていると自分のことをさらけ出している。

重要 問四　二人のどのようなことがどのような理由で同じか本文を見てみると，須山は小説を読んでもらうことで，原はマジックを見てもらうことを通じて他人と自分がつなぐ手段としているところが，同じである。

問五 「ぼく」はマジックをしていないとクラスメイトの悪口が聞こえて来て，頭が勝手にいろいろ考えてしまっていた。須山と話していくうちにそれまで意識していなかったが，マジックが自と他人をつなぐ手段であったことに話の中で気づくことが出来た。最後は，マジックは，見てくれる観客がいるから成り立っていることに気づくことができたので，エが正解である。

2 (漢字の読み書き，文脈把握，接続語の問題，脱文・脱語補充，大意・要旨，内容吟味)

基本 問一　a「しょうきゃく」焼いて捨てること。　b 「はいしゅつ」内部にある不要の物を外へ押し出すこと。　c「ともなう」ある物事に付随して別の物事が起こる。　d「どじょう」作物を生育させる。　e 「さける」それとかかわることで不都合や不利益が生じると予測される人や事物から離れるようにすること。

問二　A　前の文章は「捨てられる分の食料生産を減らすことで，温室効果ガス(GHG)の排出を削減したり，水資源を節約したりできる」とあり，後には，「ハンバーガー一つの生産を減らすだけで，水3000リットルを節約できる」とあり，後ろに結果や展開が逆接として続いているので，エのたとえばが適当である。　B　前の文章は，食品ロスの削減で，すべての人が得するわけではないと言っている。後ろには，食品ロスを削減するためには，必ずコストが発生し，誰かがコストを負担するとあり，前の事柄に続いて内容を付け加えて補っているので，オのつまりが適当である。　C　前の文章は，廃棄される食品を，堆肥や飼料にリサイクルする取り組みがあると述べている。後には，専用の施設まで運び，肥料などにする作業が伴い，追加の費用や燃料がかかってしまうとあり，後ろに予想外の結果や展開が書かれている逆接である，アのしかしが適当である。　D　前の文章は，食品ロスをゼロにすることはきわめて非現実的であると述べられており，Dの後ろには，強制的にゼロにできたとしても，そのような状況が社会にとってもっとも望ましい状態だとは思えないとあり，後ろに補足的な内容が続いているので，イのまたが適当である。　E　前の本文では，農家は土壌の状態に合わせて，肥料の成分を細かくコントロールする施肥設計をしているとあり，後ろには，飲食店やスーパーから出る内容がバラバラで，食品以外の不純物などが混ざっているかもしれない食品ロスをそのまま堆肥にしても農家が使える品質にはならないと述べられているので，原因や理由を表している，ウのそのためが適当である。

問三　もちろんは，言うまでもなくという意味なので，14段落を見てみると，極端な例を元に，食品ロスのことを言っている。もちろん，好き嫌いや食べ物残しは許されません」を入れるのが適当である。

問四　ア　フードシステムの改善は誰のために必要かをみると食料の供給と消費における無駄を減らすため「現代の人」になる。　イ　フードシステム改善で可能になることは「資源」である。　ウ　もう一つフードシステム改善で可能になることは「支出」である。　エ　持続可能性の改善は誰のために必要か「将来世代」である。　オ　持続可能性の改善で可能になることは，未来に多くの「自然資源」を残すことである。　カ　食料保障の改善は誰のために必要か「途上国」である。　キ・ク　食料保障の改善で，可能になることはキ「食糧不足」の「途上国」において食料のク「供給量」を増やすことが可能となる。

重要　問五　農家で使ってもらうためには，土壌の状態に合わせて，肥料の細分などをコントロールしているので，そのまま食品ロスを集めても使えるような状態にならないため，不純物が混じらないようにする必要がある。

問六　段落20に，食べる側や食料生産側のニーズをよく理解して，堆肥以外の可能性も注意深く検討する必要性やリサイクルに対するコスト削減の技術開発も重要であると述べられている。

3　**（古文，古語訳，仮名遣い，ことわざ・慣用句，指示語の問題）**

〈古語訳〉　菓子屋を営む新右衛門という人は，欲が少なく至って正直で，毎日買う品の値段に文句をつける事もなく，売る人の言うままに値切らずに買ったので，家族の者が不審に思って，「商人は誰でも同じで，その値段が高いか安いかを問題にするものなのに，どうしてこのように売り手の言う通りになさるのですか。」と言うのを聞いて，新右衛門は「かれらは毎日，重い荷物を背負って，朝は早く家を出て，夜には遅く帰るものだ。とくに暑さ寒さの厳しい時には，その苦労は言うまでもない。おまえたちは年中店に居て，風雨にあう心配もなく家業を営んでいるのはありがたい事ではないか。たとえ人にものを施す事はしにくくても，せめてその値段に文句を言わずに買えば，少しはかれらの助けになるだろうよ。」と言った。この後，新右衛門が情け深いことを知って，売る者も値段をさげて持って来たということだ。

問一　①「いへる」の意味は，言うである。語頭と助詞以外の「は・ひ・ふ・へ・ほ」は，「わ・い・う・え・お」に置き換える。　②「ならひ」の意味は，習慣である。語頭と助詞以外の「は・ひ・ふ・へ・ほ」は，「わ・い・う・え・お」に置き換える。

重要　問二「かくいふままに」とは，このように言うである。その前の文章をみていく。問題文の中に「新右衛門がどのようにすることか」とあるため，それを説明する。

問三「うれへ」には，訴えや悲しみの意味もあるが，ここでは風雨のとあるため，心配という意味でとることができる。

問四　X　新右衛門という人がどんな人であったかという四文字が入るので，少欲至直が入る。　Y「情けは人の為ならず」のことわざの意味は，「人にかけた情けは自分に戻ってくる」。人を助けたり，親切にしたりしたことは，巡り巡って自分のもとに返ってくるという意味である。「情けは人の為ならず」で使われている「ならず」は古語で，断定を意味する「～なり(＝である)」と，打ち消しを意味する「ず(＝ない)」で成り立っている。「ならず」は「人」のためでないという意味になり，つまりは「自分のためである」となるので，解釈に注意が必要である。

問五　新右衛門という人がどのような行動を取っていた人かを探すと良い。「せめてはその価を争はずして求めなければ，少しは彼らが助けともならんか」というところに書かれている。「助けになる」が正解である。

問六　ア「商売を休むべきではない」本文の中で言っていないので間違い。　イ「施すことはなしがたくも」とあり，何かを施すことで重労働をねぎらっているは間違い。　エ「商品の値段を交渉する」とあるが新右衛門は，商人の言う値段で買っているので間違いである。正解は，ウである。

★ワンポイントアドバイス★

読解問題は，指示語や言い換え表現に注意して細部まで読むようにしよう。ことわざ・慣用句といった国語の基礎も身につけておこう。

MEMO

大切なことはメモしておこうネ！

2023年度

入　試　問　題

2023年度

2023年度

鹿島学園高等学校入試問題(一般)

【数　学】（50分）〈満点：100点〉

1　次の計算をしなさい。

（1）　$4-5-(-6)$

（2）　$1-2\times 3$

（3）　$\dfrac{1}{3}-\dfrac{1}{4}\times\dfrac{7}{6}$

（4）　$\sqrt{12}\times\sqrt{36}-\sqrt{12}\times\sqrt{81}$

（5）　$(x-1)^2-(3-2x)$

2　次の各問いに答えなさい。

（1）　連立方程式$\begin{cases} 2x-y=5 \\ 3x+y=5 \end{cases}$を解きなさい。

（2）　2次方程式$x^2-5x+6=0$を解きなさい。

（3）　次のデータの平均値と中央値を求めなさい。

5, 7, 3, 8, 2, 6, 3, 8

（4）　関数$y=-\dfrac{1}{2}x^2$について，xの変域が$-2\leqq x\leqq 4$のときのyの変域を求めなさい。

（5）　右の図において，$\angle x$, $\angle y$の大きさをそれぞれ求めなさい。

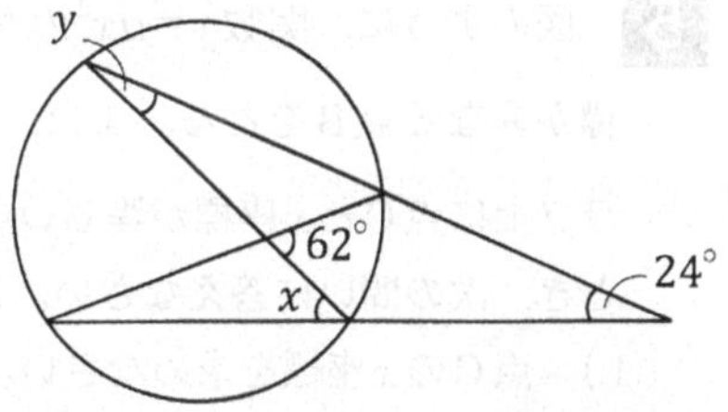

3　次の数字の並びは自然数1から100までを書き並べたものである。

123456789101112・・・・・・979899100

ただし，一部省略している箇所がある。このとき，次の問いに答えなさい。

（1）　書き並べた数字は全部でいくつあるか個数を答えなさい。

（2）　書き並べた数字の中で0はいくつあるか個数を答えなさい。

（3）　書き並べた数字の中で4はいくつあるか個数を答えなさい。

（4）　書き並べた数字の中で1はいくつあるか個数を答えなさい。

（5）　書き並べた数字を全部足すといくつになるか総和を求めなさい。

4 図のような1辺の長さが3の正五角形ABCDEにおいて，対角線BE，CE，BDを引き，CEとBDの交点をFとするとき，次の問いに答えなさい。

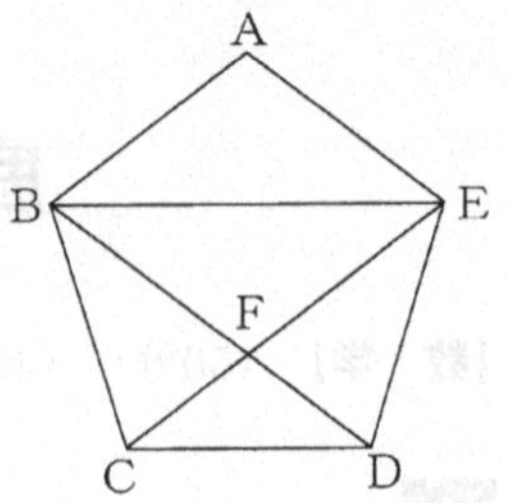

(１) 正五角形の内角の和の大きさを求めなさい。

(２) △BCE∽△FDEを次のように証明した。[ア]～[エ]に当てはまるものをそれぞれ答えなさい。

【証明】
正五角形ABCDEにおいて
∠BCD＝[ア]°，BC＝CDより，∠CBD＝∠CDB＝[イ]°
∠CDE＝[ア]°，CD＝DEより，∠DCE＝∠DEC＝[イ]°
∠BCE＝∠BCD－∠DCE＝[ウ]°
∠FDE＝∠CDE－∠CDB＝[ウ]°
さらに，∠AED＝[ア]°，∠AEB＝[イ]°であるから∠BEC＝[イ]°

以上より，△BCEと△FDEにおいて
∠BCE＝∠FDE・・・①
∠BEC＝∠FED・・・②
①，②より，[エ]から，△BCE∽△FDEである。【終】

(３) 線分BEの長さを求めなさい。

(４) 線分CFの長さを求めなさい。

5 図のように，関数$y=ax^2$のグラフ上に，x座標が2である点Aと，点Aとy座標が等しくx座標が異なる点Bをとる。また，半直線BA上に$AC=\frac{1}{2}BA$となる点Cをとり，関数$y=ax^2$のグラフ上に点Cとx座標が等しい点Dをとると，2点B，Dを通る直線の傾きが－1であった。このとき，次の問いに答えなさい。ただし，$a<0$，点Cのx座標は正，Oは原点とする。

(１) 点Cのx座標を求めなさい。

(２) aの値を求めなさい。

(３) 点Dのy座標を求めなさい。

(４) △ABDの面積を求めなさい。

(５) △ABDの面積を二等分する点Aを通る直線の方程式を求めなさい。

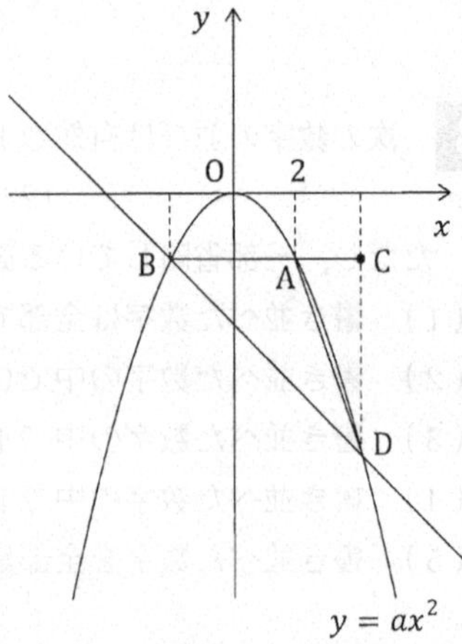

【英　語】（50分）〈満点：100点〉

1　第1問は放送を聞いて答える問題です。問題は**問1～問3**までであります。

問1　次の**a～d**のイラストについて，それぞれ対話と質問が読まれます。質問に合う答えとして最も適切なものを**1～4**の中から**1つずつ**選びなさい。対話と質問は**2回ずつ**くり返します。

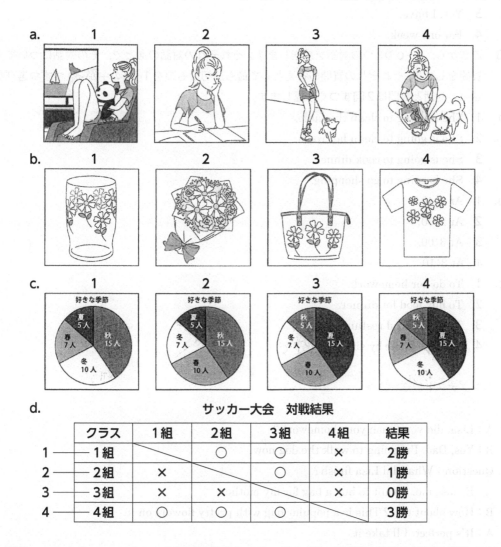

a.　1　2　3　4

b.　1　2　3　4

c.　1　2　3　4

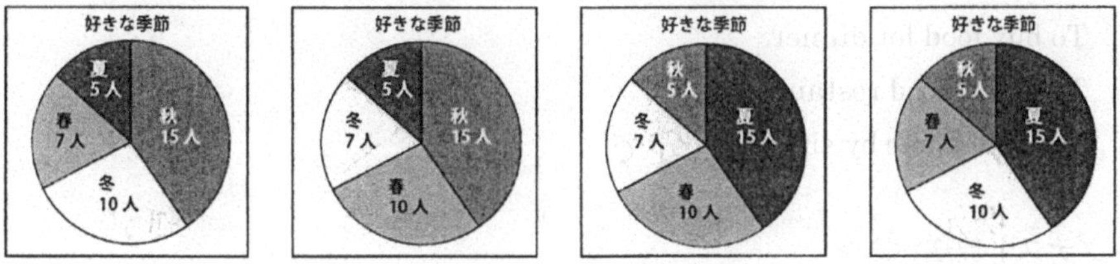

d.

サッカー大会　対戦結果

	クラス	1組	2組	3組	4組	結果
1	1組		○	○	×	2勝
2	2組	×		○	×	1勝
3	3組	×	×		×	0勝
4	4組	○	○	○		3勝

問2　これから，**a～c**の3つの対話を放送します。それぞれの対話の最後の発言の部分でチャイムが鳴ります。そのチャイムの部分に入る言葉として最も適切なものを**1～4**の中から**1つずつ**選びなさい。対話は**2回ずつ**くり返します。

a.　1　You have the wrong number.
　　2　I talked to her yesterday.
　　3　Where is your house?
　　4　May I leave a message?

b. 1 With my mother.
   2 By taxi.
   3 About fifteen minutes.
   4 At the station.

c. 1 No, I didn't.
   2 It sells a lot of things.
   3 Yes, I have.
   4 For one week.

問3 これから，**a**～**c**の3つの対話を放送します。それぞれの対話のあとで，その対話についての質問をします。それぞれの質問の答えとして最も適切なものを**1**～**4**の中から1つずつ選びなさい。対話と質問は**2回ずつ**くり返します。

a. 1 She is going to clean the table.
   2 She is going to clean her room.
   3 She is going to cook dinner.
   4 She is going to go shopping.

b. 1 At 2:40.
   2 At 2:50.
   3 At 3:00.
   4 At 3:10.

c. 1 To do her homework.
   2 To buy food for dinner.
   3 To find a good restaurant.
   4 To come home by six.

＜リスニングテスト放送台本＞

問1

a A : Lisa, did you finish your homework?
B : Yes, Dad. I'm going to walk the dog now.
Question : What did Lisa finish?

b A : Excuse me. I want to buy a bag for my mother.
B : How about this? This is a popular bag with pretty flowers on it.
A : It's perfect. I'll take it.
Question : What is the girl going to buy for her mother?

c A : Which season do you like the best, Kaito?
B : I like fall the best. But in my class, summer is the most popular, and winter is more popular than spring.
A : Oh, is it? I like fall the best, too.
Question : Which shows Kaito's class?

d A : Hi, Daniel. How were the games?

B：Hi, Kanako. We could only win one game. How about your class?

A：We didn't win all of the games, but we won two.

Question：Which is Kanako's class?

問2

a　A：Hello. This is Shinya. May I speak to Ellen?

B：Sorry, she is out.

A：(　　チャイム　　)

b　A：Emily, you are so late! What were you doing?

B：I'm sorry. I missed the train.

A：How did you come here?

B：(　　チャイム　　)

c　A：I want to buy a new computer. Do you know any good stores?

B：A big store opened near the station last week.

A：Have you visited it yet?

B：(　　チャイム　　)

問3

a　A：Dad, I finished cleaning my room. Do you need any help?

B：Thank you, Lisa. I'm cooking dinner now. Can you clean the table?

A：Sure.

Question：What is Lisa going to do?

b　A：Can I buy something to eat before the movie starts?

B：It's 2:50, so we only have ten minutes before it starts. Please hurry.

A：OK. I'll be back soon.

Question：What time will the movie start?

c　A：Cathy, what are you going to do this afternoon?

B：First, I'm going to do my homework. After that, I'm going to play tennis with my friends at the park.

A：We're going to eat dinner at a restaurant tonight. So, come home by six.

Question：What does Cathy's father tell her to do?

2　次の文章を読んで設問に答えなさい。

Five hundred years ago, a young man went to Florence, Italy to study art. At that time many of the world's great artists lived there. The man was very talented in many things: painting, drawing, and making statues. The man was Leonardo da Vinci. Soon, people were talking about him, and believed he would become the greatest artist.

One day, he started a painting for a church. People expected he would finish it soon. However, it went slowly because Leonardo carefully examined everything that he wanted to draw. For example, if he wanted to draw a person, he had to know how a person's muscles work under the skin, and how the bones are located under the muscles. In his notebooks, he made hundreds of drawings of everything around him, from mountains and the sea to the sun and the stars. Soon people began to shake their heads, and say that (1)Leonardo could do everything but he would never do anything.

Leonardo died at the age of seventy-five in 1519. However, he left only a few paintings. (2)(most, finished, of his paintings, were, not). Two of them — the Mona Lisa and The Last Supper — have attracted art fans from around the world to this day.

Leonardo also left a great many notebooks filled with drawings and notes. Strangely, however, (3)the notes were written in a language that no one could read, and his sketchbooks contained strange drawings that no one could understand. Then one day, an Italian scholar made a sensational discovery about Leonardo's curious notes. They were not written in a strange language at all. Instead the writing was backward! (4)They had to be read with the help of a mirror.

Some of the strange drawings in the notebooks were for inventions that he thought of as he watched birds in flight. He made drawings of airplanes, parachutes, and even helicopters. Also, his notebooks contained drawings of a machine to cool the air, cars, and even machine guns and tanks. It is surprising that five hundred years ago, there lived a man who thought of such new ideas and many of them are part of the world today.

talented = 才能がある	drawing = 線画，デッサン	statue = 像	expect = 期待する
examine = 調査する	muscle = 筋肉	locate = 置く	attract = 魅了する
fill = いっぱいにする	contain = 含む	scholar = 学者	sensational = 衝撃的な
instead = 代わりに	invention = 発明品	think of = 思いつく	parachute = パラシュート

a) 下線部(1)に最も近い意味のものはどれか，選びなさい。

1. レオナルドは何でもできるが，結局何もしないだろう。
2. レオナルドは何でもできそうだが，絵を描くことだけはできないだろう。
3. レオナルドは何もできそうにないが，絵を描くことだけはできるだろう。
4. レオナルドは何もできそうにないので，結局何もしないだろう。

b) 下線部(2)の(　　)内の語を『彼の作品の大部分は未完成だった』という意味になるように並べ替えなさい。

c) 下線部(3)を日本語に訳しなさい。

d) なぜ下線部(4)のようにしなければならなかったのか，日本語で答えなさい。

e) 本文の内容に適切なものはどれか，選びなさい。

1. レオナルドが教会に絵を描く作業には，長い時間が掛かると思われていた。
2. レオナルドは『モナリザ』や『最後の晩餐』以外にもたくさんの作品を残した。
3. レオナルドのメモは初め誰にも理解できなかった。
4. レオナルドは宇宙船のアイデアも思いついていた。

3 次の英文の(　　)に入る最も適切なものはどれか，選びなさい。

a) A：How did you go to the library yesterday?
B：My older brother took (　　) by car.
1. mine　2. I　3. my　4. me

b) Andrew writes articles. He sometimes visits other countries for interview. He is a (　　).
1. teacher　2. journalist　3. designer　4. singer

c) I am writing my essay in my room. Please (　　) on the door when you come in the room.
1. build　2. knock　3. borrow　4. invite

d) A：Mom, did you eat my cookies on the table?
B：Of course not. (　　) fact, Cathy was eating two hours ago.
1. By　2. In　3. On　4. At

e) When the teacher came into the classroom, the students stopped (　　).
1. talks　2. talked　3. talk　4. talking

f) A：Did you win the soccer games?
B：Not at all. We didn't win any games. We were the (　　) team there.
1. bad　2. worse　3. worst　4. poor

g) A：Maki, could you give me a (　　)? I need to move those books.
B：No problem.
1. hand　2. head　3. face　4. finger

4 次のポスターを見て，適切なものを選びなさい。

Nook bookstore

Comic book sale!
10-day sale starting this Monday, August 8th

Japanese Version (¥300)	Japanese or English (¥400)	English Version (¥600)
HUNTER×HUNTER*	One Piece	Demon Slayer*
Detective Conan	Slam Dunk*	Jujutsu Kaisen
Naruto	Doraemon	Attack on Titan

COMIC

*Also sold in complete sets. Ask the staff for more details.

✧ 10% off for 3 volumes of the Japanese versions.
✧ 20% off for 3 or more volumes of the English versions.
✧ Buy Slam Dunk on August 12th and get a free poster!

Check our website for our Mega Novel Sale from August 25th!

a) Riko wants to buy 2 volumes of Detective Conan and a volume of Attack on Titan. How much will she pay?

1. ¥1,200
2. ¥840

3．¥1,080

4．¥960

b) Which of the following comic books can be bought in complete sets?

1．Naruto, Attack on Titan, and Slam Dunk

2．Detective Conan, Doraemon, and Demon Slayer

3．HUNTER × HUNTER, Slam Dunk, and Demon Slayer

4．Jujutsu Kaisen, One Piece, and HUNTER × HUNTER

c) When is the last day of the sale?

1．August 8th

2．August 12th

3．August 17th

4．August 25th

5 次の(a)～(d)に入れる文として，最も適切なものを選択肢から選びなさい。選択肢は，1回しか使えません。

Ken : Hello, my name is Ken. Nice to meet you.

Gary : Hello Ken. Nice to meet you too. I'm Gary from England. This is my friend.

Alex : It's nice to meet you. My name is Alex. It is my first time in Japan.

Ken : Nice to meet you. Welcome to Japan. (a)

Gary : We arrived at the airport on the 18th of August and will leave on the 31st.

Ken : Great. You mean you plan to stay in Japan for 2 weeks. Such a long time!

Alex : Yes, (b)

Ken : Wonderful. Where have you been since you came to Japan?

Alex : First, we visited Tokyo. I'm crazy about anime and manga, so I wanted to go to Akihabara to buy things such as figures and comic books.

Gary : (c) I think it is a cool part of popular Japanese culture.

Ken : True. When I went there, it was very crowded. Where are you going to go today?

Gary : I want to go to Tokyo Disneyland. We have never been to Tokyo Disneyland. I heard it is not far from Tokyo Station.

Ken : That's right. But it will be rainy in the afternoon. I think you should go there tomorrow.

Alex : Thank you for telling us. We are going to go to the Tokyo National Museum tomorrow. Can we switch our plans?

Gary : I agree because the museum is inside. Let's check how to get to the museum now.

Ken : (d)

1．I will take you to a wonderful place.

2．Many people wearing costumes were walking on the street.

3．I can tell you which train you need to take.

4．How long are you going to stay in Japan?

5．I'm really excited to visit famous sightseeing areas.

6 CとDの関係がAとBの関係と同じになるようにDに適切な英単語を書きなさい。

	A	B	C	D
a)	play	played	pay	(　　)
b)	high	low	winner	(　　)
c)	farm	farmer	magic	(　　)
d)	agree	disagree	possible	(　　)
e)	communication	communicate	imagination	(　　)

7 次の会話が成り立つように，下線部に適切な英文を書きなさい。ただし，単語1語のみで解答することは認めません。

a) Sean　：I'm hungry!
Justin　：＿＿＿＿＿＿＿＿＿＿＿＿＿＿.
Sean　：Pizza sounds good. Please choose two toppings.
Justin　：I'd like green peppers and mushrooms.
Sean　：Perfect. Let's order.

b) Dave　：Oh, no. I can't find my glasses.
Garreth：＿＿＿＿＿＿＿＿?
Dave　：They're black. Have you seen them?
Garreth：Are they in your jacket pocket?
Dave　：Yes! Thanks for your help.

【理　科】（50分）〈満点：100点〉

1　次の**図1**は，生物の移り変わりとその時期をまとめたものである。以下の問いに答えなさい。

図1

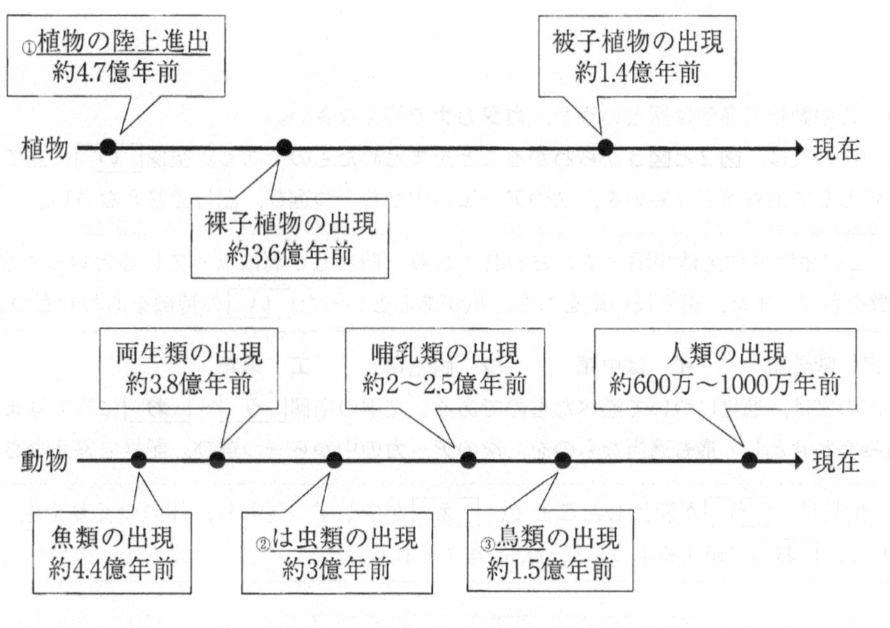

（1）　下線部①に関して，陸上に進出した植物と似た特徴をもっている植物のなかまとして最も適当なものを，次の**ア**～**エ**の中から一つ選び，記号で答えなさい。

ア　ゼンマイ　　**イ**　ゼニゴケ　　**ウ**　イヌワラビ　　**エ**　リンボク

（2）　下線部②に関して，次の文はは虫類の子供の産み方についてまとめたものである。空欄［　あ　］に当てはまる語句を**10字以内**で答えなさい。

> 水辺を離れて生活できない両生類から進化したと考えられているは虫類は，より陸上での生活に適した体のつくりとなった。両生類の卵には殻がないが，は虫類の卵には殻がある。この殻は，陸上で産卵するは虫類にとって，外敵から中身を守ったり，中身をつぶれにくくすることの他に，［　あ　］という役割を果たしている。

（3）　下線部③に関して，**図2**はドイツ南部の1億5000万年前の中生代の地層から発見された鳥類の祖先といわれている動物の化石である。**図3**はその復元図である。以下の(ⅰ)～(ⅱ)の問いに答えなさい。

図2

図3

(ⅰ) この動物の名前は何というか，<u>カタカナ</u>で答えなさい。

(ⅱ) 次の文は，**図2**と**図3**からわかることをまとめたものである。空欄 **い** に当てはまる語句として最も適当なものを，次の**ア**～**エ**の中から一つ選び，記号で答えなさい。

> この生物は体全体が羽毛でおおわれており，前あしが翼になっているといった鳥類の特徴をもつ。また，歯や長い尾をもち，爪があるといった **い** の特徴をあわせもつ。

ア 哺乳類　**イ** は虫類　**ウ** 両生類　**エ** 魚類

(4) 次の文は，進化について述べたものである。文中の空欄 **う** ～ **お** に当てはまる語句の組み合わせとして最も適当なものを，次の**ア**～**カ**の中から一つ選び，記号で答えなさい。

> 生物は， **う** が変化したことで， **え** が少しずつ変わり，体のつくりや生活が変化して， **お** に適するようになったと考えられる。

	う	え	お
ア	遺伝子	環境	形質
イ	遺伝子	形質	環境
ウ	環境	遺伝子	形質
エ	環境	形質	遺伝子
オ	形質	遺伝子	環境
カ	形質	環境	遺伝子

2

酸とアルカリの水溶液について次の**実験1～2**を行った。以下の問いに答えなさい。

【実験1】

①<u>うすい塩酸</u>$5cm^3$ずつ入れた試験管A，B，Cを用意し，うすい水酸化ナトリウム水溶液を，試験管Aに$3cm^3$，Bに$6cm^3$をそれぞれ駒込ピペットで加え，試験管Cには加えなかった。さらに，3本の試験管すべてにマグネシウムリボンを加えて観察し，その結果を**表**にまとめた。

表

試験管	試験管内のようす
A	気体が少し発生した
B	気体は発生しなかった
C	気体が多く発生した

【実験２】

ビーカーにうすい塩酸を10cm^3とり，BTB溶液を2～3滴加えた。これにうすい水酸化ナトリウム水溶液を駒込ピペットで少しずつ加えながら，ガラス棒でよくかき混ぜた。水酸化ナトリウム水溶液を10cm^3加えたところでビーカー内の②水溶液が緑色になった。さらに加え続けるとビーカー内の水溶液の色が青色になり，20cm^3まで続けたが青色のままであったので実験を終了した。

(１)　下線部①に関して，塩酸は水にある物質が溶けた水溶液である。ある物質とは何か，物質名を**漢字**で答えなさい。また，ある物質が電離しているようすを，**化学式**を用いて表しなさい。

(２)　**表**の実験結果に関して，気体の発生量が異なる理由を加えた**水酸化ナトリウムの性質に着目して15字以内**で答えなさい。

(３)　下線部②に関して，水溶液をスライドガラスに数滴とり蒸発させたところ，白い結晶が残った。この結晶を構成する物質の特徴として**誤っているもの**を，次の**ア**～**エ**の中から一つ選び，記号で答えなさい。

ア　なめるとしょっぱい

イ　水よりも密度が大きい

ウ　融点が水よりも低い

エ　温度による溶解度の変化が小さい

(４)　**実験２**に関して，加えた水酸化ナトリウム水溶液の体積とビーカー内にある水酸化物イオンの数の関係を表したものとして最も適当なものを，次の**ア～エ**の中から一つ選び，記号で答えなさい。

ア

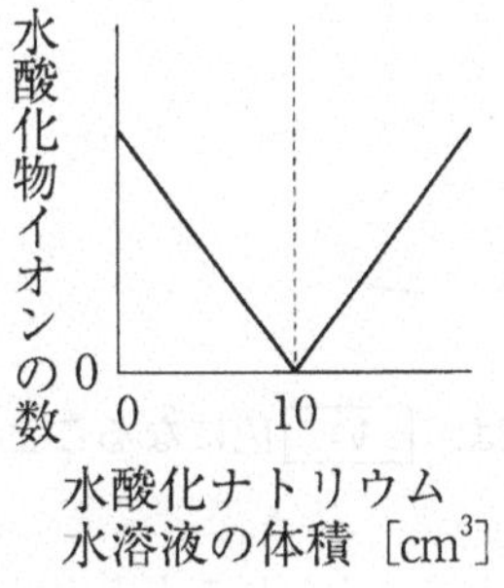

イ

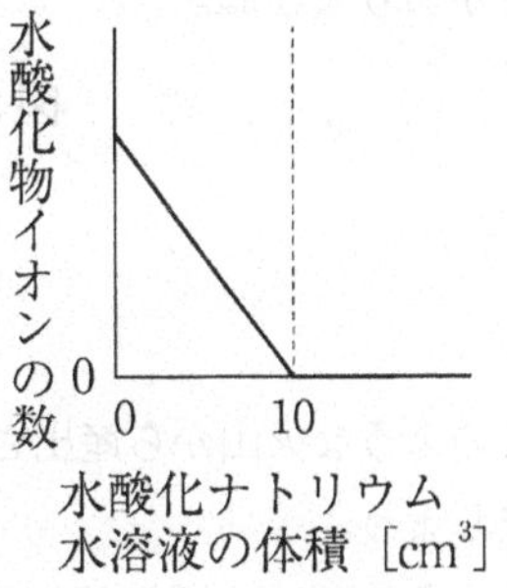

ウ

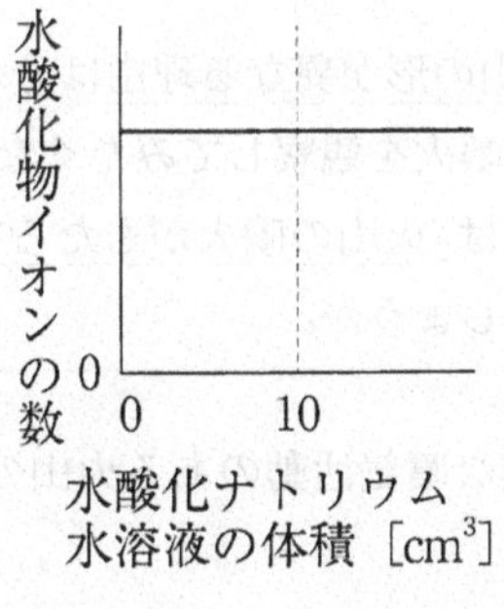

エ

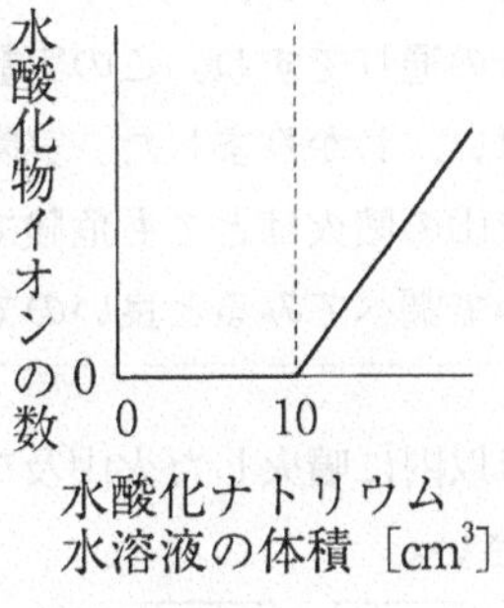

3 太郎さんは，火山のでき方と形の関係を調べるための実験を行った。この実験に関する太郎さんと先生との会話文を読み，以下の問いに答えなさい。

太郎さん：理科の授業で，火山にはいくつかの形があるということを学びました。火山の形がどうして違うのかということを調べる実験をしたいのですが，何か方法はありますか。

先　　生：では，ホットケーキミックスと水を使った実験をしてみましょう。まず，ホットケーキミックス50gをはかり，生クリーム用のしぼり口をつけた袋にホットケーキミックスを入れます。そこに水20mlを加え工作用紙の中心にあけた穴に下から差し込んで，ホットケーキミックスを押し出してみましょう（**図1**）。

図1

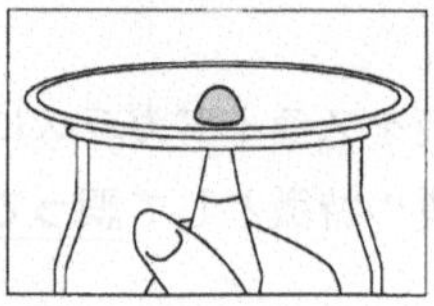

太郎さん：押し出されたホットケーキミックスがおわんをかぶせたような形になりました（**図2**）。

図2

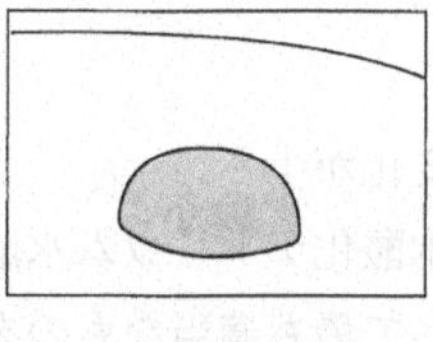

先　　生：そうですね。では次に水の量を30mlに変えて同じ実験をしてみましょう。

太郎さん：今度は傾斜のなだらかな形になりました（**図3**）。このような形の火山には［あ］などがありますね。

図3

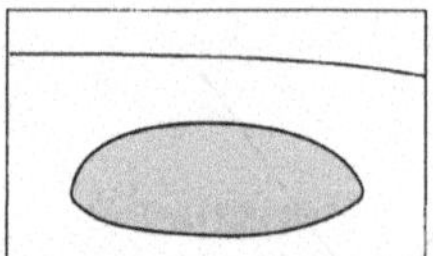

先　　生：このような火山から産出される岩石は，［い］色になることが多いので覚えておきましょう。

太郎さん：ということは，傾斜がなだらかな火山でつくられる火山岩は［う］が多いことが考えられますね。

先　　生：その通りですね。この実験から①火山の形が異なる理由は分かりましたね？

太郎さん：はい，わかりました。実際に火山の噴火を観察してみたくなりました。

先　　生：火山の噴火はとても危険です。まずは②火山の噴火がもたらす災害やその対策について調べてみると良いのではないでしょうか。

（1）　過去1万年以内に噴火した火山及び現在活発な噴気活動のある火山のことを何というか，**漢字**で答えなさい。

（2）　会話文中の［あ］～［い］に当てはまる語句の組み合わせとして最も適当なものを，次の

ア～**カ**の中から一つ選び，記号で答えなさい。

	あ	い
ア	キラウエア火山	黒っぽい
イ	キラウエア火山	白っぽい
ウ	富士山	黒っぽい
エ	富士山	白っぽい
オ	昭和新山	黒っぽい
カ	昭和新山	白っぽい

(3) 会話文中の[う]に当てはまる火山岩の名称を**漢字**で答えなさい。

(4) 下線部①に関して，この実験からわかることとして最も適当なものを，次の**ア**～**エ**の中から一つ選び，記号で答えなさい。

ア 火山の形は，鉱物の種類によって変化する
イ 火山の形は，マグマのねばり気によって変化する
ウ 火山の形は，火山噴出物の種類によって変化する
エ 火山の形は，火口の大きさによって変化する

(5) 下線部②に関して，火山の噴火したときの対応や事前の備えとして**誤っているもの**を,次の**ア**～**エ**の中から一つ選び，記号で答えなさい。

ア 噴火したらマスクやゴーグルなどを装着する
イ 気象庁が発表している「噴火警戒レベル」をチェックする
ウ 防災対策グッズを用意しておく
エ 噴火時に室内にいる場合は，すぐに外に出て周りに建物などがない場所へ避難する

4 太郎さんは，凸レンズのはたらきを調べるため，次の**実験1～2**を行った。以下の問いに答えなさい。

【実験1】

図1のような，透明シート(イラスト入り)と光源が一体となった物体を用意し，**図2**のように，光学台にその物体と凸レンズX，半透明のスクリーンを配置した。物体から発する光を凸レンズXに当て，半透明のスクリーンにイラスト全体の像がはっきり映し出されるように，凸レンズXとスクリーンの位置を調節し，Aの方向から像を観察した。

図1

図2

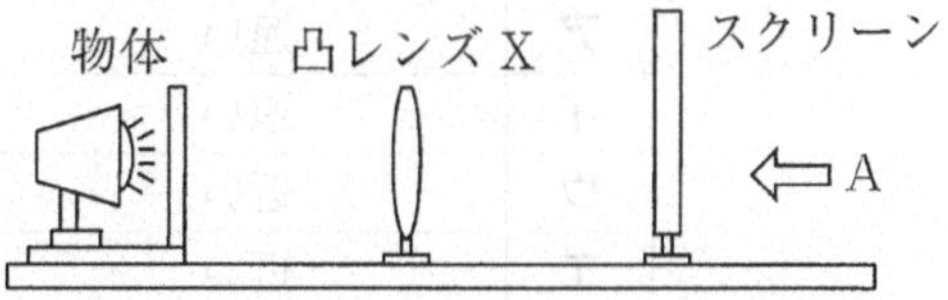

【実験2】

次に，焦点距離が凸レンズXと異なる凸レンズYに変えて像の観察を行なった。観察された像は，**実験1**で観察されたものに比べて大きかった。

(1) 凸レンズを通った光のように，光が異なる物質の境界へ進むとき，境界の面で光が屈折する。光の屈折が原因で起こる現象として最も適当なものを，次の**ア**～**エ**の中から一つ選び，記号で答えなさい。

ア 鏡の前に立つと，自分の姿がうつる
イ 光が線香のけむりにあたると，光の道すじが見える
ウ 水面に周りの景色がうつる
エ 雨が降った後の空に虹ができる

(2) **実験1**でAの方向から観察したときのスクリーンに映し出された像として最も適当なものを，次の**ア**～**エ**の中から一つ選び，記号で答えなさい。

ア

イ

ウ

エ

(3) 下記は**実験1**において，透明シート上の点Pから出て，凸レンズXに向かった光のうち，矢印の方向に進んだ光の道すじを示した模式図である。その光が凸レンズXを通過した後に進む道すじを，解答欄に書き入れなさい。なお，図中の点Qは凸レンズXの焦点である。

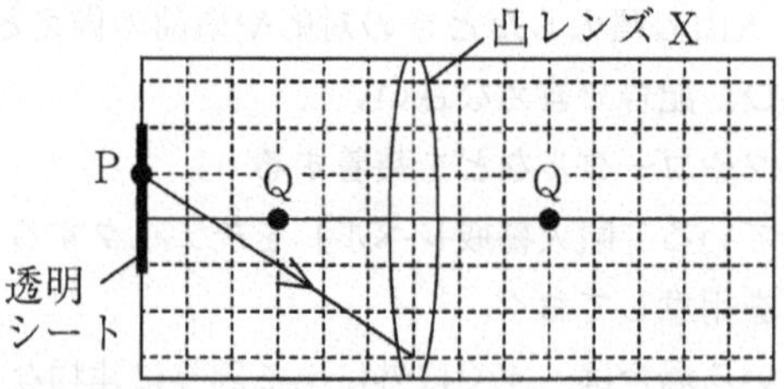

(4) 次の文は，太郎さんが**実験2**の結果からわかったことをまとめたものである。文中の空欄 あ ～ い に当てはまる語句の組み合わせとして最も適当なものを，次の**ア～エ**の中から一つ選び，記号で答えなさい。

> **実験2**の結果から，凸レンズXの焦点距離は凸レンズYに比べて あ ことがわかる。また，このことから凸レンズXと凸レンズYでは，凸レンズYの方がレンズの厚さが い ことがわかる。

	あ	い
ア	遠い	厚い
イ	遠い	うすい
ウ	近い	厚い
エ	近い	うすい

(5) 後日，太郎さんは，垂直な壁にかかる鏡に映る自分の姿に目を止めた。そのときの状況は**図3**に示す通りであった。以下の(ⅰ)～(ⅱ)の問いに答えなさい。

図3

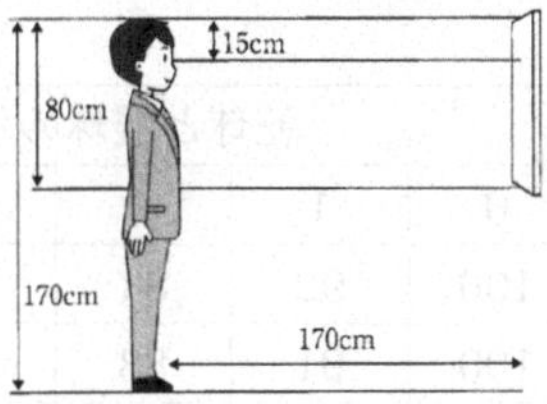

(ⅰ) 太郎さんが見た，鏡にうつる自分の姿として最も適当なものを，次の**ア**～**エ**の中から一つ選び，記号で答えなさい。

ア

イ

ウ

エ

(ⅱ) 太郎さんが鏡から120cmの位置まで近づいていくときの，鏡にうつる自分の姿の変化について最も適当なものを，次の**ア～ウ**の中から一つ選び，記号で答えなさい。

ア 自分の姿の見える部分が減っていく

イ 自分の姿の見える部分は変わらない

ウ 自分の姿の見える部分が増えていく

5 雲のでき方について調べるために，次の**観測**と**実験1～2**を行った。以下の問いに答えなさい。

【観測】

乾湿計を用いて，地上付近の温度を調べた。**図1**は，そのときの乾湿計の乾球の示す温度(22℃)を表している。ただし，湿球の示す温度は表していない。また，**表1**は，湿度表の一部を示している。

図1

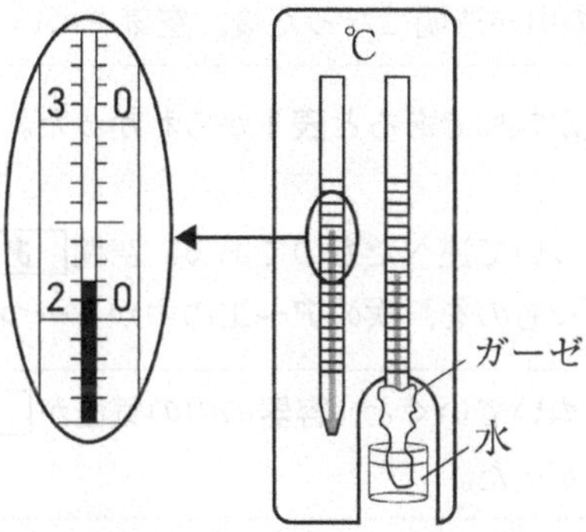

表1

乾球の示す温度[℃]	乾球と湿球の示す温度の差[℃]						
	0	1	2	3	4	5	6
25	100	92	84	76	68	61	54
24	100	91	83	75	68	60	53
23	100	91	83	75	67	59	52
22	100	91	82	74	66	58	50
21	100	91	82	73	65	57	49

【実験1】

図2のように，簡易真空容器の中にデジタル温度計，気圧計，口を閉じたゴム風船を入れてふたをした。次に，容器の中の空気をぬいていくと，気圧計の表示とゴム風船に変化が見られ，容器の中の温度が下がった。

図2

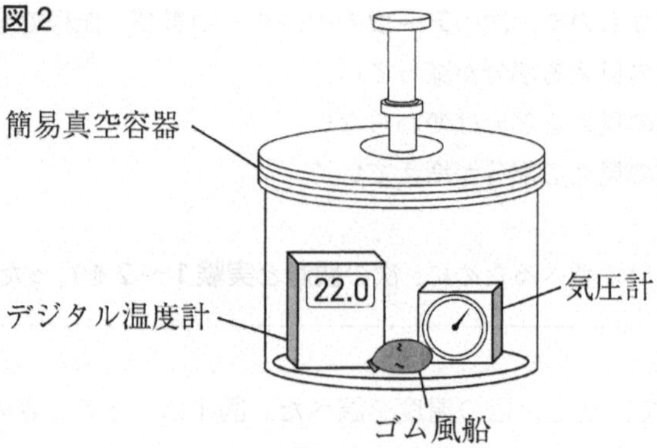

【実験2】

何も入っていない簡易真空容器の中に，少量の水と線香のけむりを入れてふたをし，しばらく放置した。容器の中が透明になった後，空気をぬいていくと，容器の中がくもった。

(1) **観測**の結果，湿度が74%であると**表1**からわかった。このときの湿球の示す温度は何℃か答えなさい。

(2) 次の文は**実験1**について述べたものである。空欄 あ ～ い に当てはまる語句の組み合わせとして最も適当なものを，次の**ア～エ**の中から一つ選び，記号で答えなさい。

容器の中の空気をぬいていくと，容器の中の気圧が あ ことにより，ゴム風船が い ，容器の中の温度が下がった。

	あ	い
ア	上がる	ふくらみ
イ	上がる	しぼみ

ウ	下がる	ふくらみ
エ	下がる	しぼみ

(3) **実験2**で，容器の中がくもったとき，実際に雲ができたのと同じ状態になったと考えられる。次の文は，水蒸気をふくむ空気が上昇し温度が下がるときに雲ができる理由を述べたものである。空欄 う に入る適当な文を「露点」と「水蒸気」という2つの語句を使って**20字以内**で答えなさい。

上昇した空気の温度が下がると， う から。

(4) 気温22℃，湿度74%の空気が上昇して雲ができはじめたとき，その空気の温度はおよそ何℃になっていると考えられるか答えなさい。ただし，それぞれの気温における飽和水蒸気量は**表2**のとおりとする。

表2

気温[℃]	12	13	14	15	16	17	18
飽和水蒸気量[g／m^3]	10.7	11.4	12.1	12.8	13.6	14.5	15.4
気温[℃]	19	20	21	22	23	24	
飽和水蒸気量[g／m^3]	16.3	17.3	18.3	19.4	20.6	21.8	

6 身近な生物の生殖について調べ，次のようにまとめた。以下の問いに答えなさい。

「ゾウリムシの生殖」

①単細胞生物のなかまであるゾウリムシを，顕微鏡を用いて観察したところ，**図1**のように，くびれができているゾウリムシが見られた。このゾウリムシについて調べたところ，②無性生殖を行っている様子であることがわかった。

図1

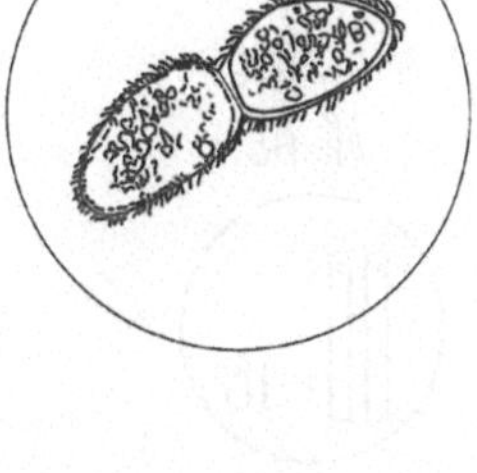

「アマガエルの生殖」

アマガエルが行う生殖について調べたところ，**図2**のように，精子や卵がつくられ，受精によって子がつくられる，③有性生殖を行うことがわかった。

図2

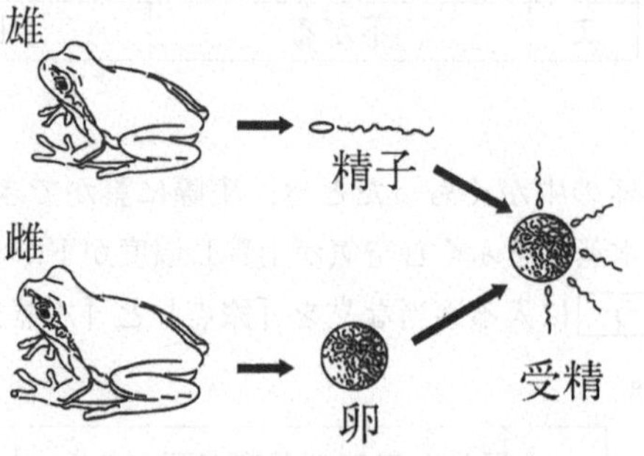

(1) 下線部①のなかまとして**誤っているもの**を，次の**ア**～**エ**の中から一つ選び，記号で答えなさい。

ア ミカヅキモ　**イ** アメーバ　**ウ** ミジンコ　**エ** 大腸菌

(2) 下線部②の例として**誤っているもの**を，次の**ア**～**エ**の中から一つ選び，記号で答えなさい。

ア 分裂　**イ** 出芽　**ウ** 受粉　**エ** 栄養生殖

(3) 下線部③に関して，以下の(ⅰ)～(ⅱ)の問いに答えなさい。ただし，生殖と発生は正常に行われているものとする。

(ⅰ) 精子や卵の形成として最も適当なものを，次の**ア**～**エ**の中から一つ選び，記号で答えなさい。

ア 精子や卵は減数分裂によってつくられ，それらの染色体の数は減数分裂する前の細胞の染色体数の4分の1になる

イ 精子や卵は減数分裂によってつくられ，それらの染色体の数は減数分裂する前の細胞の染色体数の2分の1になる

ウ 精子や卵は体細胞分裂によってつくられ，それらの染色体数は細胞分裂する前の細胞の染色体数と変わらない

エ 精子や卵は体細胞分裂によってつくられ，それらの染色体数は細胞分裂する前の細胞の2倍になる

(ⅱ) **図3**の雄親の精子と雌親の卵から形成される受精卵のもつ遺伝子の組み合わせは何通りあるか答えなさい。ただし，丸の中の棒は，染色体を模式的に表し，A，a，B，bは遺伝子を示している。

図3

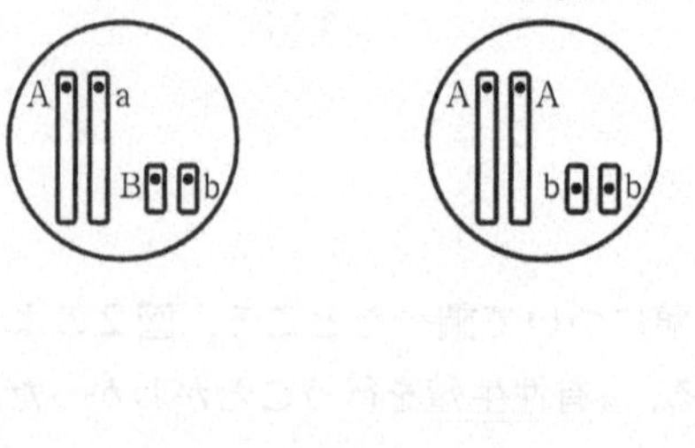

7 力のはたらきと圧力について調べるために，次の**実験1～3**を行った。以下の問いに答えなさい。ただし，100gの物体にはたらく重力の大きさを1Nとし，ばねや物体をつなぐ金具の質量は考えないものとする。

【実験1】

図1のように，質量40gの立方体の物体Aをばねにつるし静止した後，ばねの伸びを測定した。次に物体Aの数を1個ずつ増やしていき，ばねの伸びをそれぞれ測定した。**図2**は，得られた結果をもとにグラフをまとめたものである。

図1

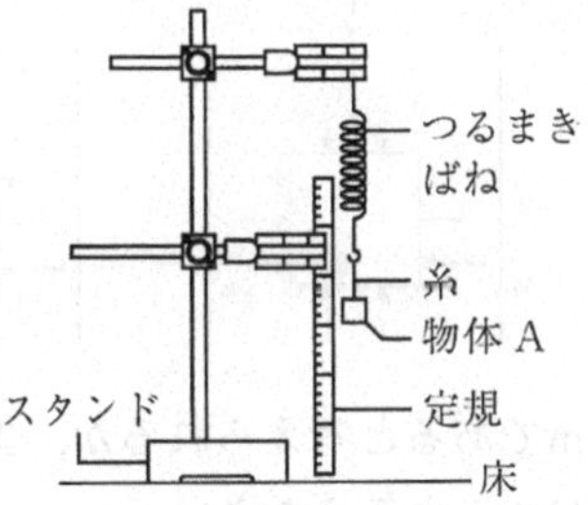

図2

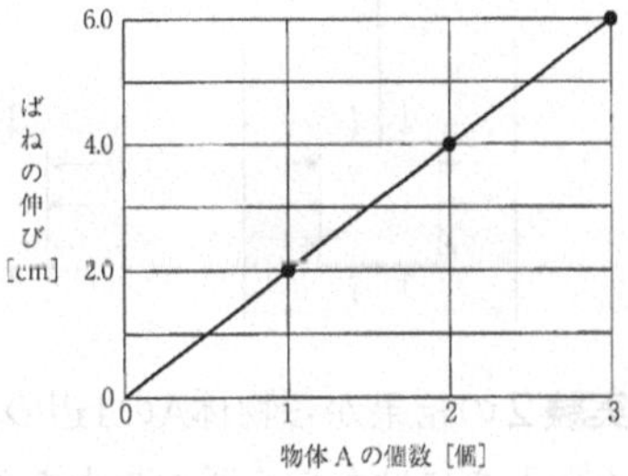

【実験2】

次に，**図3**のように，ばねに物体Aをつるし，水の入った水そうに物体Aの底面を水面と平行にして，水中にゆっくりと沈めていった。水面から物体底面までの距離とばねの伸びの関係を調べ，**図4**にまとめた。

図3

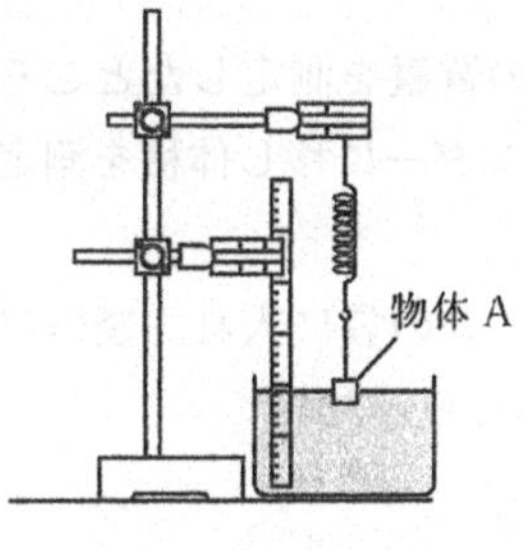

図4

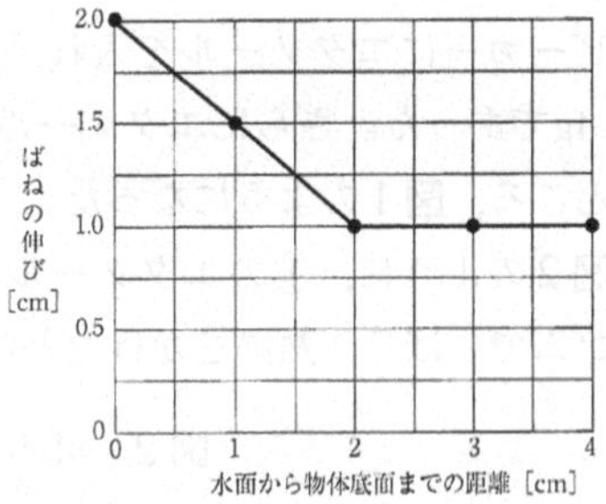

【実験3】

物体Aに質量150gの物体Bをつなぎ，水の入った水そうに入れ，つないだ物体が浮くか沈むか調べた。つないだ物体は**図5**のように浮かび，静止した。

図5

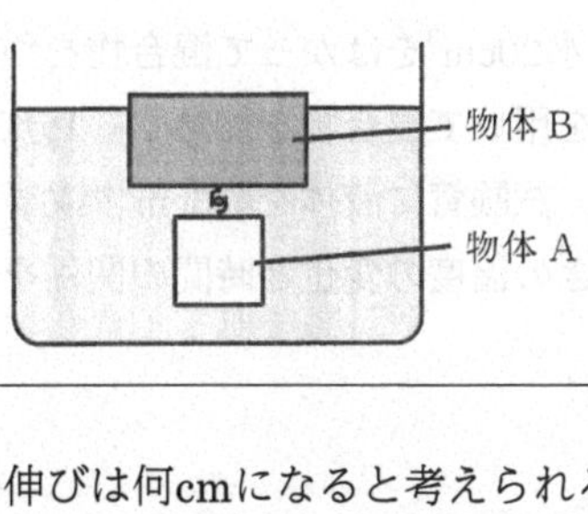

（1） 物体Aを5個つけたときのばねの伸びは何cmになると考えられるか答えなさい。

（2） ばねに力を加えるとばねが伸びたことと共通する，力のはたらきの現象について述べたものとして**誤っているもの**を，次の**ア～エ**の中から一つ選び，記号で答えなさい。

ア　輪ゴムを強く引っぱって離すと遠くに飛んだ

イ　自転車のタイヤに空気をたくさん入れると，運転しやすくなった

ウ　ベッドがフカフカだった

エ　糸を引っぱると千切れた

(３)　**実験２**で物体Aが水中にすべて沈んだとき，物体Aにはたらく水圧の向きと大きさを模式的に表したものとして最も適当なものを，次の**ア**～**エ**の中から一つ選び，記号で答えなさい。ただし，矢印の向きは水圧のはたらく向きを，矢印の長さは水圧の大きさを表している。

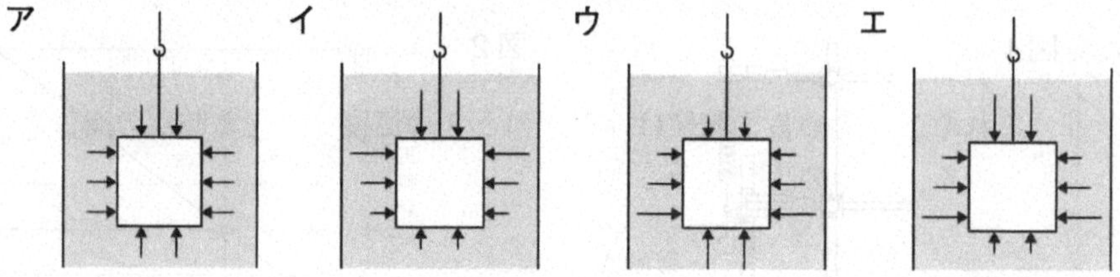

(４)　**実験２**の結果から物体Aの1辺の長さは何cmであると考えられるか，また，物体Aがすべて沈んだときにはたらく浮力の大きさはいくつになるか答えなさい。

(５)　**実験３**における物体Bにはたらく浮力の大きさはいくつになるか答えなさい。

8

エタノールの性質を調べるために，次の**実験１～３**を行った。以下の問いに答えなさい。

【実験１】

①　ビーカーにエタノールを入れ，エタノールの質量を測定したところ，31.4gであった。さらにエタノールをメスシリンダーに移し体積を測定したところ，**図１**のようになった。

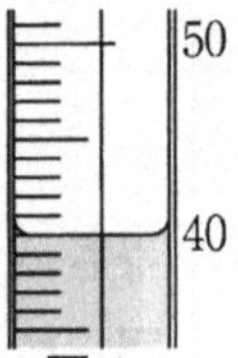

図１

②　**図２**のように，①のエタノールをポリエチレンの袋に入れ，袋の口を輪ゴムでしばり，熱湯をかけたところ，袋がふくらんだ。

図２　ポリエチレンの袋

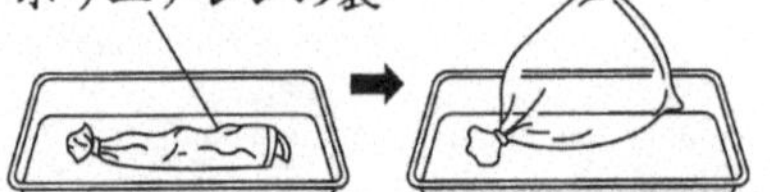

【実験２】

①　エタノール$5cm^3$と水$20cm^3$をはかって混合物をつくり，枝付きフラスコに入れた。

②　**図３**のような装置を用いて混合物を加熱し，1分ごとに温度を測定した。

③　混合物を沸騰させ，試験管に液体を約$3cm^3$集め，次の試験管にかえた。これを3本集めるまで続けた。このときの温度の変化と時間の関係を表したところ，**図４**のようになった。

図3

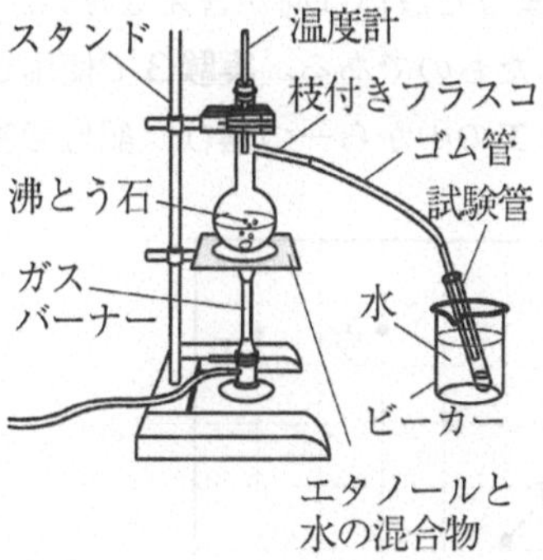

図4

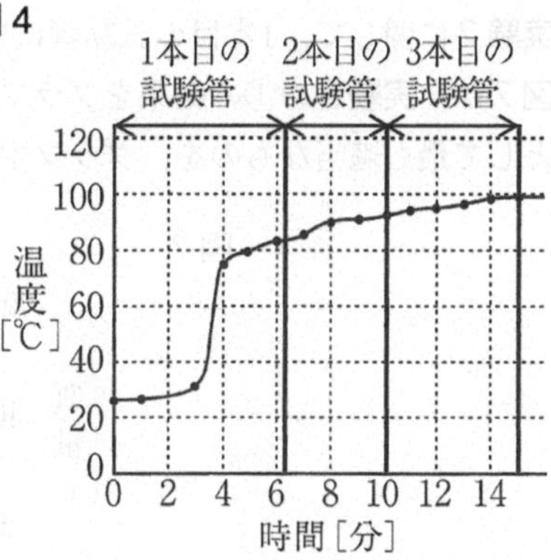

【実験3】

① **図5**のように，**実験2**で集めた試験管にポリプロピレンの小片を入れ，浮き沈みを調べた。また，**図6**のように，液体にひたしたろ紙に火をつけた時のようすを調べ，その結果を下の**表**にまとめた。

図5

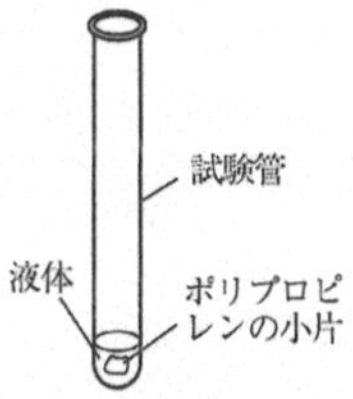

図6

表

	1本目	2本目	3本目
液体にポリプロピレンの小片を入れたとき	沈んだ	沈んだ	浮かんだ
液体にひたしたろ紙に火をつけたとき	燃えた	燃えた	燃えなかった

② ポリプロピレンとそれ以外のプラスチックを3つ用意し，それぞれの体積と質量を測定し，①の**図5**と同様の実験を行った。

（1） **実験1**の①に関して，**図1**のメスシリンダーの液面の目盛りを読み取りなさい。また，このエタノールの密度は何g／cm^3か**小数第3位を四捨五入して小数第2位まで**求めなさい。

（2） **実験1**の②に関して，ポリエチレンの袋がふくらんだのは，袋の中のエタノールが液体から気体に状態変化したためだと考えられる。このような状態変化を何というか，**漢字**で答えなさい。また，この状態変化が起こる理由を述べたものとして最も適当なものを，次の**ア**～**エ**の中から一つ選び，記号で答えなさい。

ア 粒子の大きさが大きくなったから　　**イ** 粒子の密度が大きくなったから

ウ 粒子の運動が激しくなったから　　**エ** 粒子の体積が小さくなったから

（3） **実験2**で，試験管を水の入っているビーカーに入れる目的を「枝付きフラスコから出た」という言葉に続くように，**15字以内**で答えなさい。

(４) **実験２**に関して，1本目の試験管に多く集まった液体は何か答えなさい。

(５) **図７**は，**実験３**の①の結果をグラフに表したものである。**実験３**で使用されたポリプロピレンとして最も適当なものを，グラフ中の**ア〜エ**の中から一つ選び，記号で答えなさい。

図７

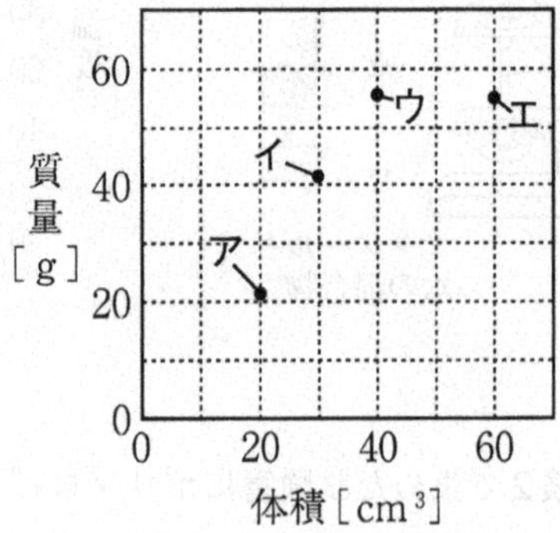

【社　会】（50分）〈満点：100点〉

1 日本や世界の地理に関する以下の問いに答えなさい。

（1）（資料1）はさとし君が夏休みの自由課題として作成した世界の国の特徴をまとめたカルタである。［A］にあてはまる国名を答えなさい。

（2）（資料1）の［A］の雨温図としてあてはまるものを，あとの(図1)のア～エの中から1つ選んで記号で答えなさい。

（資料1）

一人っ子政策(1979～2015年) 米・小麦の生産1位 【　中国　】	ルール工業地域 日本へ自動車や医薬品を輸出 【　ドイツ　】
EUからの離脱が決定(2016年) 通貨はポンド 【　イギリス　】	マレーシアから独立(1965年) 国の象徴はマーライオン 【　［A］　】
遊牧民の移動式住居はゲル 首都はウランバートル 【　モンゴル　】	アメリカの支援で建国(1948年) 日韓基本条約(1965年) 【　韓国　】
フランスから独立(1953年) 世界遺産アンコール・ワット 【　カンボジア　】	イギリスから独立(1948年) 昔はビルマという国名 【　ミャンマー　】

（図1）

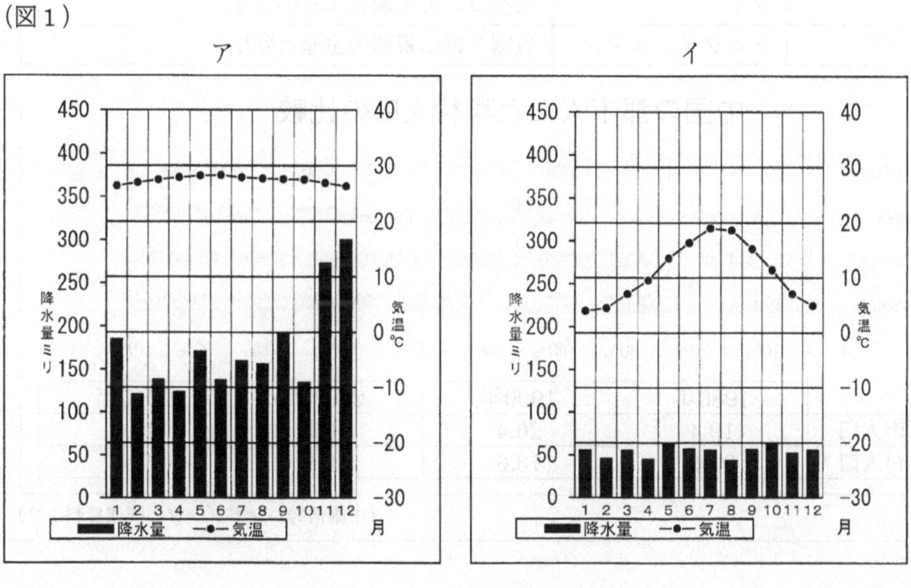

ウ

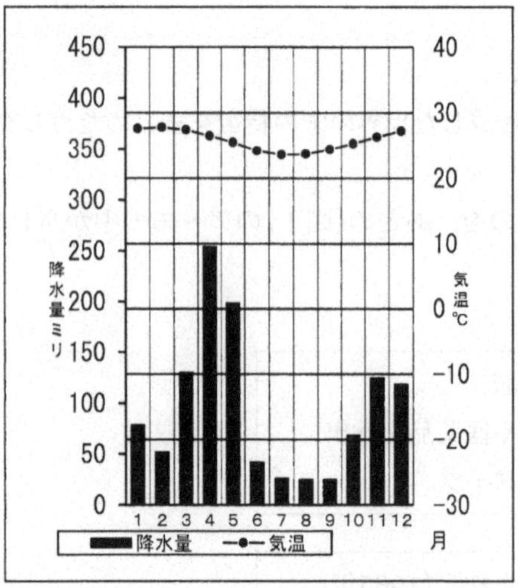

エ

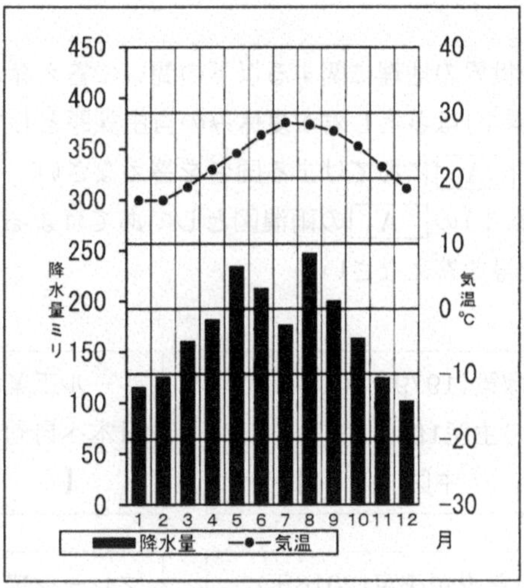

(3) (資料2)はアジアに関する資料をまとめたものである。

(資料2)

<急速に成長するアジア>

地域	国	特徴
東アジア	中国東部	aアモイ・シェンチェンに設置
	中国西部	鉄道や道路の整備・産業の育成
	韓国	第二次世界大戦後にいち早く経済成長した国や地域の一員となる＝ A
南アジア	インド	人口の約80%が B を信仰している
東南アジア	マレーシア	ルックイースト政策の実施
	ベトナム	ドイモイ政策の実施
	タイ	天然ゴムの生産とエビの養殖
中央アジア	トルクメニスタン	豊富な鉱山資源の生産と輸出

中国の都市人口と農村人口の比較

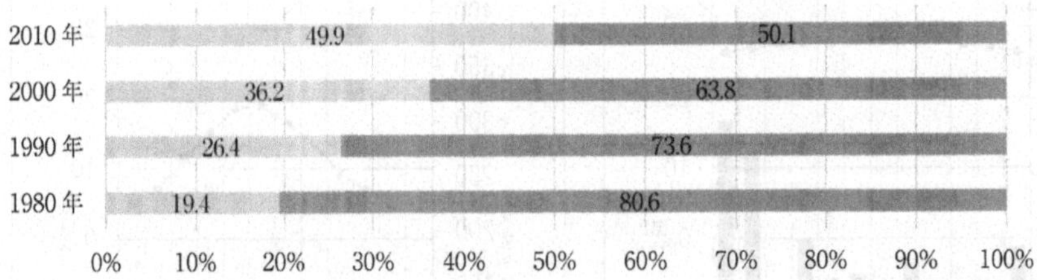

	1980年	1990年	2000年	2010年
都市人口	19.4	26.4	36.2	49.9
農村人口	80.6	73.6	63.8	50.1

(中国情勢ハンドブック・国連資料より)

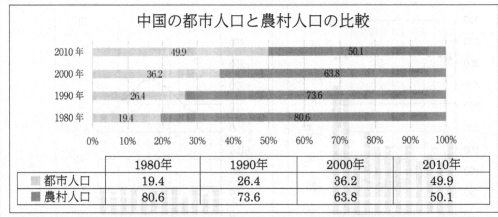

① 下線部aでは，1980年代から外国企業を誘致する地区を沿岸の5都市に設けた。この地区を何というか答えなさい。

② [A]にあてはまる語句を，次のア～エの中から1つ選んで記号で答えなさい。

ア ASEAN　　イ OPEC　　ウ NATO　　エ アジアNIES

③ [B]にあてはまる語句を，次のア～エの中から1つ選んで記号で答えなさい。

ア イスラーム　　イ キリスト教　　ウ ヒンドゥー教　　エ 仏教

④ 「中国の都市人口と農村人口の比較」より，中国西部に鉄道や道路を整備する計画を何というか答えなさい。

(4) (図2)は北アメリカの地図である。

(図2)

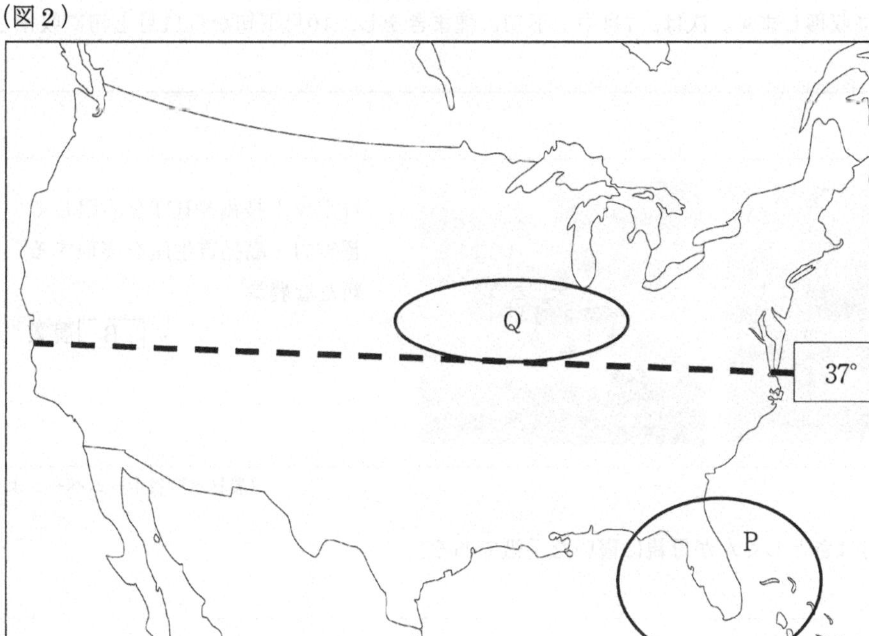

① 北緯37°付近から南に広がるICT関連産業が発達している地域を何というか答えなさい。

② Qの地域で主に栽培されている農作物を，次のア～エの中から1つ選んで記号で答えなさい。

ア とうもろこし　　イ オリーブ　　ウ 小麦　　エ 果樹

③ Pの地域で8月に発生する大きな被害をもたらす熱帯低気圧を何というか答えなさい。

(5) (資料3)はある資源に関する資料である。【X】にあてはまるものを，あとのア～エの中から1つ選んで記号で答えなさい。

(資料3)

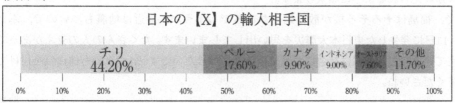

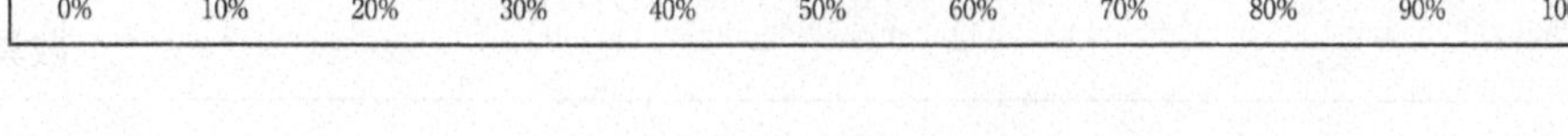

ア アルミニウム　　イ 鉄鉱石　　ウ 原油　　エ 銅鉱石

(6) (資料4)と(資料5)は農林水産省のホームページから抜粋したものである。 A ・ B の空欄を答えなさい。

(資料4)

【質問】

A の意味を教えてください。

【回答】

同じ田んぼで1年に2度稲を栽培し，収穫することです。高知県，鹿児島県，沖縄県など年間の平均気温が16℃以上のあたたかい地方で行われます。栽培時期としては，3月上・中旬に種まきをし，7月中に収穫します。次は，7月中・下旬に種まきをし，10月下旬から11月上旬に収穫します。

(資料5)

ロボット技術やICTを活用して
超省力・高品質生産を実現する
新たな農業
= B 農業

(農林水産省ホームページより)

(7) (資料6)はさとしくんが母親に書いた手紙である。

(資料6)

拝啓　お母さんへ

大学に入学し三週間がたちました。最初は戸惑うことも多かったけど，少しずつ大学の授業にも慣れてきました。大学は高校とは違い，自分で授業を決定し時間割を作らなくちゃいけないのですごく大変です。でも，自分の好きな授業を選択できるので，面白いことも多いです。さっそく時間割作成でロシア語を第二外国語として選択しました。初めて勉強するので楽しみです。ただ，残念なこともありました。せっかくロシア語を勉強するので，ロシア連邦への留学を考えていたのに中止になってしまいました。まさか2022年2月24日に始まったロシアの軍事侵攻がこんなに長期化するとは思いませんでした。それぞれの国の事情や状況はあるのかもしれませんが，やっぱり戦争は悲しいことです。一日でも早く平和になってほしいと願うばかりです。いつか留学という夢が叶えられるように頑張ります。

ところで，福島はそろそろ桜が散り始めたころでしょうか。最近は地震も多いので，ふと2011年3月11日に発生した東日本大震災を思い出してしまいます。たくさんの人の支えがあって大学に通えているので，将来は社会に貢献できる人になりたいです。いつまでも体に気を付けて元気でいてくださいね。

敬具

① （資料6）より2022年2月24日にロシアが侵攻を開始した国を，次のア～エの中から1つ選んで記号で答えなさい。

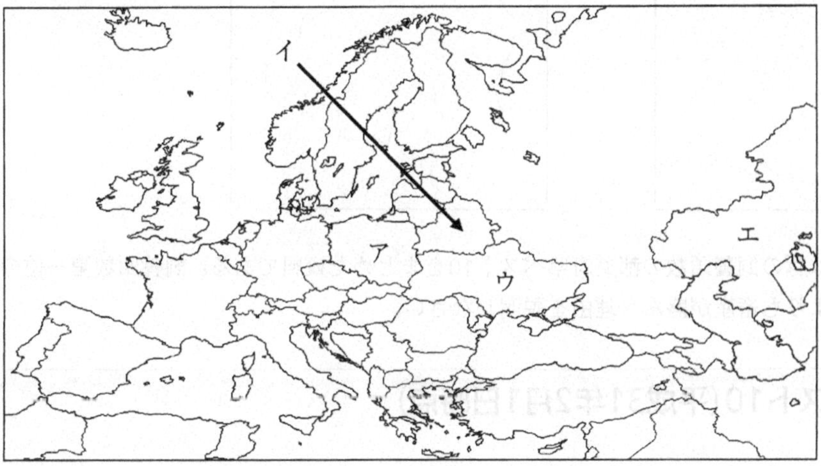

② （資料6）より2011年3月11日に発生した東日本大震災を受け，防災への取り組みを日頃より考えていくことが重要視されている。地震の発生に備えて気象庁は次のようなパンフレットを公開している。［A］の空欄を答えなさい。

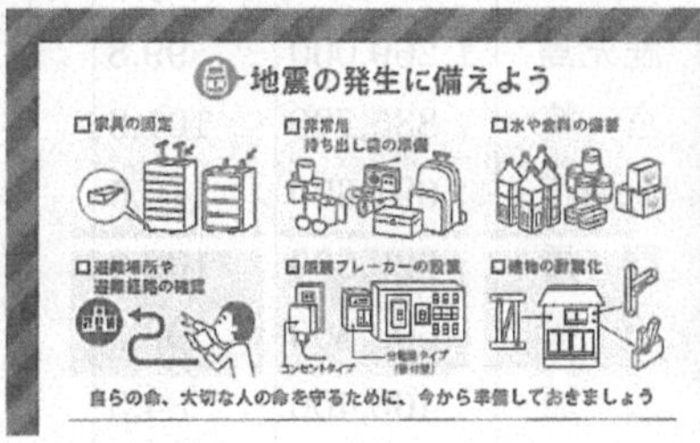

（気象庁ホームページより）

③ （資料6）よりさとしくんの故郷である福島県を，次のア～エの中から1つ選んで記号で答えなさい。

ア

イ

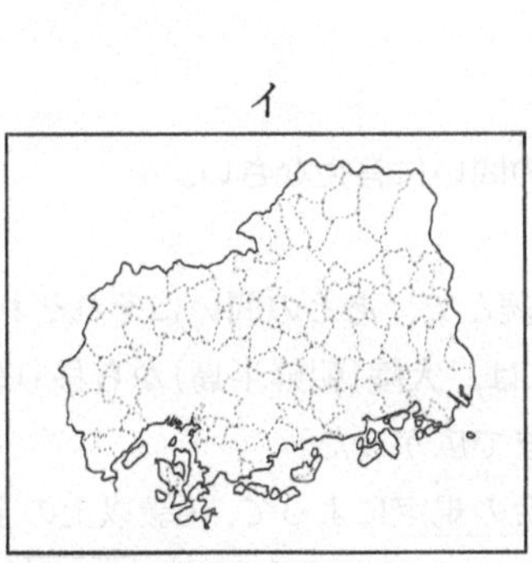

ウ

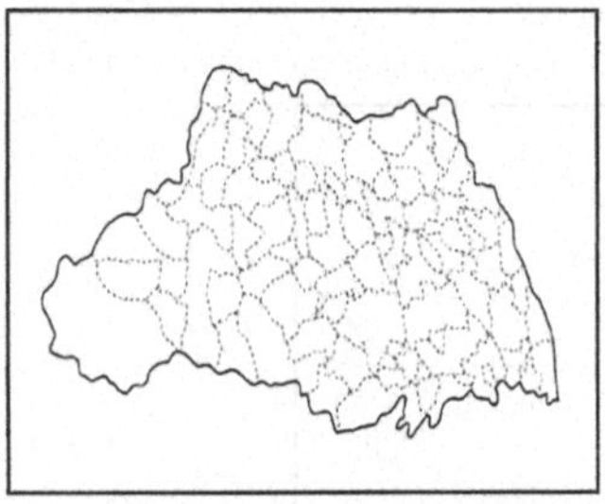

エ

（8）（資料7）は豚の飼養頭数の都道府県ベスト10をまとめた資料である。飼養頭数第一位の鹿児島県が稲作よりも畜産が盛んな理由を説明しなさい。

（資料7）

都道府県ベスト10（平成31年2月1日時点）

【 豚 】

順位（飼養頭数）		都道府県	飼養頭数			（参考）飼養戸数			1戸当たり頭数
今年	前年		〔頭〕	対前年比〔%〕	シェア〔%〕	〔戸〕	対前年比〔%〕	シェア〔%〕	〔頭〕
1	1	鹿児島	1,269,000	99.8	13.9	514	96.1	11.9	2468.9
2	2	宮　崎	835,700	101.6	9.1	441	98.2	10.2	1895.0
3	3	北海道	691,600	110.5	7.6	201	95.7	4.7	3440.8
4	5	群　馬	629,600	102.8	6.9	212	95.9	4.9	2969.8
5	4	千　葉	603,800	98.3	6.6	284	98.6	6.6	2126.1
6	6	茨　城	466,400	84.5	5.1	318	96.1	7.4	1466.7
7	8	栃　木	406,000	100.6	4.4	105	100.0	2.4	3866.7
8	7	岩　手	402,400	95.7	4.4	105	95.5	2.4	3832.4
9	10	愛　知	352,700	106.0	3.9	197	99.5	4.6	1790.4
10	9	青　森	351,800	97.9	3.8	73	92.4	1.7	4819.2
全　国			9,156,000	99.6	100.0	4,320	96.6	100.0	2119.4

資料：農林水産省「畜産統計」

（農林水産省ホームページより）

2 歴史に関する以下の問いに答えなさい。

Ⅰ．次のA～Gの各文を読んで，あとの問いにそれぞれ答えなさい。

A　a紀元前4世紀ごろには，大陸（朝鮮半島）から移り住んだ人々により，稲作が九州北部に伝えられ，やがて東日本にまで広がった。

B　a奈良時代にはb律令の規定によって，6歳以上の全ての人々には口分田が与えられた。

C　a遣唐使の派遣が途絶した平安時代後期，［ b ］船の来航が盛んとなり，輸入された多くの高級織物や香料，[b]銭・書籍などは，日本の文化や経済に大きな影響を与えた。

D　農業技術は，鎌倉時代には一層発達し，一般農民の間にもa牛馬の使用や農具の普及がめざましく，畿内や西日本では，[b]を裏作とする二毛作が行われ，[c]などの肥料の使用も広まった。

E　a室町時代には，鉄製農具や牛馬の使用が一層普及し，稲の品種改良も進んだ。

F　江戸時代には，幕府や藩は年貢の収入を増やすため用水路をつくったり，海や広い沼地を干拓したりして，大きな[a]開発を行った。また，荒地を開墾する農民の努力もあって，農地面積は，18世紀初めにはb豊臣秀吉のころの約2倍に増えた。農機具などの改良も一段と進み，耕作具としての[c]や穀粒選別具や揚水機など各種農機具の発明改良が行われた。また，宮崎安貞の「農業全書」などの農業書が刊行されて農業の発展に寄与した。

G　明治維新以後の農業は，急速な発展を遂げた工業に比べるとにぶかったが，堆肥や大豆粕などの肥料の使用，品種改良などによって単位面積当たりの生産が急増した。a太平洋戦争後は，[b]によって小作人の自作農化が図られた。

（1）　Aの文中の下線部aについて，次のa～eの説明として誤っているものの組み合わせを，あとのア～エの中から1つ選んで記号で答えなさい。

a　このころ銅剣や銅矛がつくられた。

b　このころの遺跡として吉野ヶ里遺跡がある。

c　このころ須恵器がつくられた。

d　このころ前方後円墳がつくられた。

e　このころの人々は，たて穴住居に住んでいた。

ア　a・c・d　　イ　c・d・e　　ウ　a・c・e　　エ　b・c・d

（2）　Bの文中の下線部aについて，このころの仏教の性格について説明しなさい。

（3）　Bの文中の下線部bについて，次の文中の[　]にあてはまる語句を，あとのア～エの中から1つ選んで記号で答えなさい。

> 次の歌は律令で定められ，九州に送られた[　]という兵士の歌である。この歌は万葉集という歌集に収められている。
> 「から衣　すそに取りつき　泣く子らを　置きてぞ来ぬや　母なしにして」

ア　防人　　イ　国司　　ウ　僧兵　　エ　郡司

（4）　Cの文中の下線部aの説明として正しいものを，次のア～エの中から1つ選んで記号で答えなさい。

ア　第1回遣唐使は，小野妹子らが送られた。

イ　阿倍仲麻呂のように，唐にわたって位の高い役人となり帰国できなかった人もいた。

ウ　鑑真は遣唐使にともなわれて来日し，東大寺を建てた。

エ　遣唐使に任命された菅原道真は，唐の勢力が日本におよぶのをおそれ，遣唐使の停止を訴えた。

（5）　Cの文中の[b]にあてはまる国名を，次のア～エの中から1つ選んで記号で答えなさい。

ア　隋　　イ　元　　ウ　宋　　エ　明

（6）　Dの文中の下線部aの説明として誤っているものを，次のア～エの中から1つ選んで記号で答えなさい。

ア　古墳時代，馬をかたどった埴輪がつくられた。

イ　室町時代，交通の盛んなところでは，物資を馬で運ぶ馬借が活動した。

ウ　江戸時代，えた身分は死んだ牛馬の解体や皮革業，雪駄づくり，雑業などをして生活した。

エ　太平洋戦争後まで，日本では牛を食する習慣はなかった。

(7)　Dの文中の b ・ c にあてはまる語句の組み合わせとして正しいものを，次のア～エの中から1つ選んで記号で答えなさい。

ア　b　粟　c　草木灰　　イ　b　麦　c　干鰯

ウ　b　麦　c　草木灰　　エ　b　粟　c　牛馬のふん

(8)　Eの文中の下線部aについて，次のア～オのできごとを時代順に並べた時に，3番目となるものを，1つ選んで記号で答えなさい。

ア　応仁の乱がおこる　　イ　正長の徳政一揆がおこる

ウ　慈照寺銀閣ができる　　エ　勘合貿易がはじまる

オ　李成桂が朝鮮国を建てる

(9)　Fの文中の a にあてはまる語句を答えなさい。

(10)　Fの文中の下線部bのころ描かれた作品を，次のア～エの中から1つ選んで記号で答えなさい。

ア

イ

ウ

エ

(11)　Fの文中の c にあてはまる農具を，次のア～エの中から1つ選んで記号で答えなさい。

ア

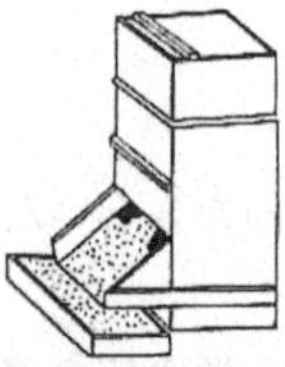

イ

ウ

エ

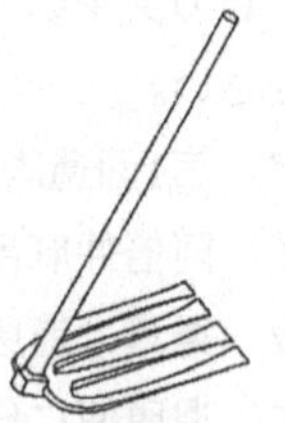

(12)　Gの文中の下線部aでは，昨年は沖縄返還50周年を迎えた。その沖縄返還を実現させた当時の首相として正しいものを，次のア～エの中から1つ選んで記号で答えなさい。

ア　田中角栄　　イ　佐藤栄作　　ウ　岸信介　　エ　池田勇人

(13)　Gの文中の b にあてはまる語句を答えなさい。

Ⅱ．次のA～Fの各文を読んで，あとの問いにそれぞれ答えなさい。

A　彼は，ドイツでローマ教皇の方針を批判し，聖書のみに基づく教会をめざした。

B　彼は，ゲティスバーグでの演説で，「人民の，人民による，人民のための政治」を訴えた。

C　彼は，三民主義を唱えて，アジアで最初の共和国である中華民国を建国した。

D　彼の提案を基にして，世界平和と国際協調を目的とする国際連盟が発足した。

E　彼が率いる共産党は，蔣介石を指導者とする国民党に呼びかけて，内戦を停止した。

F　彼がソ連共産党書記長の時，アメリカのブッシュ大統領と地中海のマルタ島で会談し，冷戦の終結を宣言した。

(１)　Aの文について，日本のキリスト教についての説明として誤っているものを，次のア～エの中から1つ選んで記号で答えなさい。

ア　ザビエルは，Aの文中にある彼の教えに従って，日本にキリスト教を伝えた。

イ　戦国大名の中には，領内の港に南蛮船を呼ぶため，キリスト教徒になるものも現れた。

ウ　キリスト教徒への迫害や，重い年貢の取り立てに苦しんだ島原や天草の人々は，1637年に天草四郎という少年を大将に一揆をおこした。

エ　明治新政府はキリスト教の信仰を事実上黙認したため，次第に広まっていった。

(２)　幕末，アメリカはペリー来航により日本を開国させたが，Bの文中にある戦争中のため，ある国の貿易額が圧倒的に多かった。その国として正しいものを，次のア～エの中から1つ選んで記号で答えなさい。

ア　ドイツ　　　イ　フランス　　　ウ　イギリス　　　エ　オランダ

(３)　Cの革命がおこった年に，日本が欧米諸国と結んだ不平等条約が回復した。これにより，条約上対等の地位を得ることができた。この時，回復した権利を何というか答えなさい。

(４)　Dの文中にある国際連盟に日本が加盟し，(史料１)の新聞記事にいたるまでの経緯を，次の2つの語句を使って説明しなさい。

リットン報告書　　　満州国

(史料１)

聯盟よさらば！遂に協力の方途盡く

總會勸告書を採擇し

我が代表堂々退場す

四十二對一票、棄權一

支那側勸告受諾

第六項の權利强調

けふ閣議で正式に

脱退方針を決定

聯盟離脱の最終手續

第五項

(5)　Eの文中の内戦停止以後のできごととして正しいものを，次のア～エの中から1つ選んで記号で答えなさい。

ア　五・一五事件がおこる　　イ　治安維持法が制定される
ウ　張作霖爆殺事件がおこる　　エ　日独伊三国同盟を結ぶ

(6)　Fの文について，(図1)は冷戦の象徴とするものが取り壊されている様子である。この象徴とされているものを何というか答えなさい。

(図1)

(7)　A～Fの文中の「彼」にあてはまらない人物を，次のア～クの中から2つ選んで記号で答えなさい。

ア　毛沢東　　イ　ゴルバチョフ　　ウ　リンカン　　エ　ルター
オ　カルバン　　カ　ウィルソン　　キ　孫文　　ク　袁世凱

3　個人の尊重，日本の選挙制度と国会に関する以下の問いに答えなさい。

(1)　(図1)は自由に生きる権利，豊かに生きる権利に関するものである。自由権，社会権，平等権に関するあとの問いに答えなさい。

(図1)

<table>
<tr><td>a自由権</td><td>b社会権</td><td>参政権など</td></tr>
<tr><td colspan="3">c平等権</td></tr>
</table>

①　下線部aに関して，経済の自由にあてはまるものを，次のア～エの中から1つ選んで記号で答えなさい。

ア　自由に発言できる
イ　手続きなしには逮捕されない
ウ　本や新聞が検閲《けんえつ》されない
エ　お金や貴金属などの財産をもてる

②　下線部bに関して，生存権を規定したものとして□の日本国憲法第25条がある。条文中

の空欄(A)と(B)にあてはまる正しい組み合わせを，次のア～エの中から1つ選んで記号で答えなさい。

日本国憲法第25条

すべて国民は，(A)で文化的な(B)の生活を営む権利を有する

ア (A) 健康 (B) 最低限度　　イ (A) 健康 (B) 最高
ウ (A) 安全 (B) 最高　　エ (A) 安全 (B) 最低限度

③ 下線部bに関して，労働三権のうち団体交渉権について述べた文として正しいものを，次のア～エの中から1つ選んで記号で答えなさい。

ア 要求の実現を求めて，ストライキなどをおこなう権利。
イ 労働組合が賃金などの労働条件の改善を目指して，雇い主と話し合いをする権利。
ウ 要求の実現を求めて，作業能率を落とす権利。
エ 労働者が団結して行動するための組織である労働組合を作る権利。

④ 下線部cに関して，1989年に国際連合で採択され日本が1994年に批准した，子どもの人権に関する条約としてあてはまるものを，次のア～エの中から1つ選んで記号で答えなさい。

ア サンフランシスコ平和条約　　イ 女子差別撤廃条約
ウ 子ども(児童)の権利条約　　エ 国際人権規約

⑤ 下線部cに関して，障がいの有無にかかわらず，全ての人が区別されることなく，社会生活を実現することを何というか，次のア～エの中から1つ選んで記号で答えなさい。

ア バリアフリー　　イ 男女雇用機会均等法
ウ ユニバーサルデザイン　　エ ノーマライゼーション

(2) 明治時代から現在の選挙制度に関するあとの問いに答えなさい。

(資料1)

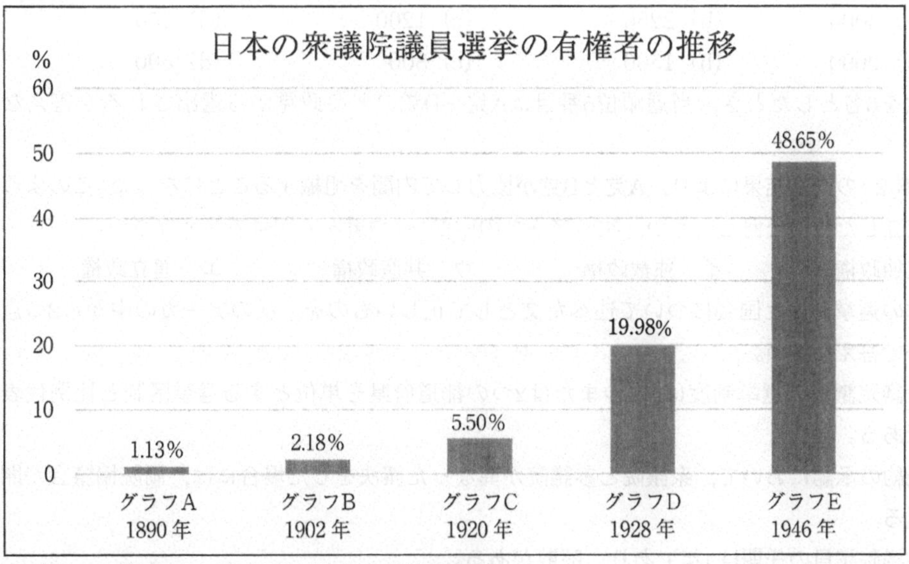

※グラフの割合は，総人口に対する有権者比率

① (資料1)は日本の衆議院議員選挙の有権者の推移を示したものである。グラフAは，日本で初めて行われた選挙である。大日本帝国憲法とともに衆議院議員選挙法が公布された。この法律が公布されたのは西暦何年か答えなさい。

② グラフCからグラフDにかけて，有権者が大きく増えているのはなぜか説明しなさい。

③ グラフDからグラフEにかけて，有権者が大きく増えているのはなぜか説明しなさい。

④ グラフE以降，現在の日本でおこなわれている選挙の4原則として，誤っているものを次のア～エの中から1つ選んで記号で答えなさい。

ア 普通選挙　イ 平等選挙　ウ 秘密選挙　エ 間接選挙

(3) 日本の選挙制度と国会に関するあとの問いに答えなさい。

(資料2)

政党名	A党	B党	C党	D党
得票数	12000	9000	4800	1800
1	12000	9000	4800	1800
2	6000	4500	2400	900
3	(a)	(b)	(c)	(d)

① (資料2)は，ある地域の比例代表制選挙の結果を示したものである。比例代表選挙の議席の計算方法を何というか，次のア～エの中から選んで記号で答えなさい。

ア ドント式　イ 平等式　ウ グローバル式　エ 全会一致式

② (資料2)の(a)～(b)に入る数字として正しいものを，次のア～エの中から選んで記号で答えなさい。

ア (a) 6000　(b) 4500　(c) 2400　(d) 900
イ (a) 4000　(b) 3000　(c) 1600　(d) 600
ウ (a) 3000　(b) 2250　(c) 1200　(d) 450
エ (a) 2000　(b) 1500　(c) 800　(d) 300

③ 定数を6名としたとき，当選順位5番目はA党～D党のどの政党から選出されるか答えなさい。

④ (資料2)の選挙結果により，A党とB党が協力して内閣を組織することになった。このようにして成立した政権を何というか，次のア～エの中から1つ選んで記号で答えなさい。

ア 単独政権　イ 独裁政権　ウ 共産政権　エ 連立政権

⑤ 日本の選挙制度と国会について述べた文として正しいものを，次のア～カの中から2つ選んで記号で答えなさい。

ア 衆議院議員の選挙制度は，1つまたは2つの都道府県を単位とする選挙区制と比例代表制である。

イ 条約の承認において，衆議院と参議院が異なった議決をした場合には，両院協議会が開かれる。

ウ 参議院議員の任期は4年であり，解散がある。

エ 衆議院議員選挙では，有権者は小選挙区制と比例代表制にそれぞれ一票ずつ投票する。

オ　衆議院解散後の総選挙がおこなわれたのち，30日以内に招集され内閣総理大臣が指名される国会は通常国会である。

カ　参議院議員の被選挙権は，満25歳以上である。

値がある

エ　身分の低い人の話は、だれの話よりも耳を傾ける必要がある

問六　本文の内容に合致するものとして適切なものを次の選択肢から一つ選び、記号で答えなさい。

ア　高名の木登りといわれた男が、高い木に登り枝を切ろうとした。

イ　木に登った男は、軒長の高さでも飛び降りることはできないと言った。

ウ　高名の木登りといわれた男は、恐怖心があるうちは問題ないと考えている。

エ　作者は、難しい蹴鞠も、簡単だと思えば必ず成功できると考えている。

うとする強い責任感を持った人物。

エ　部長の地位に思い上がることがなく相手の意見を素直に受け入れることができ、努力を惜しまない姿勢から同級生だけでなく上級生にも慕われている人物。

2　※問題に使用された作品の著作権者が二次使用の許可を出していないため、問題を掲載しておりません。

（出展：本川達雄「生物学的文明論」による。）

3　A は『徒然草』第百九段の内容であり、B はこれを学習した生徒と先生の会話である。これらの文を読んで後の問いに答えなさい。

A　高名※1の木のぼりといひしをのこ、人をおきてて※2、高き木にのぼせて①**こずゑ**を切らせしに、いと危く見えしほどは②**いふ**事もなくて、下るる時に、③**軒長ばかりになりて**、あやまちすな。心して下りよと言葉をかけ侍りしを、「かばかりになりては、飛びおるるともおりなん。如何《いか》に④**かく**言ふぞ」と申し侍《はべ》りしかば、「その事に候《さうら》ふ。目くるめき、枝危きほどは、おのれが恐れ侍れば、申さず。あやまちは、易き所になりて、必ず仕《つかまつ》る事に候ふ」といふ。

あやしき下臈《げろう》※3なれども、聖人のいましめにかなへり。鞠《まり》も、難《かた》き所を蹴出してのち、やすく思へば、必ず落つと侍るやらん。

（『徒然草』による。）

※1　高名…ある事について評判が高いこと

※2　おきてて…指図する

※3　下臈…身分が低い者

B

生徒「なるほど。この話を書いた X は、簡単だからと言って気を抜いてはいけない、ということが言いたかったんですね。」

先生「そうですね。まさに『 Y 』ですね。」

生徒「その四字熟語、聞いたことあります。」

先生「また、最後の段落の『あやしき下臈なれども、聖人のいましめにかなへり。』という言葉からは、 Z ということも読み取れそうですね。」

問一　**傍線部①「こずゑ」**、**傍線部②「いふ」**を現代仮名遣いに改めて答えなさい。

問二　**傍線部③「軒長ばかりになりて」**とあるが、この時に男が声をかけた理由を三十字以上三十五字以内で説明しなさい。

問三　**傍線部④「かく」**が指す内容を本文中から抜き出し、最初と最後の五字を答えなさい。

問四　空欄Xに入る人物名、空欄Yに入る言葉をそれぞれ四字で答えなさい。

問五　空欄Zに入る言葉として最も適切なものを次の選択肢から一つ選び、記号で答えなさい。

ア　どのような身分の人の話であっても、耳を傾ける価値がある

イ　身分の低い人の話は、聖人のような身分の高い人の話にはかなわない

ウ　どのような身分の人の話よりも、聖人の話には耳を傾ける価

越谷先輩が自分の顔を指さしながら、周囲に念を押すように言う。

池辺先輩が「誰も盗《と》りません」と言って、ほんの少し笑いが起こって、きりりと冷えていた教室が温かくなる。

「じゃあ、練習始めまーす」

遠くからトランペットの音が聞こえた。空を裂くように鋭い音は、間違いなく堂林だ。瑛太郎は彼を副部長に任命した。その音は、同じパートの部員をなぎ払うようだった。

(額賀澪『風に恋う』による。)

問一　**二重傍線部a～e**のカタカナを漢字に直して答えなさい。

a **センネン**　b **ジッセキ**　c **スキマ**

d **オダ**やか　e **ソッセン**

問二　**傍線部①「玲於奈が静かに振り返り、瞳を揺らして、基を凝視した。」**とあるが、このときの玲於奈の心情として最も適切なものを次の選択肢から一つ選び、記号で答えなさい。

ア　中学生の時から憧れていた不破から部長に任命されたのに、部長として頼りない基の言動に対して憤りを感じている。

イ　部長から外されたことで他の部員からの視線が気になり、その場の気まずさからすぐにでも解放されたいと思っている。

ウ　目標を達成するために部長として吹奏楽部を引っ張ってきたにもかかわらず、後輩の基が部長に指名され動揺している。

エ　任命されたことに驚いている基がどのような発言をするかを考えると胸が高鳴り、幼馴染みとして喜びを感じている。

問三　**傍線部②「鋭利な視線」**とあるが、このときの池辺の心情として最も適切なものを次の選択肢から一つ選び、記号で答えなさい。

ア　同じサックスパートの後輩が部長に指名されたことで、先輩としてサックスの演奏では絶対に負けたくないと思っている。

イ　目標を達成するために練習を早く始めたいのに後輩の基が練習前に長く話していることに腹立たしく思っている。

ウ　好意を抱いている鳴神先輩から部長の座を奪った不破先生と基に対して不満を感じ、一緒に活動したくないと思っている。

エ　入部間もない後輩が吹奏楽の名門高校の部長に選ばれたことが面白くなく、部長として認めたくないと思っている。

問四　**傍線部③「越谷先輩は隣に座っていた池辺先輩の椅子の足を爪先でこん、と蹴る。」**とあるが、越谷が池辺の椅子を蹴った理由を五十字以上六十字以内で答えなさい。(句読点含む。)

問五　文章全体を通して茶園基の人物像を最も適切に説明しているものを次の選択肢から一つ選び、記号で答えなさい。

ア　好奇心旺盛でサックスが上達するためなら新しい練習方法を取り入れる前向きな面があり、ネガティブな感情を表に出さない落ち着きのある人物。

イ　周囲の人の思いをくみ取ることができ、全国大会出場という目標を達成するためならどのような場面でも臆することなく行動できる真面目な人物。

ウ　鳴神のためなら自分がしたくないことでも手を抜くことがなく、上級生に対しても正面から向き合い最後までやり遂げよ

音楽室がどよめく。①**玲於奈が静かに振り返り、瞳を揺らして、基を凝視した。**

（中略）

「今日から部長として、改めてよろしくお願いします」
サックスパートの練習の前に、基は同じパートの先輩達にそう頭を下げた。サックスパートは基を入れて七人。一年生が二人で、あとの五人はみんな先輩だ。昨日の放課後に部長として挨拶はしたけれど、同じパートの先輩達には改めて伝えたかった。
基礎練習前の椅子の並びは半月状で、アルトサックス、テナーサックス、バリトンサックスと、形の違う楽器が基を取り囲んでいる。
「僕を部長にと決めたのは瑛太郎先生ですけど、引き受けたのは僕の意志です。先輩方はいろいろと思うところもあると思いますが……」
話の途中で、二年の池辺先輩が喉を鳴らした。あまりにあからさまだった。縁なしの眼鏡の向こうから、②**鋭利な視線**が基へ飛んでくる。
ちらりと、三年の越谷先輩を見た。自分の楽器を膝にのせ、彼は真っ直ぐ基を見ていた。話を遮るだけ遮って目を伏せたままの池辺先輩や、不満げな様子のまま顔を背けている他の二年生や、居心地悪そうに視線を泳がせている同級生とも、違う。
「僕、『僕なんかが部長になってすみません』とは言いませんから」
一人ひとりを見つめて、そう言い放った。強がっている。今、自分は爪先にぐっと力を入れて、必死に背伸びをしている。でも、気丈に振る舞わないといけない。じゃないと、自分はどうして玲於奈を泣かせてまで部長になったんだ。
「格好いいこと言うなあ、茶園は」
越谷先輩の手がするりと楽器から離れた。「よしよし、わかったわかった」と、小さな拍手をする。木々のc**スキマ**から木漏れ日が落ちるような、d**オダ**やかな顔で。
「鳴神から昨夜ＬＩＮＥが来てさ。後輩が部長をやることを不満に思うのはわかるけど、三年がe**ソッセン**して部長の足を引っ張るようなことのないように、ってお達しが三年全員に回ってるんだよ。鳴神にそう言われちゃあ、嫌ですなんて誰も言えない」
昨夜、自分と話したあと、玲於奈は部屋に戻ってそんなことをしていたのか。
「俺もさあ、思うところがないわけじゃないんだけど、俺がパート内で茶園に冷たく当たったりすると、パート練がとんでもない空気になるだろ？　それは嫌だから、とりあえず俺は茶園をサポートしようかなと思います」
言いながら、③**越谷先輩は隣に座っていた池辺先輩の椅子の足を爪先でこん、と蹴る。**池辺先輩は口をへの字にして、基を睨みつけてきた。
まさか、全員がいきなり受け入れてくれるとは思わない。もし自分が池辺先輩の立場だったら、同じことをしたかもしれない。
でもとりあえず、今は三年の越谷先輩が「応援する」と言ってくれるだけ、幸せだ。「一年が生意気なこと言ってんじゃねえ」と胸ぐらを摑まれるくらいの覚悟は、していたから。
「ありがとうございます。よろしくお願いします」
「あ、言っとくけど、サックスのパートのリーダーは俺だからな？そこ、忘れるなよ」

【国語】〈五〇分〉〈満点：一〇〇点〉

1 次の文章を読んで後の問いに答えなさい。

茶園基《ちゃぞのもとき》は、憧れていた吹奏楽の強豪校である千間《せんげん》学院高校に進学した。基の幼馴染《おさななじ》みの鳴神玲於奈《なるかみれおな》（高校三年生）が部長を務め、全日本吹奏楽コンクール出場を目指して活動していた。しかし、今の吹奏楽部にはかつての栄光など見る影もなかった。全日本吹奏楽コンクールに再び出場させるために、ＯＢの不破《ふわ》瑛太郎が吹奏楽部の外部指導者としてコーチに就任した。不破は全部員と面談を行い、高校一年生の基を部長にすることに決めた。以下は、不破が基を部長に指名し、その翌日に基が部長として吹奏楽部の先輩と会話をする場面である。

「六年だ。もう六年、千学は全日本に出ていない。それが長いか短いかは俺が判断することじゃない。ただ学院は《長い》と判断した。三好先生も体調が優れないし、顧問を替えて、今後はコンクールに出場しない方針になるかもしれない。それなら朝から晩まで練習する必要もないし、君達は勉強にａセンネンできる。大学合格ｂジッセキが上がって学院は万々歳。吹奏楽部が使っていた予算を、活躍している他の部に回すこともできる」

瑛太郎は《かもしれない》と言った。でも、仮定の話だと受け取った人間はいないだろう。

「というわけで、俺はコーチとして君達を全日本に連れて行かないといけない。君達もこの通り全日本を目標としてる。目標は一致してるわけだ。お互い頑張ろうじゃないか」

瑛太郎の口元が笑った。とてもじゃないが、基は頬を緩めることができなかった。

「一ケ月考えたんだが、まずは一度、この部をぶっ壊すところから始めようと決めた」

突然、瑛太郎が指揮者用の譜面台に置いてあった指揮棒を取った。条件反射で首から提げたアルトサックスに手をやってしまう。

その白く鋭い切っ先は、何かの輪郭をなぞるようにして空を掻き——基を差した。

「手始めに、部長を一年の茶園基に替える」

瑛太郎の声は、時を止める魔法をまとっていた。静まりかえった音楽室で、基は気がついたら立ち上がっていた。

サックスのベルが譜面台に当たり、倒れる。音を立てて楽譜が周辺に散らばった。

「茶園」

呼ばないでくれ。頼むから、いつか僕を魅了した声で、僕の名前を呼ばないでくれ。

「一緒に全日本吹奏楽コンクールに行く部を作ろうか」

今度こそ、瑛太郎が笑った。目の奥をきらりと光らせて、彼が高校三年生のときのように。全日本吹奏楽コンクールに出場したときのように。

「はい」

口が勝手に動いた。

2023年度

解答と解説

《2023年度の配点は解答欄に掲載してあります。》

＜数学解答＞

1 (1) 5 (2) -5 (3) $\frac{1}{24}$ (4) $-6\sqrt{3}$ (5) x^2-2

2 (1) $x=2$, $y=-1$ (2) $x=2$, 3 (3) 平均値 $\frac{21}{4}$, 中央値 $\frac{11}{2}$

(4) $-8≦y≦0$ (5) $\angle x=43°$, $\angle y=19°$

3 (1) 192 (2) 11 (3) 20 (4) 21 (5) 901

4 (1) 540° (2) ア 108 イ 36 ウ 72 エ 2組の角がそれぞれ等しい

(3) $\frac{3+3\sqrt{5}}{2}$ (4) $\frac{-3+3\sqrt{5}}{2}$

5 (1) 4 (2) $a=-\frac{1}{2}$ (3) -8 (4) 12 (5) $y=3x-8$

○推定配点○

1 各4点×5 **2** (3)・(5) 各2点×4 他 各4点×3 **3** 各4点×5

4 (2) 各2点×4 他 各4点×3 **5** 各4点×5 計100点

＜数学解説＞

1 (数の計算，平方根)

(1) $4-5-(-6)=4-5+6=5$

基本 (2) $1-2\times3=1-6=-5$

(3) $\frac{1}{3}-\frac{1}{4}\times\frac{7}{6}=\frac{1}{3}-\frac{1\times7}{4\times6}=\frac{1}{3}-\frac{7}{24}=\frac{8}{24}-\frac{7}{24}=\frac{1}{24}$

(4) $\sqrt{12}\times\sqrt{36}-\sqrt{12}\times\sqrt{81}=2\sqrt{3}\times6-2\sqrt{3}\times9=12\sqrt{3}-18\sqrt{3}=-6\sqrt{3}$

(5) $(x-1)^2-(3-2x)=x^2-2x+1-3+2x=x^2-2$

2 (連立方程式，2次方程式，平均値，中央値，2乗に比例する関数，変域，円の性質，角度)

(1) $2x-y=5$…①, $3x+y=5$…② ①＋②は $5x=10$ $x=2$ ②に代入すると $6+y=5$ $y=-1$

基本 (2) $x^2-5x+6=0$ $(x-2)(x-3)=0$ $x=2$, 3

(3) 8個のデータを小さい順に並べると，2，3，3，5，6，7，8，8 平均値は$(2+3+3+5+6+7+8+8)\div8=42\div8=\frac{21}{4}$ 8個の中央値は4番目と5番目の平均なので，$(5+6)\div2=\frac{11}{2}$

(4) $x=4$のときyが最小になり $y=-\frac{1}{2}\times4^2=-8$ $x=0$のときyが最大になり $y=-\frac{1}{2}\times0^2=0$ $-8≦y≦0$

(5) 右図のように頂点に名前をつける。$\overset{\frown}{\mathrm{CD}}$に対する円周角の定理により，$\angle\mathrm{DBC}=\angle\mathrm{DAC}=y$ △EBCについて外角の定理により，$\angle\mathrm{DEC}=\angle\mathrm{EBC}+\angle\mathrm{ECB}$ $x+y=62$…① △ACFについて外角の定理により $\angle\mathrm{BCA}=\angle\mathrm{CAF}+\angle\mathrm{CFA}$ $x=y+24$…② ②を①に代入すると $y+24+y=62$ $2y=38$ $\angle y=$

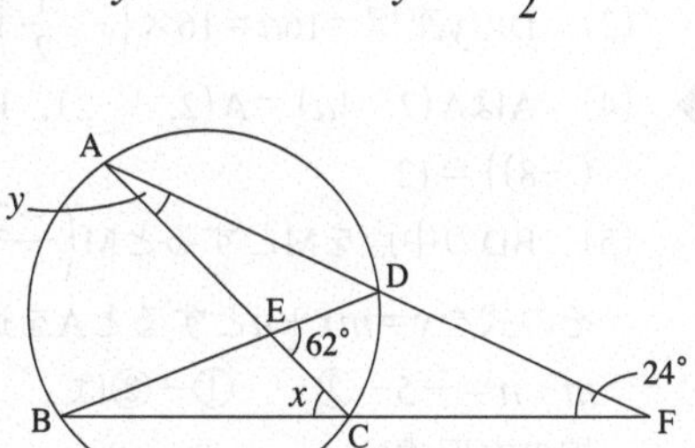

19°　　②に代入すると$\angle x=19+24=43°$

3 (規則性，整数)

(1)　1～9まで1けたの数が9個あり，数字が9個，10～99まで2けたの数は90個あり，数字が$2\times90=180$個，3けたの数100が1個，数字が3個，あわせて数字は$9+180+3=192$(個)

(2)　一の位が0であるのは10～100で10個，十の位が0であるのは100の1つ。あわせて0は11個

(3)　十の位に4があるのは40～49で10個，一の位に4があるのは4～94の10個。あわせて$10+10=20$(個)

(4)　十の位が1になるのは10～19の10個，一の位が1になるのは1～91の10個，百の位が1になるのは100の1個。あわせて$10+10+1=21$(個)

やや難　(5)　(1)で求めた192個の数字は，(2)で求めたように0が11個，(4)で求めたように1が21個，(3)同様で，2～9の8個の数字は20個ずつある。$0\times11+1\times21+(2+3+4+5+6+7+8+9)\times20=21+44\times20=901$

4 (三角形の角，合同，相似，辺の長さ)

(1)　△ABE，△BCE，△CDEの3つの三角形の内角の和が正五角形ABCDEの5つの内角の和になる。$180\times3=540°$

重要　(2)　正五角形は5つの内角が等しいので，1つの内角$\angle BCD=540\div5=108°$…ア　△CBDはCB=CDの二等辺三角形であり，$\angle BCD=108°$なので，$\angle CBD=\angle CDB=(180-108)\div2=36°$…イ　$\triangle DCE\equiv\triangle CBD$であり，$\angle CDE=\angle BCD=108°$　$\angle DCE=\angle CBD=36°$　$\angle BCE=\angle BCD-\angle DCE=108-36=72°$…ウ　$\angle FDE=\angle CDE-\angle CDB=108-36=72°$　さらに$\angle AED=108°$　$\triangle AEB\equiv\triangle CDB$より$\angle AEB=\angle CDB=36°$であるから$\angle BEC=108-36\times2=36°$　2組の角がそれぞれ等しいから…エ　$\triangle BCE\backsim\triangle FDE$である。

やや難　(3)　△BCEは$\angle BCE=72°$，$\angle BEC=36°$より$\angle CBE=180-72-36=72=\angle BCE$でありEB=ECの二等辺三角形である。$BE=x$とおくと$CE=x$，$BC=3$　△FDEも二等辺三角形であり，$EF=ED=3$，$\triangle BCD\equiv\triangle CDE$より$BD=CE=x$，$\triangle BCF\equiv\triangle EDF$より$BF=EF=3$　したがって$FD=x-3$　$\triangle BCE\backsim\triangle FDE$より対応する辺は等しいので，BE：FE=BC：FD　$x:3=3:(x-3)$　$x(x-3)=9$　$x^2-3x-9=0$　解の公式により，$x=\dfrac{-(-3)\pm\sqrt{(-3)^2-4\times1\times(-9)}}{2\times1}=\dfrac{3\pm\sqrt{9+36}}{2}=\dfrac{3\pm3\sqrt{5}}{2}$　$x>0$より$x=\dfrac{3+3\sqrt{5}}{2}$

(4)　$\angle BDC=\angle ECD$より$CF=FD=x-3=\dfrac{3+3\sqrt{5}}{2}-3=\dfrac{3+3\sqrt{5}-6}{2}=\dfrac{3\sqrt{5}-3}{2}$

5 (図形と関数・グラフの融合問題)

(1)　Aは$y=ax^2$上の点で$x=2$なので，$y=a\times2^2=4a$　$A(2,\ 4a)$　Bはaとy軸に関して対称な位置にあるので$B(-2,\ 4a)$　$BA=2-(-2)=4$　$AC=\dfrac{1}{2}\times4=2$　cのx座標は$2+2=4$　$C(4,\ 4a)$　さらに$D(4,\ 4^2a)=D(4,\ 16a)$となる。

(2)　BDの傾き$=\dfrac{16a-4a}{4-(-2)}=\dfrac{12a}{6}=2a=-1$　$a=-\dfrac{1}{2}$

(3)　Dのy座標$=16a=16\times\left(-\dfrac{1}{2}\right)=-8$　$D(4,\ -8)$

重要　(4)　Aは$A(2,\ 4a)=A(2,\ -2)$，$B(-2,\ -2)$　ABを底辺とみると，$\triangle ABD=\dfrac{1}{2}\times4\times\{-2-(-8)\}=12$

(5)　BDの中点をMとすると$M\left(\dfrac{-2+4}{2},\ \dfrac{-2-8}{2}\right)=M(1,\ -5)$　求める直線は直線AMである。その式を$y=mx+n$とするとAを通ることから　$2m+n=-2$…①　Mを通ることから$m+n=-5$…②　①－②は　$m=3$　①に代入すると　$6+n=-2$　$n=-8$　直線の方程式は　$y=3x-8$

★ワンポイントアドバイス★

標準的な，典型的な出題が中心になる。解けるはずの問題で，ミスなく正解までたどり着ける力が必要。きっちりと問題を解く練習をしておこう。

＜英語解答＞

1 問1 a 2 b 3 c 4 d 1 問2 a 4 b 2 c 3
問3 a 1 b 3 c 4

2 a 1 b Most of his paintings were not finished. c そのメモ(ノート)には，誰も読むことができない言語で書かれていた。 d 言語が逆さまに書かれていたから。 e 3

3 a 4 b 2 c 2 d 2 e 4 f 3 g 1

4 a 1 b 3 c 3

5 a 4 b 5 c 2 d 3

6 a paid b loser c magician d impossible e imagine

7 a (例) I want to eat pizza. [Let's eat pizza.]
b (例) What color are they? [What do they look like?]

○推定配点○

1 各2点×10 2～6 各3点×24 7 各4点×2 計100点

＜英語解説＞

1 リスニング問題解説省略。

2 (長文読解問題・説明文：内容吟味，語句整序，英文和訳)

(大意) 500年前，一人の青年が芸術を学ぶためにイタリアのフィレンツェに行きました。当時，世界の偉大な芸術家の多くがそこに住んでいました。この男は，絵を描いたり，彫像を作ったりするなど，多くのことに非常に才能がありました。その男はレオナルド・ダ・ヴィンチでした。すぐに，人々は彼のことを話題にし，彼が偉大な芸術家になるだろうと信じました。

ある日，彼は教会のために絵を描き始めました。人々は，彼がすぐにそれを終えるだろうと思っていました。しかし，レオナルドは描きたいものすべてを注意深く検討したため，ゆっくりと進みました。たとえば，人物を描きたい場合，皮膚の下で人の筋肉がどのように機能しているか，筋肉の下で骨がどのように配置されているかを知る必要がありました。彼はノートに，山や海から太陽や星まで，身の回りのあらゆるものを何百枚も描きました。すぐに人々は首を横に振り始め，(1)レオナルドは何でもできるが何もしないだろうと言いました。

レオナルドは1519年に75歳で亡くなりましたが，数点の絵画しか残していません。(2)彼の絵のほとんどは完成していませんでした。そのうちの2点，「モナリザ」と「最後の晩餐」は，今日に至るまで世界中のアートファンを魅了しています。

レオナルドはまた，スケッチやメモでいっぱいの非常に多くのノートを残しました。しかし不思議なことに，(3)メモは誰も読めない言語で書かれており，彼のスケッチブックには誰も理解できない奇妙な絵が含まれていました。そしてある日，イタリアの学者がレオナルドの奇妙なメモについて衝撃的な発見をしました。それらはまったく奇妙な言語で書かれていたわけではありませんでした。そうではなく，書き込みは逆だったのです！ (4)それらは鏡の助けを借りて読まなければなりませんでした。

ノートの奇妙な絵のいくつかは，彼が飛んでいる鳥を見て考えた発明のためのものでした。彼は飛行機，パラシュート，さらにはヘリコプターの絵を描きました。また，彼のノートには，空気を冷却する機械，車，さらには機関銃や戦車の絵が含まれていました。驚くべきことに，500年前にこのような新しいアイデアを考えた人がいて，その多くが今日の世界の一部になっているのです。

a) could do とあるので，「何でもできる」か「何でもできそう」という意味になる。また，would never do とあるので，「何もしないだろう」という意味になる。

b) 〈 most of ～ 〉は「～のほとんど」という意味を表す。また，受動態の否定文なので〈 be 動詞＋ not ＋過去分詞〉という語順にする。

c) 受動態の文なので「～される」という意味になる。また，目的格の関係代名詞の that 以下が language を修飾しており，no one は「誰も～ない」という意味を表す。

d) 直前に「書き込みは逆だった」とある。レオナルドのメモは逆さ文字で書かれていたことがわかる。

重要 e) 1 「人々は，彼がすぐにそれを終えるだろうと思っていました」とあるので，誤り。 2「数点の絵画しか残していません」とあるので，誤り。 3 第4段落の内容に合うので，答え。 4 「宇宙船」とは書かれていないので，誤り。

3 **(語句補充問題：代名詞，名詞，動詞，前置詞，動名詞，比較，慣用表現)**

a) 「A：昨日はどうやって図書館に行ったの？ B：私の兄が車で私を連れていきました。」 動詞の目的語になるので，目的格を選ぶ。

b) 「アンドリューが記事を書きます。彼は時々インタビューのために他の国々を訪問します。彼はジャーナリストです。」 内容に合う職業を選ぶ。 1「先生」，3「デザイナー」，4「歌手」

c) 「私は部屋で作文を書いています。部屋に入るときにはノックをしてください。」 部屋に入るときに行う動作を選ぶ。1「建てる」，3「借りる」，4「招待する」

d) 「A：母さん，テーブルの上にあったクッキーを食べた？ B：まさか，食べませんよ。実は，キャシーが2時間前に食べていましたよ。」 in fact で「実は」という意味になる。

基本 e) 「先生が教室に入ってきたとき，生徒たちは話すのを止めました。」 〈 stop ～ ing 〉で「～することを止める」という意味を表す。

f) 「A：サッカーの試合で勝ちましたか？ B：いえ，だめでした。私たちはどの試合でも勝ちませんでした。私たちはそこでは最悪のチームでした。」 直前に the があるので最上級の文だとわかる。bad は worse – worst と変化する。

g) 「A：マキ，手を貸してくれない？ これらの本を運ぶ必要があるの。 B：問題ないよ。」〈 give A a hand〉で「 A を手伝う」という意味を表す。

4 **(資料問題：内容吟味)**

ヌーク ブックストア

コミックブックのセール！ 8月8日の月曜日から始まる10日間のセール

日本語バージョン	日本語または英語	英語バージョン
(300円)	(400円)	(600円)
ハンターハンター★	ワンピース	デーモンスレイヤー★
名探偵コナン	スラムダンク★	呪術廻戦
ナルト	ドラえもん	進撃の巨人

★コンプリートセットでも販売。詳細はスタッフにお尋ねください。

◇ 日本語バージョンの3冊は10％オフ

◇　英語バージョンの3冊以上は20％オフ

◇　8月12日にスラムダンクを買うと，無料のポスターがもらえる

□8月25日からのメガ小説セールについてウエブサイトをご覧ください。

a）「リコは名探偵コナンを2冊と，進撃の巨人を1冊買いたい。彼女はいくら払うか。」 名探偵コナンが2冊で600円，進撃の巨人は600円なので，1,200円になる。

b）「次のどのコミック本がコンプリートセットで買えるか。」 表中の星印がつけられたものなので，3が答え。

c）「セールの最終日はどれか。」 8月8日から10日間なので，3が答え。

5 （会話文問題：語句補充）

ケン：こんにちは，私の名前はケンです。お会いできて嬉しいです。

ゲイリー：こんにちは，ケン。私の方もお会いできてうれしいです。私はイギリス出身のゲイリーです。こちらは私の友人です。

アレックス：お会いできて嬉しいです。私の名前はアレックスです。日本に来るのは初めてです。

ケン：初めまして。日本へようこそ。(a)どのくらい日本に滞在する予定ですか？

ゲイリー：私たちは8月18日に空港に到着し，31日に出発する予定です。

ケン：すごいですね。日本に2週間滞在する予定だということですね。とても長い間ですね！

アレックス：はい，(b)有名な観光地を訪れるのがとても楽しみです。

ケン：素晴らしいですね，日本に来てからどこに行きましたか？

アレックス：まず東京を訪れました。私はアニメや漫画に夢中なので，フィギュアや漫画本などを買いに秋葉原に行きたいと思っています。

ゲイリー：(c)仮装をした人がたくさん街を歩いていました。それは日本の大衆文化の素晴らしい部分だと思います。

ケン：本当ですね。私がそこに行ったとき，とても混雑していました。今日はどこへ行きますか？

ゲイリー：東京ディズニーランドに行きたいです。私たちは東京ディズニーランドに行ったことがありません。東京駅からそう遠くないと聞きました。

ケン：その通りです。でも午後からは雨が降るでしょう。明日そこへ行くべきだと思います。

アレックス：教えてくれてありがとう。明日は東京国立博物館に行く予定です。計画を変更できますか？

ゲイリー：博物館は屋内にあるので賛成です。では，美術館へのアクセス方法を確認してみましょう。

ケン：(d)どの電車に乗ればいいのか教えますよ。

　1 「私はあなたたちを素敵な場所に連れていきましょう。」

6 （語彙問題：動詞，名詞，形容詞）

a）「する」:「した(過去形)」＝「払う」:「払った(過去形)」 動詞を過去形にする。

b）「高い」:「低い」＝「勝者」:「敗者」 対になる語を書く。

c）「農園」:「農夫」＝「マジック」:「マジシャン」 人を表す語を書く。

d）「同意する」:「同意しない」＝「可能な」:「不可能な」 対になる語を書く。

基本 e）「コミュニケーション」:「コミュニケーションをとる」＝「想像」:「想像する」 名詞と動詞の関係にする。

7 （英作文問題：語句補充）

a） ショーン：お腹が空いたよ！

ジャスティン：＿＿＿＿＿＿＿。

ショーン：ピザはいいね。2つのトッピングを選んで。
マコ：ピーマンとマッシュルームがいいな。
エミ：いいね。注文しよう。

ショーンはジャスティンの発言を聞いて，「ピザはいい」と応えているので，ジャスティンはピザを提案したことがわかる。〈 want to ～ 〉や〈 Let's ～ 〉などを用いて書く。

b)　デイブ：ああ，いやだ。メガネが見つからないよ。
ギャレス：______________。
デイブ：黒いやつだよ。見なかった？
ギャレス：君の上着のポケットにある？
デイブ：あった！　助けてくれてありがとう。

デイブはギャレスの発言を聞いて，「黒いやつだ」と応えているので，ギャレスはメガネがどのようなものであるかをたずねたとわかる。デイブは Yes や No で答えていないので，what color などを用いた疑問詞を用いた疑問文にする必要がある。

★ワンポイントアドバイス★

3のe)には〈 stop ～ ing 〉がある。stop, enjoy, finish の後には動名詞を置くことを確認しよう。また，stop の後に不定詞を置くと「～するために立ち止まる」という意味になる。He stopped to see me.（彼は私を見るために立ち止まった。）

＜理科解答＞

1　(1)　イ　(2)　乾燥から身を守る　(3)　(i)　シソチョウ　(ii)　イ　(4)　イ

2　(1)　物質　塩化水素　電離　$HCl \rightarrow H^+ + Cl^-$
(2)　酸性を打ち消す性質をもつため。　(3)　ウ　(4)　エ

3　(1)　活火山　(2)　ア　(3)　玄武岩　(4)　イ　(5)　エ

4　(1)　エ　(2)　イ　(3)　右図　(4)　エ
(5)　(i)　エ　(ii)　イ

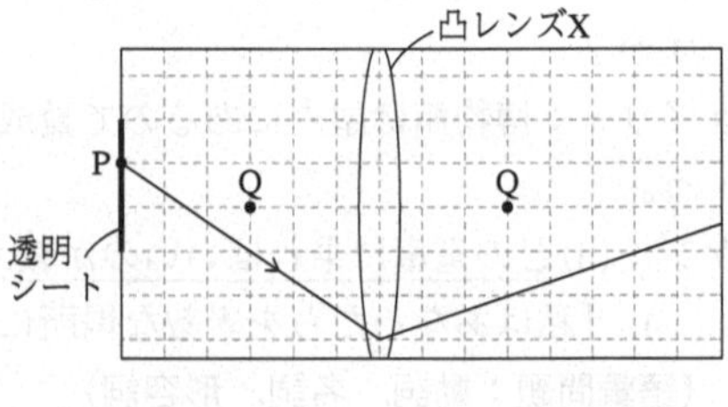

5　(1)　19℃　(2)　ウ　(3)　水蒸気が露点に達し，小さな水滴になった。　(4)　16℃

6　(1)　ウ　(2)　ウ　(3)　(i)　イ
(ii)　4通り

7　(1)　10cm　(2)　エ　(3)　ウ
(4)　(長さ)　2cm　(浮力)　0.2N
(5)　1.7N

8　(1)　$40cm^3 \cdot 0.79g/cm^3$　(2)　(状態変化)　蒸発　(理由)　ウ
(3)　気体を冷やし液体に戻すため。　(4)　エタノール　(5)　エ

○推定配点○

1　各2点×5　**2**　各3点×5((1)電離は完答)　**3**　各2点×5　**4**　各2点×6
5　各3点×4　**6**　各2点×4　**7**　各2点×6　**8**　各3点×7　計100点

＜理科解説＞

重要 **1** **(生物の類縁関係と進化)**

(1)　最初に陸上進出した植物に似た特徴を持つ植物の仲間は，選択肢の中ではゼニゴケである。

(2)　卵の殻は内部を乾燥から守る役割もある。

(3)　(i)　図の生物はシソチョウである。　(ii)　シソチョウはは虫類から進化したといわれている。

(4)　生物は遺伝子が変化したことで，形質が少しずつ変わり，体のつくりや生活が変化して環境に適するようになった。

重要 **2** **(酸とアルカリ・中和)**

(1)　塩酸は塩化水素が水に溶けたものである。塩化物質は，水溶液中で$HCl \rightarrow H^+ + Cl^-$のように電離している。

(2)　水酸化ナトリウムは酸性を打ち消す性質を持つ。

(3)　白い結晶は塩化ナトリウムである。塩化ナトリウムの融点は水よりも高い。

基本 (4)　うすい塩酸10cm^3と水酸化ナトリウム水溶液10cm^3で完全中和が起こるので，水酸化物イオンは，水酸化ナトリウム水溶液10cm^3以上入れたときから増え始める。

重要 **3** **(大地の動き)**

(1)　過去1万年以内に噴火した火山や現在活発な噴気活動のある火山のことを活火山という。

(2)　傾斜のなだらかな火山は盾状火山である。盾状火山の例としてはキラウエア火山などがあげられる。盾状火山から産出される岩石は黒っぽい。

(3)　盾状火山からは玄武岩が多く産出される。

(4)　火山の形はマグマの粘り気によって変化する。

(5)　噴火時に室内にいる場合は，そのまま室内にいる方が良いので，エが間違いである。

4 **(光の性質)**

重要 (1)　虹は光の屈折で起こる現象である。

重要 (2)　スクリーンにうつされる像は上下左右逆にうつる。

やや難 (3)　右図のように光軸に平行な光は焦点を通るので，①の道筋となる。レンズの中心を通る光はまっすぐとおるので，②の道筋となる。よって，③の光は①の道筋と②の道筋が交わったところを通るので，③の道筋となる。

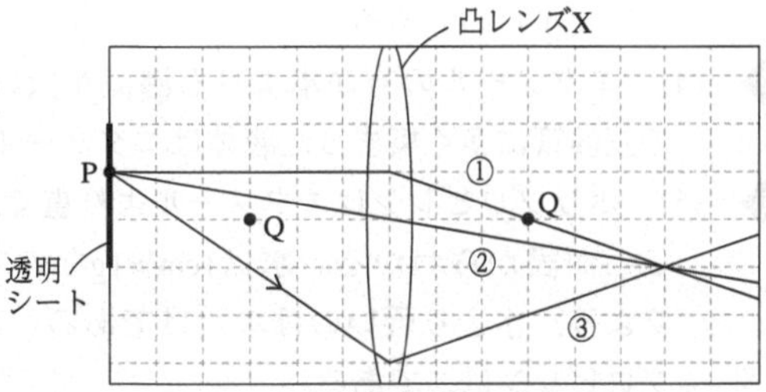

基本 (4)　凸レンズYで観察された像の方が大きかったことから，凸レンズXの焦点距離は凸レンズYの焦点距離より近いことがわかる。焦点距離はレンズが厚いほど近くなるので，凸レンズXよりもYの方のレンズの厚さがうすいことがわかる。

基本 (5)　(i)　全身の半分の大きさの鏡であれば，鏡の位置によって全身を映すことができるが，鏡の大きさが小さく，鏡の位置から考えると，エとなる。　(ii)　鏡に近づくと自身の姿は大きく見えるが，自分の見える部分はわからない。

重要 **5** **(天気の変化)**

(1)　乾球が22℃で，湿度が74％なので，湿球の示す温度は，22(℃)－3(℃)＝19(℃)である。

(2)　容器中の空気をぬいていくと，容器中の気圧が下がり，ゴム風船はふくらむ。

(3)　上昇した空気の温度が下がると，水蒸気が露点に達し，小さな水滴ができる。これが雲である。

基本 (4) 22℃湿度74%の空気には水蒸気が19.4(g)×0.74=14.356(g)含まれているので，およそ16℃で雲ができ始める。

重要 **6 (生殖と遺伝)**

(1) ミジンコは単細胞生物ではない。

(2) 受粉は無性生殖ではない。

(3) (i) 精子や卵は減数分裂によってつくられ，それらの染色体数は減数分裂する前の細胞の

基本 2分の1になる。 (ii) AABb，AAbb，AaBb，Aabbの4通りである。

7 (力・圧力)

(1) おもり1個でばねは2.0cm伸びるので，おもり5個では10cm伸びる。

(2) 伸び縮みしないで糸は切れるので(糸が伸ばされたその力に耐えきれなくなって糸は切れるので)，エが誤っている。

(3) 水圧は水深が深くなるほど大きくなるので，ウである。

やや難 (4) 水面から物体底面までの距離が2cmになったとき，ばねの伸びが一定になったので，物体Aの1辺の長さは2cmだとわかる。また，物体Aが水中に全部入ったときのばねの伸びは1.0gなので，ばねはかりにはたらく力は20gである。物体Aは40gなので，浮力は20g=0.2Nである。

やや難 (5) 物体Aはすべて水中に沈んでいるので20gの浮力を受け，20gの力で物体B150gを引っ張っている。この状態で浮かんでいるので，物体A，B合わせて170g=1.7Nの浮力がはたらいていることがわかる。

8 (溶液とその性質)

重要 (1) メスシリンダーは真横から見て，エタノールの低い底面を読み取る。エタノールの密度は，31.4(g)÷40(cm^3)=0.785(g/cm^3)より，0.79g/cm^3である。

重要 (2) 液体から気体になる変化を蒸発という。蒸発すると粒子の運動が激しくなるため，ポリエチレンの袋がふくらむ。

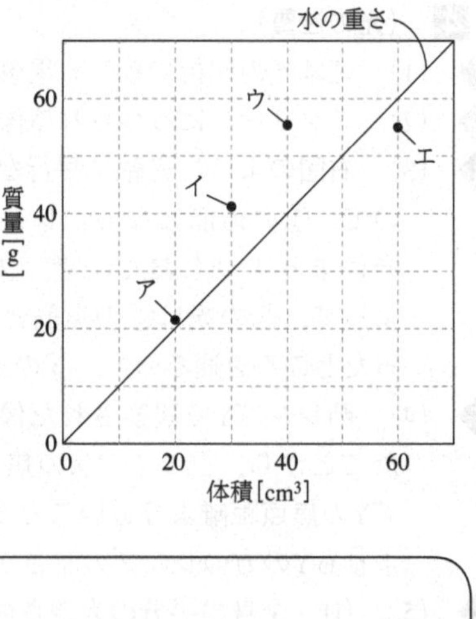

重要 (3) 試験管を水に入っているビーカーに入れる目的は，水によって枝付きフラスコから出た気体を冷やし，液体に戻すためである。

基本 (4) エタノールの方が水よりも沸点が低いため，1本目の試験管に多く集まった液体はエタノールである。

基本 (5) ポリプロピレンはエタノールより重く，水より軽いことが表からわかる。水は1cm^3=1gなので，右のグラフより，水より軽いのはエだけである。よって，ポリプロピレンはエである。

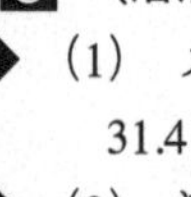

★ワンポイントアドバイス★

問題文の意図を正確に読み取る訓練をしよう。

<社会解答>

1 (1) シンガポール (2) ア (3) ① 経済特区 ② エ ③ ウ ④ 西部大開発 (4) ① サンベルト ② ア ③ ハリケーン (5) エ

(6) A 二期作　B スマート　(7) ① ウ　② 南海トラフ　③ ア
(8) シラス台地が広がっており，水持ちが悪いので稲作に適さない。

2 Ⅰ (1) ウ　(2) 仏教の力によって国家を守ろうとする考え　(3) ア　(4) イ
(5) ウ　(6) エ　(7) ウ　(8) イ　(9) 新田　(10) ア　(11) エ
(12) イ　(13) 農地改革　Ⅱ (1) ア　(2) ウ　(3) 関税自主権
(4) 日本が満州国の建国を宣言すると，リットン報告書に基づいて，国際連盟は満州国の建国を認めず，占領地からの関東軍撤兵を求めたので，1933年日本は国際連盟を脱退した。
(5) エ　(6) ベルリンの壁　(7) オ，ク

3 (1) ① エ　② ア　③ イ　④ ウ　⑤ エ　(2) ① 1889年　② 納税要件がなくなり，25歳以上の男性に選挙権が与えられた。　③ 20歳以上の男性，女性に選挙権が与えられた。　④ エ　(3) ① ア　② イ　③ B党　④ エ
⑤ イ，エ

○推定配点○

1 (3)③・(4)②・(7)①・③ 各1点×4　(8) 5点　他 各2点×11　**2** Ⅰ(1)・(3)・(5)・(11)・(12)・Ⅱ(1) 各1点×6　Ⅰ(2) 4点　Ⅱ(4) 5点　他 各2点×13
3 (2)②・③ 各4点×2　(3) 各1点×6　他 各2点×7　計100点

＜社会解説＞

1 (地理－気候・宗教・産業など)

(1) マレー半島先端の都市国家。面積は東京23区程度であるが世界の金融センターとして発展。

(2) 赤道直下の熱帯雨林気候。イは西岸海洋性，ウはサバナ，エは温暖湿潤気候。

重要 (3) ① 改革開放政策で南部の沿岸部に認められた特区。 ② シンガポール，香港，台湾，韓国はアジアの4匹の龍といわれた。 ③ 2023年中には中国を抜いて最多の人口となると予測されるインドの民族宗教。 ④ 経済成長から取り残された内陸部の経済発展を目指す政策。

(4) ① 太陽が降り注ぐ温暖な地域。 ② 肥沃なプレーリーではトウモロコシと豚を組み合わせた混合農業が発達。 ③ 熱帯低気圧は地域により台風やサイクロンなどとも呼ばれる。

(5) チリは世界の3割を産出。アは中国，イはオーストラリア，ウはサウジアラビアが主要輸入先。

(6) A 同じ土地に同じ作物を2回栽培。 B 先端技術を活用した農業。

(7) ① 世界の穀倉地帯として知られるウクライナ。 ② トラフとは溝状の海底地形。南海トラフでは定期的に巨大地震が発生。 ③ イは広島，ウは埼玉，エは山梨。

重要 (8) 九州南部は火山灰であるシラスが150mも堆積。鹿児島をはじめとする南九州は畜産王国。

2 (日本の歴史－古代～現代の政治・社会史など)

Ⅰ (1) 須恵器は5世紀の初め，前方後円墳は3世紀の後半以降。厳密にはC，D以外は弥生時代(紀元前4世紀ごろ)と考えられる。

(2) 国家によって保護，その力により国の安泰が図れると考えられていた。

(3) 北部九州の警備に当たった兵士で主に東国の兵士が派遣されていた兵役。

(4) 玄宗皇帝に重用された留学生。古今和歌集の「天の原ふりさけ見れば…」の歌で知られる。

(5) 唐滅亡後の混乱した中国を再統一した王朝。国交はなかったが民間交易は盛んに行われた。

(6) 仏教の伝来とともに生き物を殺すことをタブーとする文化が普及。肉食は明治以降。

(7) 鎌倉時代には農業生産が拡大，米の裏作に麦を栽培する二毛作や刈敷・草木灰といった肥料，

牛馬耕，水車などが普及した。干鰯《ほしか》などの金肥は江戸時代。

やや難 (8)　朝鮮建国(1392年)→勘合貿易(1404年)→正長の土一揆(1428年)→応仁の乱(1467年)。

(9)　耕作地は江戸初期の約160万haが中期には約300万haまでに拡大した。

(10)　桃山文化を代表する狩野永徳による「唐獅子図屏風」。イは雪舟(東山文化)，ウは葛飾北斎(化政文化)，エは菱川師宣(元禄文化)。

(11)　深く耕すための備中鍬。アは選別(千石どおし)，イは揚水(踏車)，ウは脱穀(千歯こき)。

(12)　核抜き本土並みの沖縄返還や非核三原則でノーベル平和賞を受賞。

重要 (13)　GHQの指令で実施された農村の民主化政策。地主の土地を国が強制的に買い上げ安い価格で小作人に売り渡した結果自作農が大幅に増加した。

Ⅱ (1)　イエズス会はルターなどのプロテスタントに対抗して結成されたカトリックの布教団体。

(2)　開国後の貿易は国ではイギリス，貿易港は横浜，品目は生糸が圧倒的な割合を占めた。

重要 (3)　1911年，日米通商航海条約が締結され念願であった不平等条約の改正に成功した。

(4)　中国が国際連盟に日本の侵略を提訴，総会で批判された日本は連盟の脱退を決意した。

(5)　1937年，盧溝橋事件が勃発すると中国共産党と中国国民党は内戦を停止し抗日民族統一戦線を結成。日独伊三国同盟の締結は1940年。

(6)　西ベルリンへの亡命が相次いだため1961年に建設された壁。

(7)　A：ルター，B：リンカン，C：孫文，D：ウィルソン，E：毛沢東，F：ゴルバチョフ。

3 (公民─憲法・政治のしくみなど)

重要 (1)　①　憲法29条の財産権の保障。ア・ウは精神，イは人身の自由。　②　国の政策指針を示したプログラム規定ともいわれる。　③　ア・ウは団体行動権，エは団結権。　④　子どもを保護の対象ではなく人権を行使する主体とする考え。　⑤　高齢者などさまざまなハンデを持つ人も普通に生活できる社会こそがふつう(ノーマル)の社会ととらえる考え方。

(2)　①　1889年2月11日，大日本帝国憲法と同時に公布。　②　1925年，納税制限を撤廃。

重要 ③　1945年，女性参政権と選挙年齢の20歳への引き下げが実現。　④　普通，平等，秘密，直接が4原則。棄権やその選択に関し責任を問われない自由も大切である。

(3)　①・②　得票数を自然数で割り商の大きい順に議席を配分。　③　当選順位1番の12000票から9000票，6000票，4800票，4500票，4000票の順に当選。　④　55年体制の崩壊後はほとんどが連立政権。2023年現在も2012年から続く自民党と公明党の連立政権。　⑤　条約や予算，首相の指名では必ず開かれる。小選挙区は289名，比例代表は176名を選出。

★ワンポイントアドバイス★

最近は分野を超えた出題が増える傾向にある。一つ一つの社会的な事象を学習する際には，さまざまな視点から考える思考法を身に付けるようにしよう。

＜国語解答＞

1　問一　a　専念　b　実績　c　隙間　d　穏(やか)　e　率先　問二　ウ
問三　エ　問四　(例)　今は不満を抑えて，三年生としてやるべきことをしっかり行うという，池辺本人も当然理解していることへの自覚を促すため。　問五　イ

2　問一　a　だいしょう　b　こかつ　c　しさ　d　なが(める)　e　おちい(る)

問二　A　ア　B　イ　C　ウ　D　エ　E　オ　問三　0　問四　功利主義
問五　ア　質　イ　量　ウ　個別[特殊]　エ　普遍　オ　複雑　カ　単純
キ　主体　ク　客体　問六　ウ

3　問一　①　こずえ　②　いう　問二　(例)　これは簡単だと油断した時にこそ失敗は起こり得るものだと考えているから。(35字)　問三　あやまちす～して下りよ
問四　X　兼好法師[吉田兼好]　Y　油断大敵　問五　ア　問六　ウ

○推定配点○

1　問一　各2点×5　問四　6点　他　各3点×3

2　問一・問二　各2点×10　問三・問五　各3点×9　他　各4点×2

3　問二　6点　他　各2点×7　計100点

＜国語解説＞

1　(小説－漢字，情景・心情，文脈把握，内容吟味，大意)

問一　a「専」を使った熟語はほかに「専属」「専門」など。訓読みは「もっぱ(ら)」。　b「績」を使った熟語はほかに「業績」「成績」など。　c「隙」の音読みは「ゲキ」。熟語は「間隙」など。　d「穏」の音読みは「オン」。熟語は「穏和」「平穏」など。　e「率」を使った熟語はほかに「引率」「軽率」など。音読みはほかに「リツ」。熟語は「効率」「百分率」など。訓読みは「ひき(いる)」。

やや難　問二　本文前の説明に，「鳴海玲於奈(高校三年)が部長を務め」「不破は……高校一年の基を部長にすることに決めた」とあることをおさえる。外部指導者としてコーチに就任したOBの不破瑛太郎の言葉に，「『……まずは一度，この部をぶっ壊すところから始めようと決めた』」「『手始めに，部長を一年の茶園基に替える』」「『一緒に全日本吹奏楽コンクールに行く部を作ろうか』」とある。「瞳を揺らして」は，心の動揺の表現である。今まで部長を務めて来た自分に代わって一年生の基を部長にするという発表は受け入れがたく，心の動揺を見せたと考えられるので，「後輩の基が部長に指名され動揺している」とするウが適切。アの「憤り」，イの「他の部員からの視線が気になり」，エの「喜びを感じている」は適切でない。

問三　直前に「話の途中で，二年の池辺先輩が喉を鳴らした。あまりにあからさまだった」とある。あからさまに不満を示し，鋭い視線を向けているので，「……面白くなく，部長として認めたくないと思っている」とするエが適切。

やや難　問四　直前に「『おれもさあ，思うところがないわけじゃないんだけど，俺がパート内で茶園に冷たく当たったりすると，パート練がとんでもない空気になるだろ？　それは嫌だから，とりあえず俺は茶園をサポートしようかなと思います』」とあることから，不満があっても今はそれを抑えて新部長をサポートしよう，という考えを池辺に促すために椅子を蹴ったと考えられる。不満を抑えて今は新部長をサポートしよう，という考えと，それを，不満をあらわにする池辺に促した，という二点をおさえて要約する。

やや難　問五　「茶園基」の言動に着目する。「『僕を部長にと決めたのは瑛太郎先生ですけど，引き受けたのは僕の意志です。先輩方はいろいろと思うところもあると思いますが……』」「『僕，「僕なんかが部長になってすみません」とは言いませんから』」という発言や，「一人ひとりを見つめて，そう言い放った。強がっている。……でも，気丈に振る舞わないといけない。……」「でもとりあえず，今は三年生の越谷先輩が『応援する』と言ってくれるだけ，幸せだ。……」という様子からは，先輩たちの気持ちを汲むことができ，なおかつ部長としての責任感の強さも感じられるの

で，「周囲の人の思いをくみ取ることができ，……臆することなく行動できる真面目な人物」とするイが適切。

2 **(論説文－漢字の読み，脱語補充，接続語，文脈把握，内容吟味，要旨)**

問一　a「償」を使った熟語はほかに「弁償」「補償」など。訓読みは「つぐな(う)」。　b「枯」を使った熟語はほかに「栄枯盛衰」「枯淡」など。訓読みは「か(らす)」「か(れる)」。　c「唆」の訓読みは「そそのか(す)」。　d「眺」の音読みは「チョウ」。熟語は「眺望」など。　e「陥」の訓読みは「おちい(る)」「おとしい(れる)」。音読みは「カン」。熟語は「陥没」「陥落」など。

問二　A　文末の「だからです」に呼応する語として「なぜなら」が入る。B　直前の「量の多い方がより豊かだ，より良いのだ，という価値観になりやすいのです」と直後の「より幸せにと思えば，どんどん量を増やす」は，順当につながる内容なので，順接を表す「だから」が入る。C　直前に「いつでもどこでも何にでもあてはまる法則，それが科学」とあるのに対し，直後では「生物は個別主義でご当地主義」と別の側面を示しているので，逆接を表す「ところが」が入る。　D　直前で「生物も文化も，歴史をもつ独特のものは，それだけで価値ありとすべきです」とし，直後で「化学は世界を単純化して眺めるものです」と，付け加えているので，添加・累加を表す「さらに」が入る。　E　直前の「物たちの遥か上方から」を，直後で「神様の視線」と言い換えているので，別の言葉で言えば，という意味の「いわば」が入る。

問三　直前に「4－1＝3という算数は，いつでも成り立つとされていますが，生態系の場合，かりに四種の生物がおり，そのうち一種でもいなくなったらその生態系そのものが成り立たないことはあり得る」とある。四種のうち一種でもいなくなったら成り立たない，という状況を表すには「4－1＝0」とするのが適切。

やや難　問四「これ」は，「その薬から上がった利益は，製薬会社が独占せずに，生物の提供国である南の国にも分けよう」という考えを指す。生物の提供国には分配せず製薬会社が利益を独占する，という考えにあてはまる語としては，「人間に……」で始まる段落の「功利主義」が適切。「功利主義」は，功名や利益を重視する考え方のこと。

問五　Ⅰ「科学は基本的に……」で始まる段落に「科学は基本的に質を扱わないものです。量だけで考える」とあるので，アには「質」，イには「量」が入る。　Ⅱ「科学は普遍性を……」で始まる段落に「科学は普遍性を大切にします。いつでもどこでもあてはまる法則，それが科学では重要なのです。……生物は個別主義でご当地主義です」とあり，「だから多様な生物はそれぞれが特殊なのであって，普遍性を大切にする科学の目から見ると，そんな物は重要性が低いと思われがちなのです」とあるので，ウには「個別」または「特殊」，エには「普遍」が入る。Ⅲ「ところが……」で始まる段落に「生態系は，質の異なる非常に多くの生物たちが相互に複雑な関係を結んでできあがっているものです。……なにせ単純に量に換算して数学的に処理することが困難です」とあるので，オには「複雑」，カには「単純」が入る。　Ⅳ「科学の立場は……」で始まる段落に「科学の立場は，見るものと見られるものとの間がきっぱりと分かれています。私という見る主体があり，見られる物という客体が別にあるのです」とあるので，キには「主体」，クには「客体」が入る。Ⅰ～Ⅳすべて，対義語の関係になっていることにも着目する。

やや難　問六「私にとって……」で始まる段落に「生物多様性を大事にするとは，こういう姿勢で生物たちと向き合うことだと私は思うのです」とあり，「こういう姿勢」とは，「私にとって相手が役に立たないということは，相手が私を否定したり私に抵抗したりする側面をもっているということです。そういう側面をも含めて相手と向き合うこと」を指すので，これらの内容と合致するウが適切。

3 **(古文―仮名遣い，文脈把握，指示語，文学史，四字熟語，口語訳，大意)**

(口語訳)評判の高い，木登り名人と言われた男が，人に指図して高い木に登らせて，その枝を切らせたときに，たいそう危なく思われた間は言うこともなくて，下りるときに軒の高さぐらいまできたときに「しくじるなよ。注意して下りてこいよ」と声をかけましたところ，(私が)「これくらいになっては，飛びおりたって，必ずおりられよう。どうしてこんなことを言うのか」と申しましたので，「そこなんですよ。(高くて)目がまわり，枝が(折れそうで)危ない間は，自分自身が恐れて，用心しておりますので，(何も)申しません。失敗は，やさしいところになってから，必ずいたすものでございます」と言う。

身分の低い者ではあるけれど，(言っていることは)聖人の戒め一致している。蹴鞠も，むずかしいところを(うまく)蹴出してから後，もうなんでもないと思うと，必ず蹴りそこなうものとか聞いております。

問一　①「ゑ」は，現代仮名遣いでは「え」と表記するので，「ゑ」を「エ」に直して「こずえ」となる。　②　語頭以外の「はひふへほ」は，現代仮名遣いでは「わいおえお」となるので，「ふ」は「う」に直して，「いふ」は「いう」となる。

やや難　問二　ここで，「『あやまちすな，心して下りよ』」と声をかけた理由については，「『……目くるめき，枝危きほどは，おのれが恐れ侍れば，申さず。あやまちは，易き所になりて，必ず仕る事に候』」と説明されている。失敗は簡単だと思うところで起きるものだ，という考えを要約すればよい。

やや難　問三　直後に「言ふ」とあることから，直前の会話文が該当するとわかる。「」はついていないが，引用の助詞「と」に着目すると，「高名の木のぼり」の言葉は「あやまちすな。心して下りよ」があてはまるので，この部分を抜き出す。

問四　X　『徒然草』は，鎌倉時代末期に成立した随筆で，作者は，兼好法師(吉田兼好)。『枕草子』『方丈記』とともに三大随筆の一つに数えられる。　Y　直前の「簡単だからと言って気を抜いてはいけない」という内容にあてはまるものとして，油断(＝注意を怠ること)は，失敗の原因となるので，大きな敵と思って警戒しなくてはいけない，という意味の「油断大敵」が入る。

問五　直前の「『あやしき下臈なれども，聖人のいましめにかなへり』」は，「身分の低い者ではあるけれど，言っていることは聖人の戒めと一致している」という意味。身分の低い者の言うことであっても，聖人の戒めのような尊い教えがある，と読み取ることができるので，「どのような身分の人の話であっても，耳を傾ける価値がある」とするアが適切。

問六　ウは，「高名の木のぼりといひしをのこ」の言葉に，「目くるめき，枝危きほどは，おのれが恐れ侍れば，申さず。あやまちは，易き野老になりて，必ず仕る事に候」とあることと合致する。アは，本文に「人をおきてて，高き木にのぼせて，こずゑを切らせしに」とあることと合致しない。イの「飛び降りることはできないと言った」，エの「簡単だと思えば必ず成功できる」という記述は本文にないので合致しない。

★ワンポイントアドバイス★

現代文は，よく練られた選択肢の中から正答を選び出す練習をしよう！
現代文・古文ともに，指示内容や言い換え表現，会話文・心情表現に着目して解答しよう！

MEMO

大切なことはメモしておこうネ！

2022年度

★★★★★★★★★★★★★★★★★★★★★★★★★

入　試　問　題

2022年度

鹿島学園高等学校入試問題（一般）

【数　学】（50分）〈満点：100点〉

1 次の計算をしなさい。

（1）　$-5-(-7)$

（2）　$3^2+(-2)^3$

（3）　$\frac{1}{3}-\frac{1}{4}+\frac{1}{2}$

（4）　$(5-3\sqrt{2})(5+3\sqrt{2})$

（5）　$(x+2)^2-(x+3)(x+1)$

2 次の各問いに答えなさい。

（1）　連立方程式 $\begin{cases} y=3x-5 \\ x=2y-5 \end{cases}$ を解きなさい。

（2）　2次方程式$(x-1)^2=36$を解きなさい。

（3）　大小2つのさいころを同時に1回投げたとき，大きいさいころの出た目の数をa，小さいさいころの出た目の数をbとする。このとき，aとbの和が7以下になる確率を求めなさい。ただし，2つのさいころの1から6の目は，どの目が出ることも同様に確からしいとする。

（4）　関数$y=\frac{3}{4}x^2$について，xの変域を$a \leqq x \leqq 4$，yの変域を$0 \leqq y \leqq 27$とする。このとき，aの値を求めなさい。

（5）　右の図において，3点A，B，Cは円Oの周上にあり，直線AOと円Oとの点A以外の交点をD，また，直線AOと線分BCとの交点をEとする。∠ACB＝52°，∠ABC＝74°のとき，∠xの大きさを求めなさい。

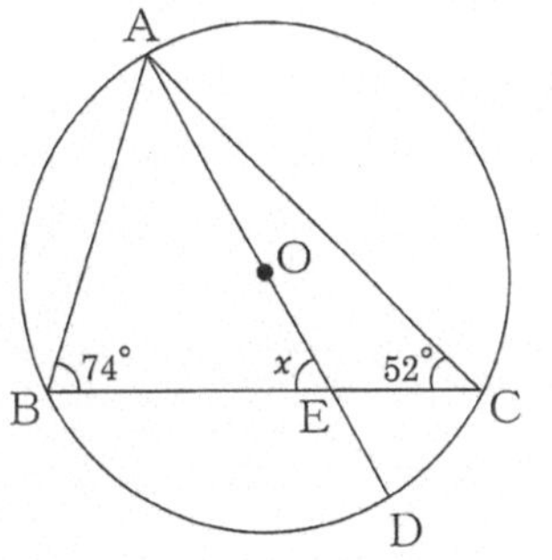

3 図1のように，長さが1 cmの棒を使って，$n=1$のときは1辺が1 cmの正方形，$n=2$のときは1辺が2 cmの正方形，$n=3$のときは1辺が3 cmの正方形，・・・・・，$n=x$のときは1辺がx cmの正方形を作る。ただし，nは自然数とする。このように正方形を作るとき，$n=1$では4本の棒が使われ，$n=2$では12本の棒が使われている。このとき，次の問いに答えなさい。

図1

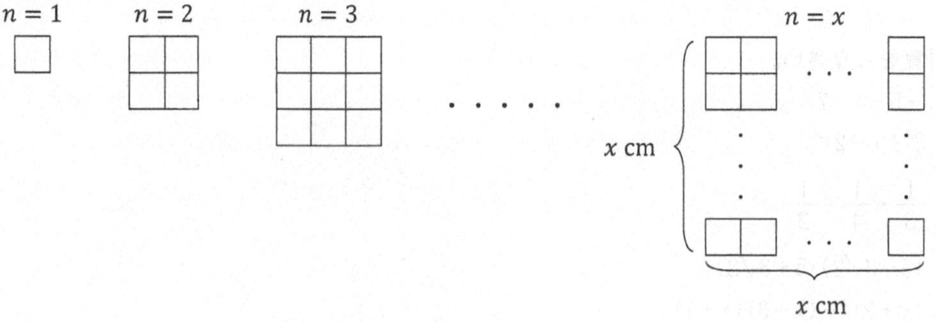

（1） $n=3$のとき，使われている棒の本数を求めなさい。

（2） $n=4$のとき，使われている棒の本数を求めなさい。

（3） $n=8$のとき，使われている棒の本数を求めなさい。

（4） 棒を500本使ってよいとき，最大で1辺が何cmの正方形を作ることができるか答えなさい。

（5） $n=2022$のとき，使われている棒の本数を求めなさい。

4 図2のように，1辺の長さが12 cmの正方形ABCDがある。辺CD上に点Eを取り，線分BEの延長と辺ADの延長との交点をFとすると，DF＝3(cm)となった。また，辺AD上に点Pをとる。点Pから線分BFに引いた垂線と線分BFとの交点をQとする。QF＝6(cm)となるとき，次の問いに答えなさい。

図2

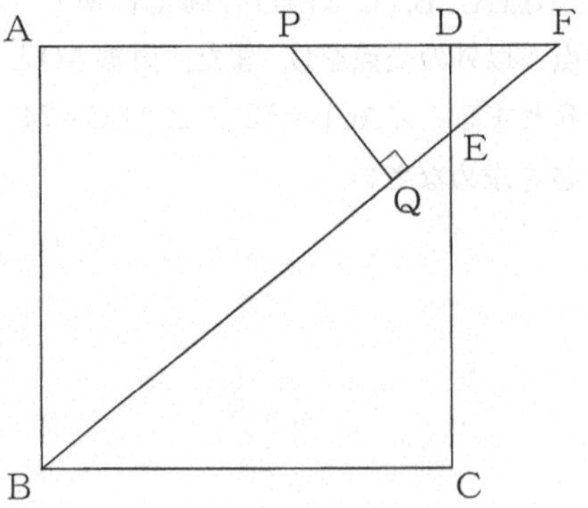

（1） DE：ECを求めなさい。

（2） 線分DEの長さ(cm)を求めなさい。

（3） 線分PQの長さ(cm)を求めなさい。

（4） 四角形PQEDの面積(cm^2)を求めなさい。

（5） 四角形ABQPの面積は四角形PQEDの面積の何倍か求めなさい。

5 図3のように，関数$y=ax^2$のグラフ上に3点A，B，Cをとり，それらを結ぶ。点Aのx座標の値が3，点Bのx座標の値が−2，点Cの座標が(1，1)であるとき，次の問いに答えなさい。ただし，Oは原点とする。

図3

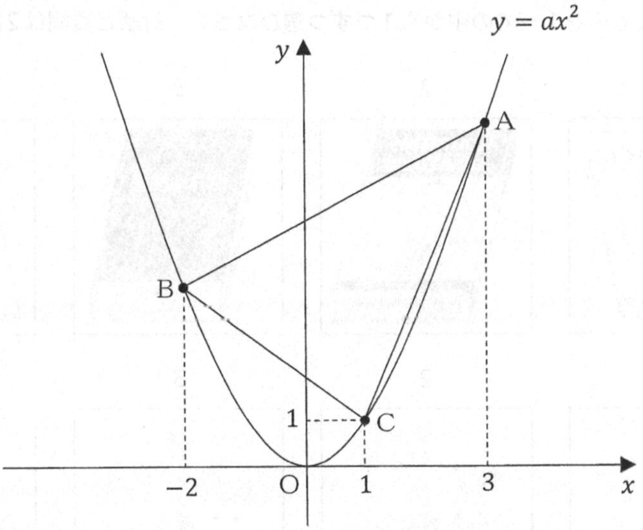

（1） aの値を求めなさい。

（2） 点Bの座標を求めなさい。

（3） 直線ABの式を求めなさい。

（4） △ABCの面積を求めなさい。

（5） 点Pをy軸上にとる。△PABと△ABCの面積が等しくなるときの点Pのy座標をすべて求めなさい。

【英　語】（50分）〈満点：100点〉

1　第1問は放送を聞いて答える問題です。問題は**問1**～**問3**まであります。

問1　次の**a**～**d**のイラストについて，それぞれ対話と質問が読まれます。質問に合う答えとして最も適切なものを**1**～**4**の中から**1つずつ**選びなさい。対話と質問は**2回ずつ**くり返します。

a.　1　2　3　4

b.　1　2　3　4

c.　1　2　3　4

d.

問2　これから，a ～ cの3つの対話を放送します。それぞれの対話の最後の発言の部分でチャイムが鳴ります。そのチャイムの部分に入る言葉として最も適切なものを1 ～ 4の中から1つずつ選びなさい。対話は2回ずつくり返します。

a．1　On weekends.
　　2　At about five.
　　3　Tomorrow afternoon.
　　4　For three hours.

b．1　Yes. I've not watched it yet.
　　2　No. I'm listening to the radio.
　　3　Yes. I'll watch it tomorrow.
　　4　No. I watched it on TV.

c．1　I listen to music in my room.
　　2　I like piano music.
　　3　I enjoy playing the piano every day.
　　4　I like playing with my dog.

問3　これから，a ～ cの3つの対話を放送します。それぞれの対話のあとで，その対話についての質問をします。それぞれの質問の答えとして最も適切なものを1 ～ 4の中から1つずつ選びなさい。対話と質問は2回ずつくり返します。

a．1　He will leave Japan in February.
　　2　He will leave Japan in April.
　　3　He will leave Japan in June.
　　4　He will leave Japan in August.

b．1　On a train.
　　2　At a train station.
　　3　At a stadium.
　　4　In a car.

c．1　Yumi did.
　　2　Yumi's brother did.
　　3　Yumi's father did.
　　4　Yumi's mother did.

〈リスニングテスト放送台本〉

問1

a　A：Hey, Nancy. Are you reading a Japanese book? You're great.
　B：It doesn't have kanji, and I like studying about different countries. So I'm enjoying reading it.
　Question：Which book is Nancy reading

b　A：Hayato, do you have any pets?
　B：Yes. I have a cat. How about you, Jane?
　A：I have a dog and two rabbits.

Question：What pets does Jane have?

c　A：It is September 1st today. Did you finish your homework, Kenta?

B：Yes. I finished it yesterday. Have you finished your homework yet, Lisa?

A：Of course. I already finished it on August 15.

Question：When did Kenta finish his homework?

d　A：Look at this picture. My cousins, my brother and I are in it.

B：You are sitting near a dog, Saki. Which is your brother?

A：He is standing next to me and wearing a cap.

Question：Which is Saki's brother?

問2

a　A：Mom, can I go to the park to play tennis with Tom?

B：OK. What time are you going to come home?

A：(　チャイム　)

b　A：Hi, Meg! You look happy. What happened?

B：My favorite baseball team won the game yesterday.

A：That's good. Did you go to the stadium to watch the game?

B：(　チャイム　)

c　A：What do you usually do on weekends?

B：I often listen to music.

A：What kind of music do you like?

B：(　チャイム　)

問3

a　A：My father has to work in America, and he will leave Japan next month. I'm sad about that.

B：How long is your father going to stay there, Emi?

A：For two months. He will come back to Japan in June.

Question：When will Emi's father leave Japan?

b　A：There are so many cars that we can't get to the stadium yet.

B：The game will start at two o'clock. We are going to be late.

A：I know. I'll look for another way.

Question：Where are they talking?

c　A：This cake is delicious. Did you make it, Yumi?

B：No, Ryan. My father made it. He is a good cook, and my mother and my brother like his cake.

A：Your father is great. I want to eat more.

Question：Who made the cake Ryan is eating?

2 次の文章を読んで設問に答えなさい。

Travel is fun and exciting, but if you get sick, it's not. You may think, "(1) Not me." However, for many people, that is possible. You do not want to get sick and spend your vacation in bed, of course. If you have heart trouble, you do not want to make it worse. (2)(stay, in good health, can, what, you, to, do)? These are the three things to remember when you travel: relax, sleep, and eat well.

The travel on holidays should be a time to relax, but tourists often forget (3) that. There are so many places to visit: museums, churches, parks, and shops. You want to see as much as possible, of course, and so you spend most of your days on your feet. This makes you tired. Your feet may start to hurt. You may get a headache. If you feel like this, you should take a rest. A tired body means a weak body, and a weak body gets sick easily. So sit down for a few hours in a nice spot. In good weather, look for a quiet park bench or an outdoor café. (4) You can learn a lot by watching people while you rest.

Sleep is also important. If you want to stay healthy, you need to get enough sleep. That is often difficult when you are traveling. You may have a noisy hotel room or an uncomfortable bed. If you do, don't be afraid to change rooms or even hotels. If you are young, you may have other reasons for which you cannot sleep. In many cities the nightlife is exciting. You may want to stay out late at night. Then you should plan to sleep during the day. That extra rest can make a big difference.

Finally, you must eat well. That means eating the right kinds of foods. Your body needs fresh fruits and vegetables and some meat, milk, or fish. You also need to be careful about eating new foods. Try small amounts first to make sure they are okay for you. And of course, stay away from foods that are very rich.

Remember this: If you want to enjoy your vacation, take care of yourself. Give your body some rest. Get enough sleep and eat good, healthful food.

注　spend＝過ごす　church＝教会　on your feet＝歩いて　hurt＝痛む　mean＝意味する　look for＝探す
stay out late at night＝夜更かしして遊び回る　extra＝別の　amount＝量　rich＝濃い，こってりとした

a）下線部(1)の意味として適切なものはどれか，選びなさい。
1．It's not fun and exciting for me.　2．I won't get sick.
3．You don't get sick.　4．You get sick.

b）(2)の(　　)内の語を『健康でいるためには何ができますか』という意味になるように並べ替えなさい。但し，文頭は大文字に書きかえること。

c）下線部(3)が指し示す内容を日本語で答えなさい。

d）下線部(4)を日本語に訳しなさい。

e）本文の内容に適切なものはどれか，選びなさい。
1．できるだけたくさんの場所を訪れるためには，計画を立てることが大切である。
2．旅行中に健康でいるためには，歩いて観光地を回るべきだ。
3．夜更かしをした場合は日中に寝ることは有効である。
4．旅行中に病気にならないためには，普段食べたことのないものであっても積極的に食べるべきだ。

3 次の英文の（　　）に入る最も適切なものはどれか，選びなさい。

a）Dad, I want to get a new book. Can you（　）me some money?
　1．buy　　2．give　　3．lose　　4．have

b）I was（　）on the phone when my father came back home.
　1．talk　　2．talking　　3．talked　　4．talks

c）A：What do you do（　　）the day on Sundays?
　B：I sometimes go to the library to read books with my sister.
　1．during　　2．among　　3．between　　4．from

d）Ryo broke the window at school. His parents must pay（　）it.
　1．by　　2．at　　3．in　　4．for

e）Ryota is going to go to Okinawa this summer.（　）wants to swim in the sea.
　1．He　　2．His　　3．Him　　4．Himself

f）A：Why was the teacher（　　）this afternoon?
　B：Because most students forgot to do their homework.
　1．happy　　2．brave　　3．merry　　4．angry

g）Haruka often reads books（　　）in English to study.
　1．writes　　2．wrote　　3．writing　　4．written

4 次のポスターを見て，適切なものを選びなさい。

ABC Summer Dance Workshop 3

What: Hip-hop, contemporary and k-pop dance classes

Where: ABC Dance Studio

When: AUGUST 1st (Monday) to SEPTEMBER 24th (Saturday)

Schedule:

Mondays & Wednesdays	Hip-hop
Tuesdays & Thursdays	Contemporary
Fridays & Saturdays	K-pop

Beginner	9:00 – 11:00
Intermediate	13:00 – 15:00
Advanced	17:00 – 19:00

Get a chance to perform at our annual dance concert to be held on September 30th (Friday)!

Fee:　Registration　¥3, 000
　　　Class　　　　¥7, 000 (per session)

To register: abcdance_workshop3@kmail.com
Registration ends: **July 31st**
You can also call us at **047-319-0011** for more information.

a) When is the deadline for registration?

1. August 1st
2. September 30th
3. July 31st
4. September 24th

b) If you want to attend all 16 sessions for the intermediate k-pop dance class, how much in total do you have to pay?

1. ¥100,000
2. ¥112,000
3. ¥115,000
4. ¥120,000

c) Which of the following sentences is true about the ABC Summer Dance Workshop?

1. The dance concert is held every year.
2. Advanced contemporary dance classes are held on weekends.
3. The last day of classes is on September 30th.
4. You can call to register for the classes.

5 次の（ a ）～（ d ）に入れる文として，最も適切なものを選択肢から選びなさい。選択肢は，1回しか使えません。

A：Hello, how are you?
B：（ a ）. How about you?
A：I'm very busy, but I'm okay.
B：Why are you so busy?
A：（ b ）, so I wake up early and practice every day.
B：Wow! That's great! Have you done that before?
A：（ c ）. How about you? What are you going to do this summer?
B：I am going to go to Osaka with my parents.
A：Nice! What are you going to do there?
B：（ d ）. After watching the game, I want to eat takoyaki. I have never been to Kansai area before.
A：That sounds good!

1. No. It will be my first time
2. My older brother has a baseball match at Koshien Stadium
3. I don't have enough time to go to Osaka
4. I'm very excited because we are going to go on summer vacation soon
5. I signed up for a Kasumigaura Marathon

6 CとDの関係がAとBの関係と同じになるようにDに適切な英単語を書きなさい。

	A	B	C	D
a）	write	wrote	know	（　　　）
b）	visit	visitor	drive	（　　　）
c）	Australia	Australian	China	（　　　）
d）	man	woman	husband	（　　　）
e）	low	high	slow	（　　　）

7 次の会話が成り立つように，下線部に適切な英文を書きなさい。ただし，単語1語のみで解答することは認めません。

a） Emi ：I'm really excited for Mika's birthday party tomorrow.
Mako：I'm sure Sam and Jenny will be there too.
Emi ：How about you?
Mako：____________________. My mom and I have to go to the dental clinic tomorrow.
Emi ：Oh! That's too bad.

b） Barista ：What would you like?
Customer：I would like to get a cup of coffee.
Barista ：That will be three dollars. Would you like anything to eat?
Customer：No, thank you.
Barista ：____________________?
Customer：I'll pay by card.

【理　科】（50分）〈満点：100点〉

1 図は，ヒトの神経系を模式的に表したものである。図のA～Eは神経を示しており，Aは皮ふに，Bは筋肉につながっている。以下の問いに答えなさい。

図

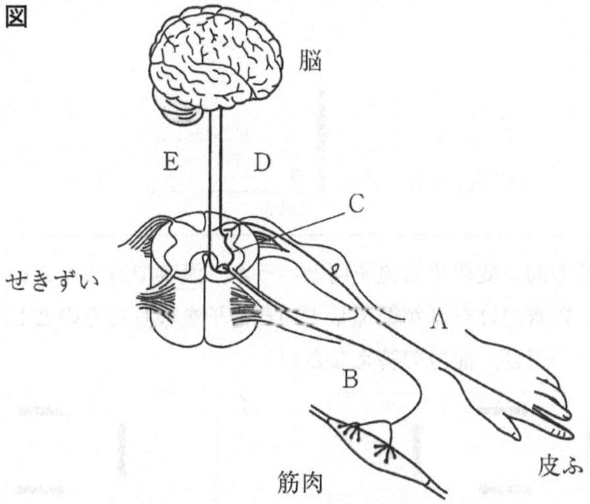

(1)　皮ふのように刺激を受け取る器官を何というか，**漢字**で答えなさい。

(2)　図のBは何神経というか，**漢字**で答えなさい。

(3)　うっかり熱いやかんに手がふれると，思わず手を引っ込めるのと同時に熱さを感じることがある。この反応について，以下の(i)～(ii)の問いに答えなさい。

(i)　この反応の名称を**漢字**で答えなさい。また，その具体例を述べたものとして**誤っているもの**を，次の**ア**～**エ**の中から一つ選び，記号で答えなさい。

ア　目の前にものが飛んでくると瞬間的に目をつむる

イ　暗い部屋に入ると瞳孔《どうこう》が開き，明るい部屋に入ると瞳孔《どうこう》が閉じる

ウ　朝家で学校の制服を着る

エ　ひざの下にある膝蓋腱《しつがいけん》をたたくと，ひざから下の足が跳ね上がる

(ii)　この反応で信号が伝えられる経路として最も適当なものを，次の**ア**～**カ**の中から一つ選び，記号で答えなさい。

ア　A→E→D→B　　**イ**　A→D→E→B　　**ウ**　A→C→B

エ　B→D→E→A　　**オ**　B→C→A　　**カ**　B→C→E→D

2 Aさんは，日本に吹く季節によって方向が変化する風について興味を持ち，次の**モデル実験**を行った。以下の問いに答えなさい。

【モデル実験】

図のように，岩石と水を50℃に熱し透明な箱に入れ，20℃の部屋に置いた。箱の中央に火のついた線香を入れ，そのけむりのようすを観察した。しばらく観察すると，線香のけむりが循環している様子が観察できた。

図

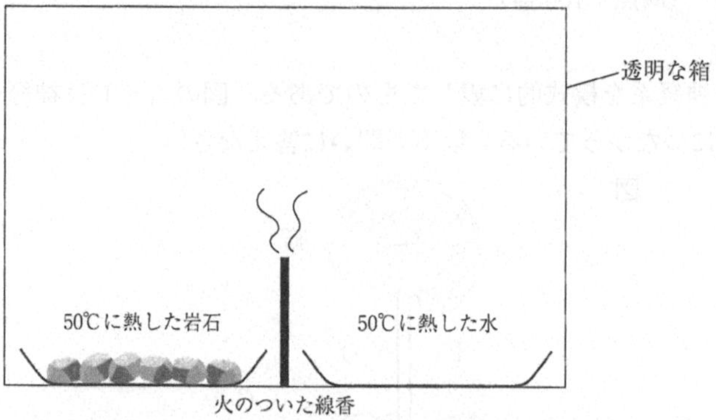

(1)　季節によって吹く方向が変化する風を何というか，<u>漢字</u>で答えなさい。

(2)　下線部について，線香のけむりが循環している様子を表したものとして最も適当なものを，次のア～エの中から一つ選び，記号で答えなさい。

ア

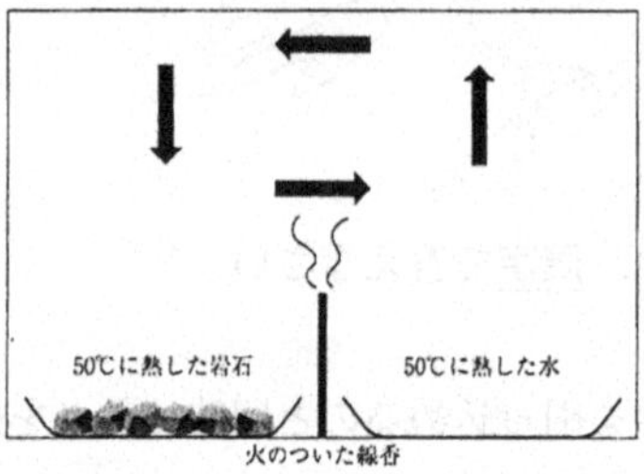

イ

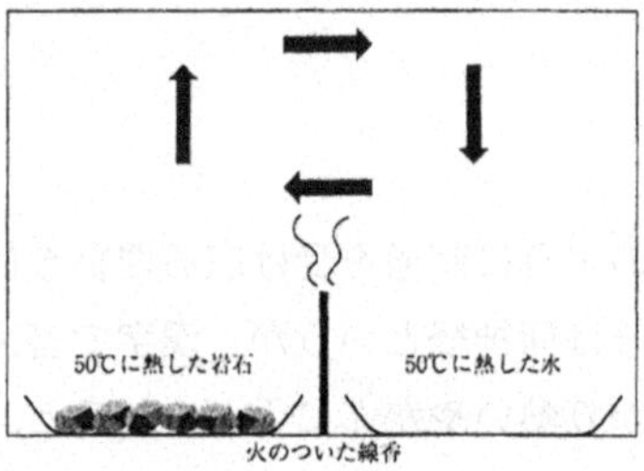

ウ

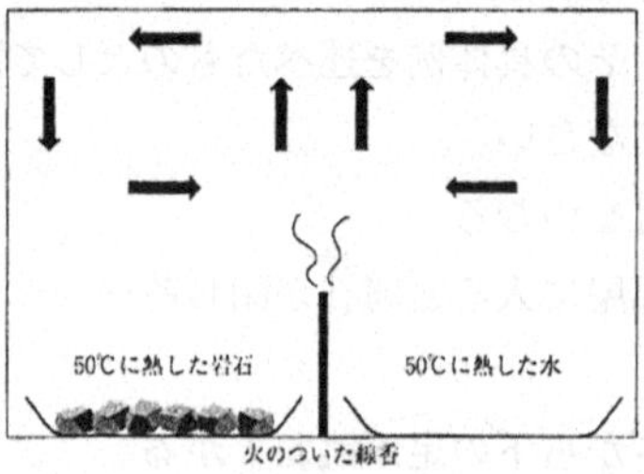

エ

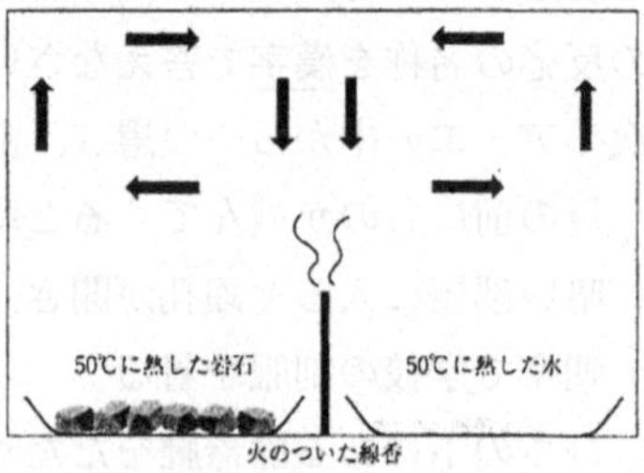

(3)　けむりの循環が(2)のようになった理由は，岩石と水がもつある性質に差があるためである。この性質の差について述べた次の文の空欄［ X ］に当てはまる語句を<u>15字以内</u>で答えなさい。

岩石には，水よりも［ X ］という性質がある。

(4)　Aさんは**モデル実験**の結果から，日本に吹く季節によって方向が変化する風について次のように考えた。文中の空欄［ あ ］～［ え ］に当てはまる語句の組み合わせとして正しいものを，次のア～クの中から一つ選び，記号で答えなさい。

> 日本列島は，ユーラシア大陸と太平洋にはさまれている。
> 夏になると，ユーラシア大陸上の温度が太平洋上の温度より［ あ ］なるため，太平洋上で［ い ］が現れる。このとき日本では［ う ］の風がふく。
> 冬になると，太平洋上の気温がユーラシア大陸上の気温よりも［ あ ］なるため，ユーラシア大陸上で［ い ］が現れる。このとき日本では［ え ］の風がふく。

	あ	い	う	え
ア	高く	高気圧	南東	北西
イ	高く	低気圧	南東	北西
ウ	高く	高気圧	北西	南東
エ	高く	低気圧	北西	南東
オ	低く	高気圧	南東	北西
カ	低く	低気圧	南東	北西
キ	低く	高気圧	北西	南東
ク	低く	低気圧	北西	南東

(5)　Aさんは日本の季節ごとの特徴的な天気に風がどのように関わっているか調べた。日本の冬の天気について述べた文として，最も適当なものを，次の**ア**～**エ**の中から一つ選び，記号で答えなさい。

ア　太平洋側は，乾いた空気が山の頂上付近で水蒸気を得て，雨が多く降る

イ　太平洋側は，水蒸気を多く含んだ空気が山を下りてくるため，雪が降ることが多い

ウ　日本海側は，乾いた空気が山にふきつけるため，晴れて乾燥した日が多い

エ　日本海側は，水蒸気を多く含んだ空気が山にぶつかって上昇するため，雪が降ることが多い

3　水溶液と金属板を用いて，次の**実験1**，**2**を行った。以下の問いに答えなさい。

【実験1】

うすい塩酸を入れたビーカーによくみがいた亜鉛板と銅板を入れ，この2枚の金属板と電圧計，電子オルゴールをつなぎ，**図1**のような装置をつくった。スイッチを入れると，電子オルゴールが鳴ったため，電圧計で電圧を測定すると，**図2**のように針が右にふれた。

その後，マグネシウムリボンを用意して，金属板の組み合わせを変え，電圧計の針がふれる向きを調べた。それぞれの金属板の組み合わせで**実験1**を行い，結果を次ページの**表**にまとめた。

図1

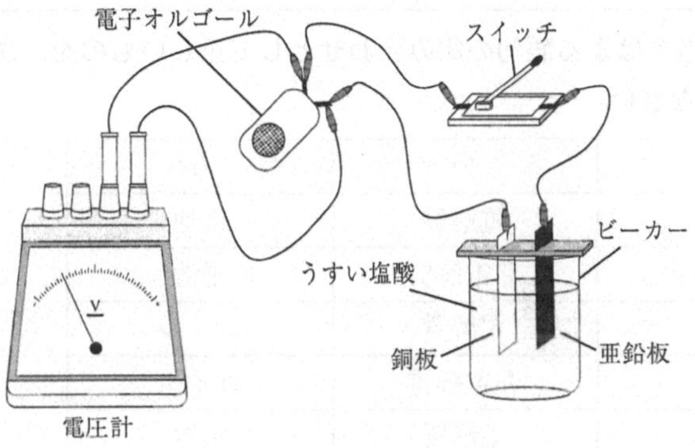

図2

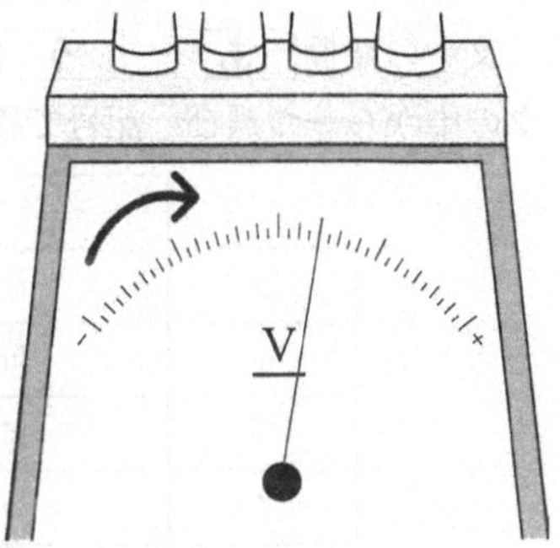

表

金属板の組み合わせ	1	2	3	4
電圧計の＋端子につなぐ金属板	亜鉛板	亜鉛板	銅板	マグネシウムリボン
電圧計の－端子につなぐ金属板	銅板	マグネシウムリボン	銅板	銅板
電圧計の針がふれた向き	左	右	ふれない	左

【実験２】

実験１と同様の実験をうすい塩酸ではなく，砂糖水およびエタノールを入れてそれぞれ行ったところ，いずれの場合も電子オルゴールは鳴らなかった。

⑴　下線部について，塩酸は溶媒である水に塩化水素が溶けた水溶液である。一般に，溶媒に溶けている物質を何というか，<u>漢字</u>で答えなさい。

⑵　**実験１**の装置において，電流が流れているときにビーカーの水溶液中でどのような現象が起こるか。最も適当なものを，次の**ア**～**エ**の中から一つ選び，記号で答えなさい。

ア　水溶液中の陽イオンは陽極に引かれ，陰イオンは陰極に引かれる
イ　水溶液中の陽イオンは陰極に引かれ，陰イオンは陽極に引かれる
ウ　水溶液中の陽イオンと陰イオンは，ともに陽極に引かれる
エ　水溶液中の陽イオンと陰イオンは，ともに陰極に引かれる

⑶　次の文は**実験１**，**２**の結果をまとめたものである。以下の(i)～(ii)の問いに答えなさい。

実験１，**２**の結果から，種類の［**あ**］金属板を［**い**］水溶液に入れることで，電流を取り出せるということがわかる。これを利用した装置を［**う**］という。実験で用いた金属である亜鉛，銅，マグネシウムを［**う**］の陽極になりやすい順に左から並べると，［**え**］，［**お**］，［**か**］ということがわかる。

(i)　文中の空欄［**あ**］～［**う**］に当てはまる語句の組み合わせとして正しいものを，次の**ア**～**ク**の中から一つ選び，記号で答えなさい。

	あ	い	う
ア	同じ	電解質	電池
イ	同じ	非電解質	電池
ウ	同じ	電解質	コイル
エ	同じ	非電解質	コイル
オ	異なる	電解質	電池
カ	異なる	非電解質	電池
キ	異なる	電解質	コイル
ク	異なる	非電解質	コイル

(ii) え，お，か に当てはまる金属の組み合わせとして正しいものを，次の**ア**～**カ**の中から一つ選び，記号で答えなさい。

	え	お	か
ア	銅	亜鉛	マグネシウム
イ	銅	マグネシウム	亜鉛
ウ	亜鉛	銅	マグネシウム
エ	亜鉛	マグネシウム	銅
オ	マグネシウム	銅	亜鉛
カ	マグネシウム	亜鉛	銅

4 電流とそのはたらきについて調べるため，次の実験**1**～**3**を行った。以下の問いに答えなさい。

【実験1】

抵抗器A，Bの2種類を用意し，それぞれ**図1**のような回路をつくった。電流計で回路に流れる電流を，電圧計で抵抗器の両端に加わる電圧を測定した。**図2**はその結果をグラフにしたものである。

図1

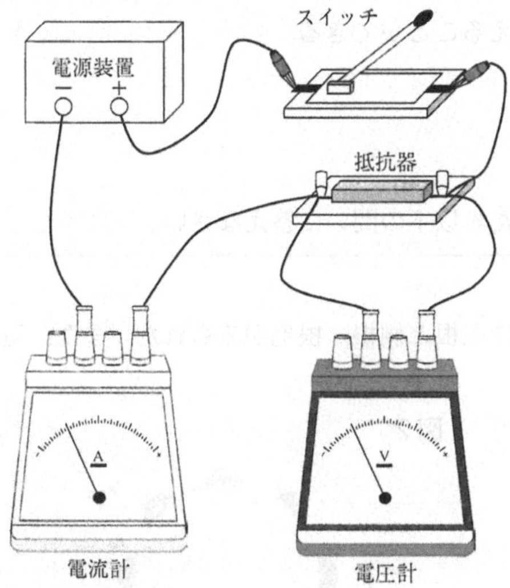

図2

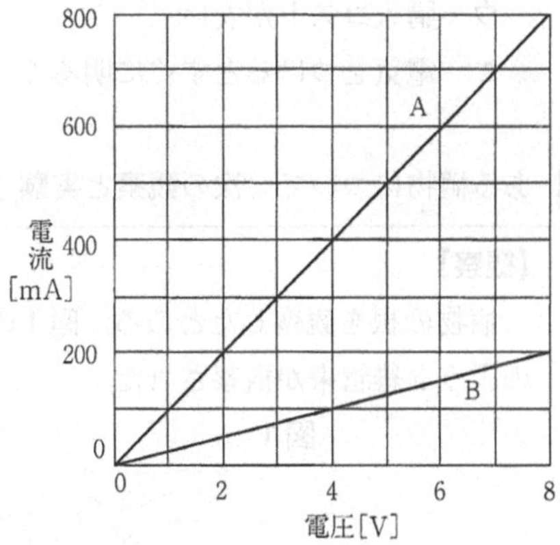

【実験2】

図3のように，抵抗器A，Bを直列につなぎスイッチを入れて，電流計が100 mAを示すように電源装置を調節した。

図3

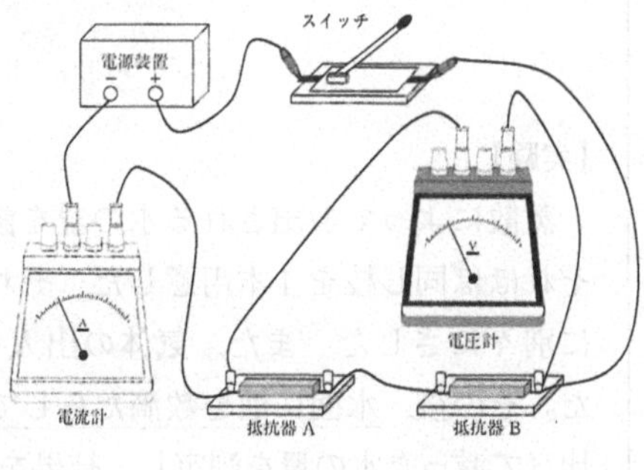

【実験３】

図４のように，抵抗器A，Bを並列につなぎスイッチを入れて，電圧計が16 Vを示すように電源装置を調節した。

図４

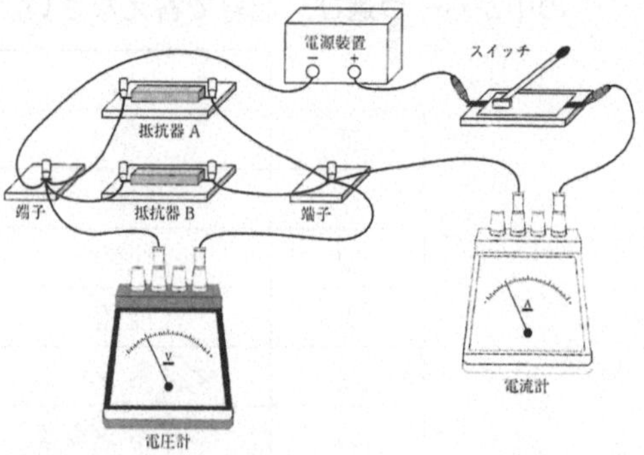

(1)　抵抗器Bの電気抵抗は抵抗器Aの電気抵抗の何倍か答えなさい。

(2)　**実験２**について，このときの電圧計が示す電圧は何Vか答えなさい。

(3)　**実験３**について，このときの回路全体の抵抗は何Ωか，また回路全体に流れる電流は何Aかそれぞれ答えなさい。

(4)　近年使用される電球の多くは，LED電球である。白熱電球と比較したとき，LED電球の特徴として**誤っているもの**を，次の**ア**～**エ**の中から一つ選び，記号で答えなさい。

ア　寿命が長いため電球交換の手間がかからない

イ　消費電力が少ないため，電気代を抑えることができる

ウ　購入コストが安い

エ　電気をつけるとすぐに明るくなる

5　ある植物について，次の**観察**と**実験**を行った。以下の問いに答えなさい。

【観察】

植物の根を観察したところ，**図１**のように主根と側根，根毛がみられた。また，茎では**図２**のような維管束が観察された。

図１

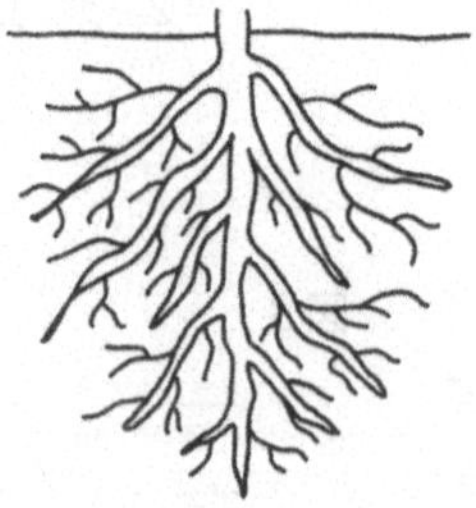

図２

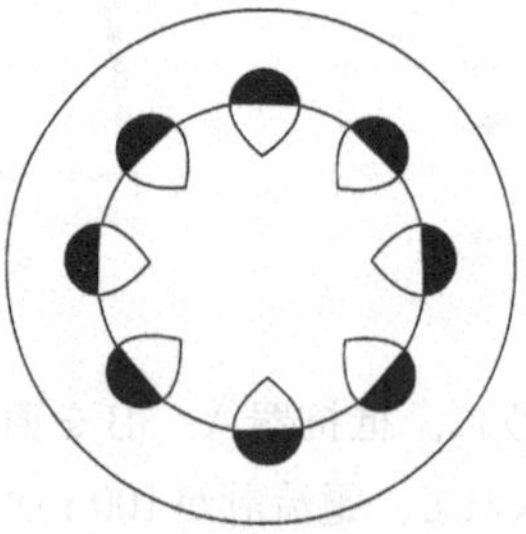

【実験】

蒸散によって放出される水の量を調べるため，葉の数と大きさ，茎の長さと太さが，それぞれほぼ同じ枝を４本用意した。それぞれの枝を，**図３**のように水の入ったメスシリンダーに別々にさした。また，気体の出入りがないように，ワセリンを下の**表**の条件で葉にぬった。その後，水面に油を数滴たらして，光が十分に当たる場所に数時間置き，実験開始時と比べて減った水の量を測定し，結果を次ページの**表**にまとめた。

図3

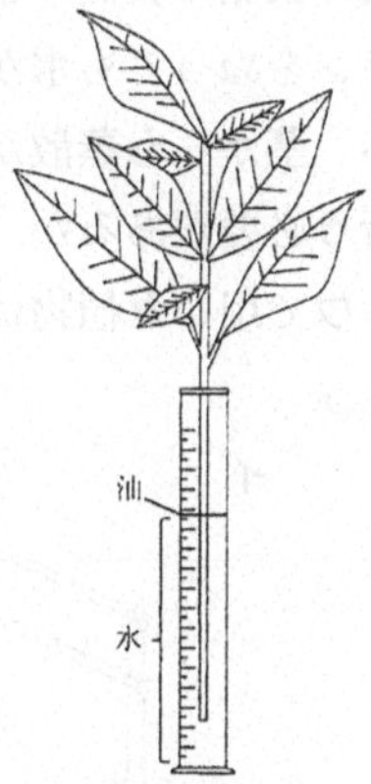

表

条件	何も ぬらない	葉の表側 にぬる	葉の裏側 にぬる	葉の両面 にぬる
減った水の量[ml]	7.4	5.6	2.3	0.5

⑴　**図1**，**図2**から，**観察**した植物として最も適当なものを，次の**ア**～**エ**の中から一つ選び，記号で答えなさい。

ア　ホウセンカ　　**イ**　ツユクサ　　**ウ**　イネ　　**エ**　トウモロコシ

⑵　下線部の操作を行った理由を，**20字以内**で答えなさい。

⑶　次の文は，**実験**の結果をまとめたものである。以下の(i)～(ii)の問いに答えなさい。

> **表**より，蒸散によって放出された水の量は，葉の表側で［ あ ］ml，葉の裏側で［ い ］mlであった。このことから，葉の［ う ］のほうが，蒸散によって放出される水の量が多いことがわかった。

(i)　文中の空欄［ あ ］～［ う ］に当てはまる数値や語句の組み合わせとして正しいものを，次の**ア**～**カ**の中から一つ選び，記号で答えなさい。

	あ	い	う
ア	5.1	1.8	表
イ	1.8	5.1	裏
ウ	5.6	2.3	表
エ	2.3	5.6	裏
オ	4.5	1.2	表
カ	1.2	4.5	裏

(ii)　この**実験**の考察として最も適当なものを，次の**ア**～**エ**の中から一つ選び，記号で答えなさい。

ア　この**実験**の結果から，葉の表と裏の気孔の数が同じであると考えられる

イ　この**実験**の結果から，葉の表側のほうが，気孔の数が多いと考えられる

ウ　この**実験**の結果から，葉の裏側のほうが，気孔の数が多いと考えられる

エ　この**実験**の結果からは，葉の表側と裏側のどちらのほうが気孔の数が多いかわからない

(4)　**表**において，葉の両面にワセリンをぬっても水が減っていることから，茎からの蒸散が行われている可能性があると考えられる。茎からも蒸散が行われていることを証明するためには，どのような処理をした植物で実験を行う必要があるか。次の**ア**～**オ**の中から適当なものを二つ選び，記号で答えなさい。ただし，**ア**～**ウ**で用いた植物は，葉の数と大きさ，茎の長さと太さが，それぞれほぼ同じ枝のものとする。

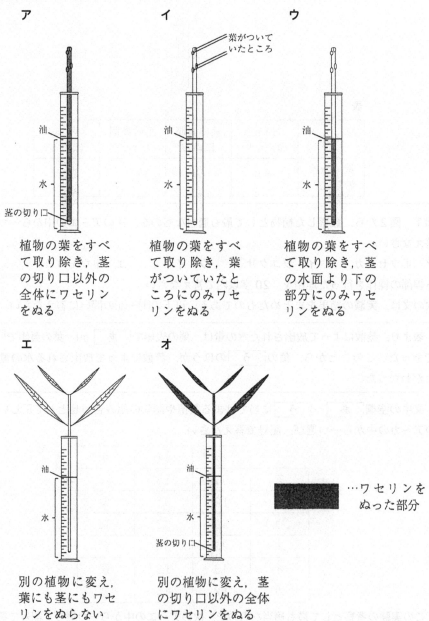

ア

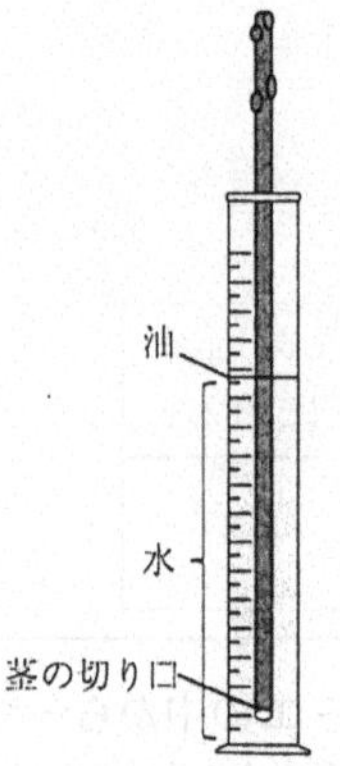

植物の葉をすべて取り除き，茎の切り口以外の全体にワセリンをぬる

イ

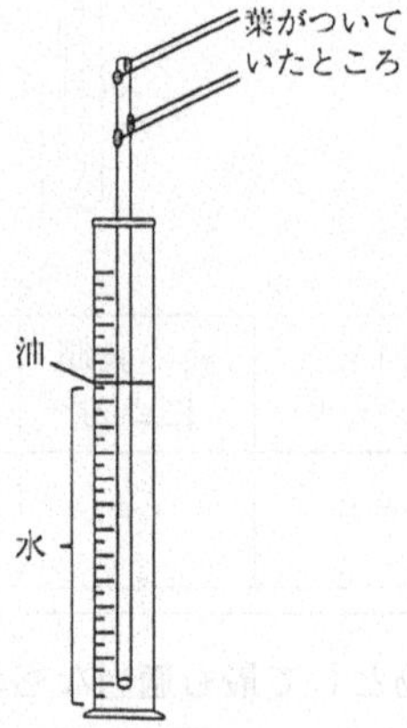

植物の葉をすべて取り除き，葉がついていたところにのみワセリンをぬる

ウ

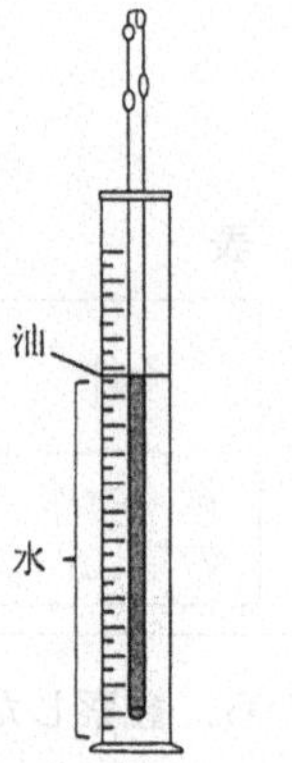

植物の葉をすべて取り除き，茎の水面より下の部分にのみワセリンをぬる

エ

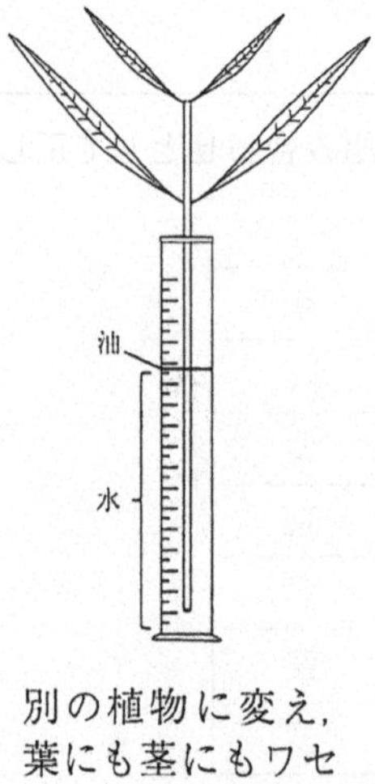

別の植物に変え，葉にも茎にもワセリンをぬらない

オ

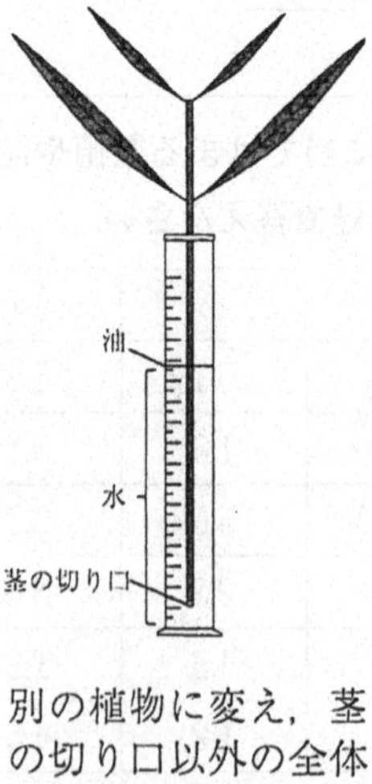

別の植物に変え，茎の切り口以外の全体にワセリンをぬる

…ワセリンをぬった部分

6　AさんとBさんは，前日に起きた地震について学校で話した。次の会話文を読み，以下の問いに答えなさい。

<会話文>
Aさん：昨日の地震の最大震度は４だったみたいだね。日本では，①過去に最大震度７の地震も発生しているよ。なんで日本では地震がひんぱんに発生するのだろう。
Bさん：②日本列島はいくつかのプレートに囲まれていて，そのプレート同士がぶつかり合うから地震が多く発生するんだよ。
Aさん：そうなんだね。地震の震源はどうやってわかるのかな。
Bさん：地震計を用いて調べるんだよ。他にも，③震源までの距離や地震発生時刻なども，その観測データを用いて計算するんだよ。
Aさん：いつ大きな地震が発生するかわからないから，仕組みをしっかりと理解して④防災の意識を高めなければいけないね。

(1)　下線部①について，次の文は２つの最大震度７の地震を比較したものである。この文からわかることとして，最も適当なものを次の**ア**～**エ**の中から一つ選び，記号で答えなさい。

平成７年１月17日に発生した兵庫県南部地震（阪神・淡路大震災）は最大震度７，マグニチュードは7.3であった。また，平成23年３月11日に発生した東北地方太平洋沖地震（東日本大震災）は最大震度７，マグニチュードは9.0であった。最大震度は同じだが東北地方太平洋沖地震の方がマグニチュードが大きいため，地震の規模（エネルギー）も大きいといえる。

ア　マグニチュードが大きい地震の方が，最大震度も大きくなる
イ　地震のゆれを観測した地点によって，その地震のマグニチュードは異なる
ウ　最大震度の大きい地震の方がマグニチュードも大きくなる
エ　震度の大小はマグニチュードの大小では決まらない

(2)　下線部②について，**図１**は日本列島付近のプレートを示したものである。**図１**中のX－Yの断面とプレートの主な動きを示した模式図として最も適当なものを，次の**ア**～**エ**の中から一つ選び，記号で答えなさい。

図１

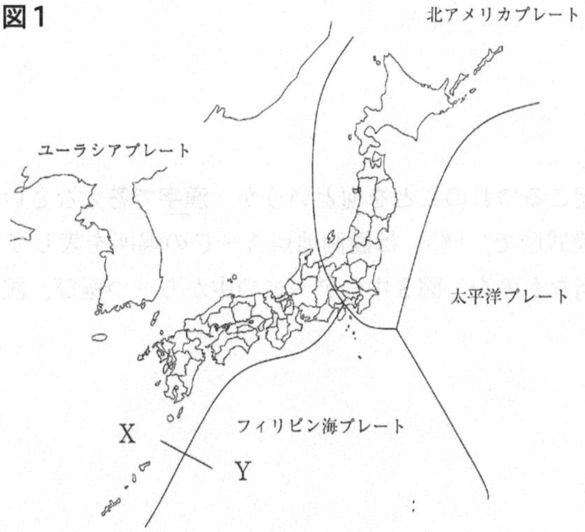

ア

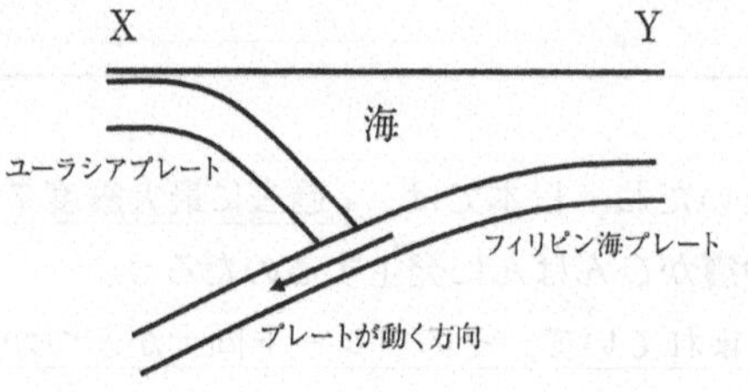

イ

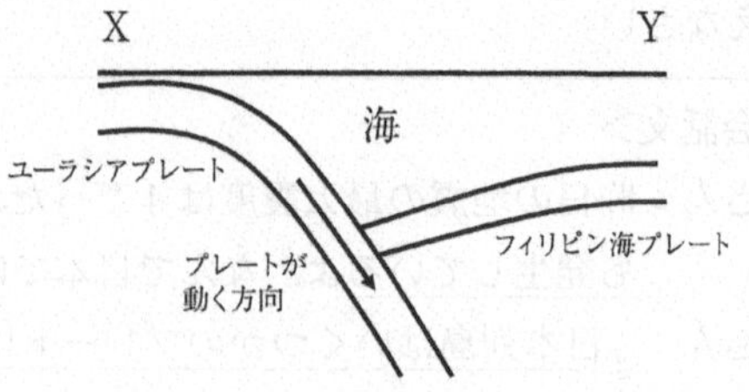

ウ

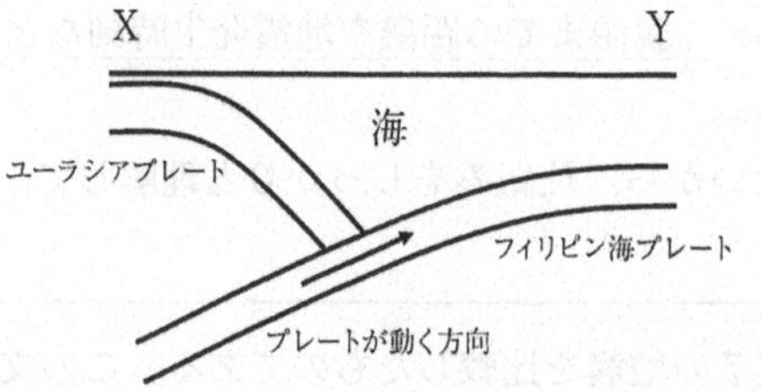

エ

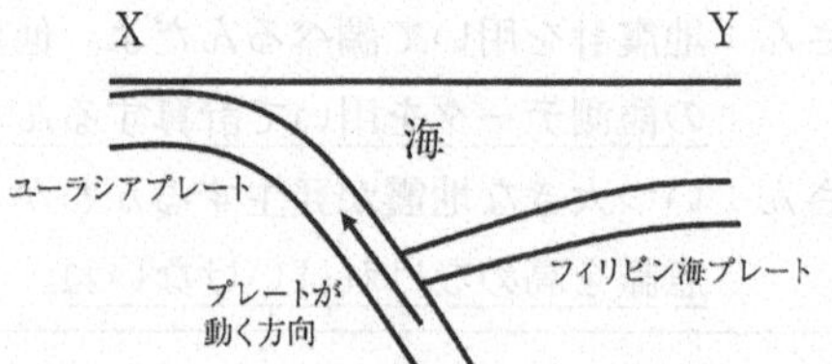

(3)　下線部③について，下の**図２**はある地震を標高が等しい観測地点A～Cに設置した地震計で記録したものを，それぞれ模式的に表したものである。**図２**中の「●」はP波によるゆれの始まりを，「○」はS波によるゆれの始まりを表している。以下の(i)～(iii)の問いに答えなさい。ただし，この地震によるP波とS波はそれぞれ震源を中心とするあらゆる方向に一定の速度で伝わるものとする。

図２

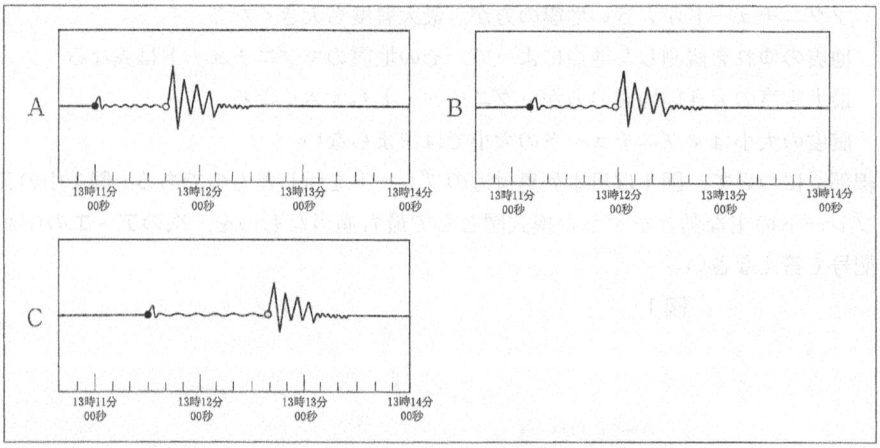

(i)　P波によって起こるゆれのことを何というか，漢字で答えなさい。

(ii)　**図３**は地表の模式図で，「◎」は観測地点A～Cの場所を表している。この地震の震央の位置として最も適当なものを，**図３**中の**ア**～**エ**の中から一つ選び，記号で答えなさい。

図 3

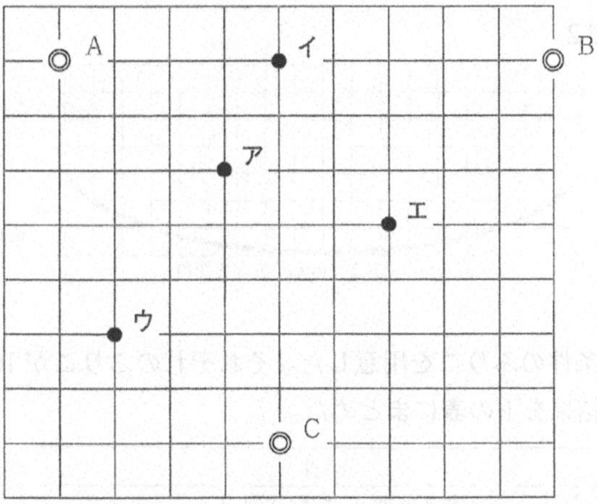

(iii)　この地震の発生時刻は何時何分何秒と考えられるか答えなさい。

(4)　下線部④について，私たちの行動として**誤っているもの**を，次の**ア**～**エ**の中から一つ選び，記号で答えなさい。

ア　あらかじめ避難場所や避難経路を確認しておき，防災グッズなどを準備しておく

イ　地震が発生すると，津波の発生の危険性もあるため，沿岸部にいるときにはなるべく高いところに避難する

ウ　発生直後は，火元の近くにいる場合は火を消し，扉を開けておく

エ　発生直後は，家の中にいる場合は危険なので，すぐに外に出て避難場所へ向かう

7　ふりこの運動について調べるため，次の**実験 1**，**2**を行った。以下の問いに答えなさい。ただし，おもりや糸にはたらく空気の抵抗，糸の質量，糸のたるみはないものとする。また，100 g の物体にはたらく重力を 1 N とする。

【実験 1】

図 1のように，糸の一方を壁にくぎで固定し他方に重さが 50 g のおもりをつけた。①手でおもりを基準面から高さが 10 cm の点Aの位置まで移動させ，静かにおもりをはなした。おもりは高さが最も低くなる点Cを通過し，点Aと同じ高さの点Eまで達した後，点AE間で往復をくり返した。くり返し実験を行っていると，②糸が点Eの位置で切れておもりが落ちてしまった。

図 2は点Aから点Eに達するまでの位置エネルギーと点Aから点Eまでの水平方向の距離との関係を示している。

図 1

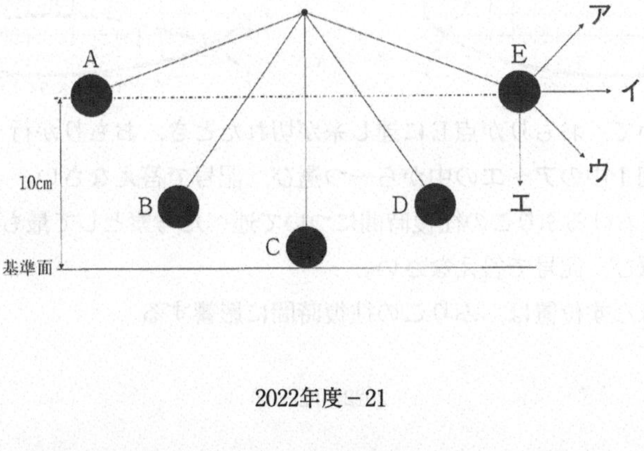

図 2

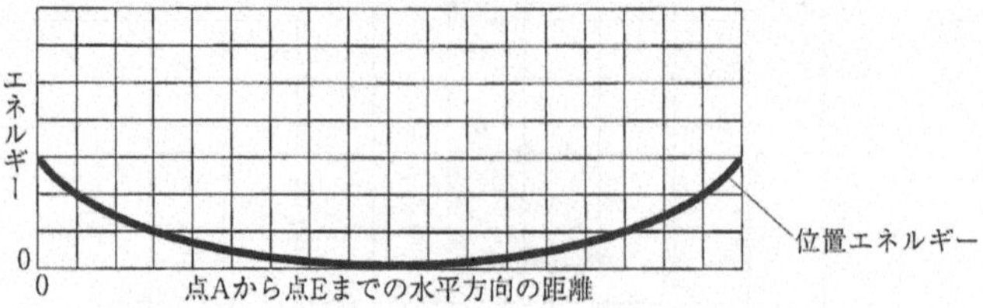

【実験 2】

新しく①～⑤の条件のふりこを用意した。それぞれのふりこが 10 往復するのにかかる時間を測定し，条件と結果を下の表にまとめた。

表

	条件			結果
	おもりをはなす基準面からの高さ［cm］	おもりの重さ［g］	糸の長さ［cm］	10 往復するのにかかる時間［秒］
①	10	100	25	10
②	10	50	50	14
③	10	100	50	14
④	5	50	25	10
⑤	5	100	25	10

(1)　下線部①について，このとき手がおもりにした仕事の大きさは何 J か答えなさい。

(2)　**実験 1** の点A～点Eに達するまでの，おもりがもつ運動エネルギーと位置エネルギーの関係を表すグラフとして最も適当なものを，次の**ア**～**エ**の中から一つ選び，記号で答えなさい。ただし，運動エネルギーは「-------」で表している。

ア

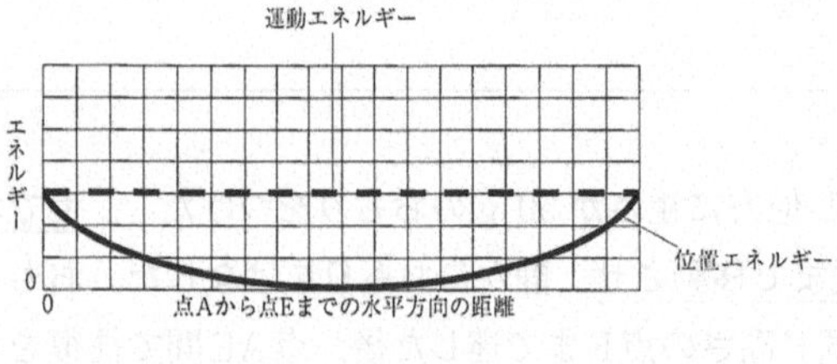

イ

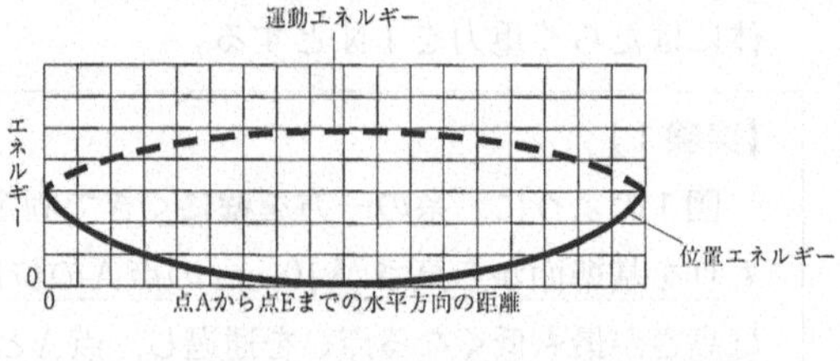

ウ

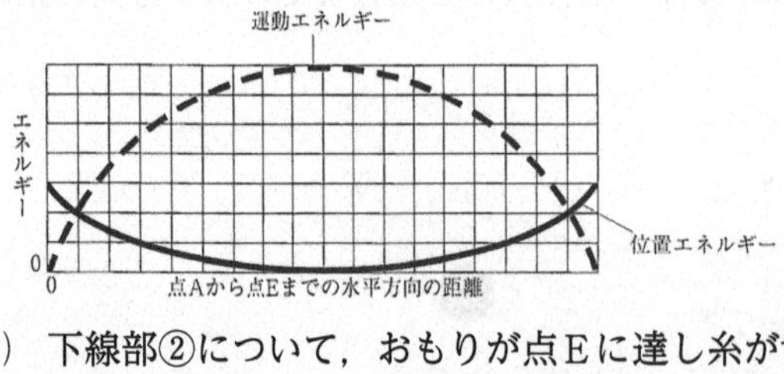

エ

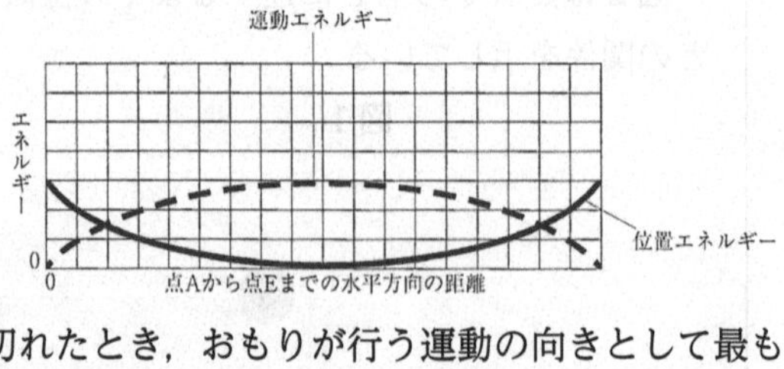

(3)　下線部②について，おもりが点Eに達し糸が切れたとき，おもりが行う運動の向きとして最も適当なものを，**図 1** 中の**ア**～**エ**の中から一つ選び，記号で答えなさい。

(4)　**実験 2** の結果におけるふりこの往復時間について述べた考察として最も適当なものを，次の**ア**～**エ**の中から一つ選び，記号で答えなさい。

ア　おもりをはなす位置は，ふりこの往復時間に影響する

イ　おもりの重さは，ふりこの往復時間に影響する

ウ　糸の長さは，ふりこの往復時間に影響する

エ　この結果では，おもりをはなす位置，おもりの重さ，糸の長さのどれがふりこの往復時間に影響するかわからない

8　酸化銅と炭素の粉末を用いて次の**実験**を行った。以下の問いに答えなさい。

【実験】

酸化銅にM［g］の炭素の粉末を混ぜ合わせて試験管Aに入れ，ゴム管付きガラス管を取り付け，**図1**のような装置をつくった。石灰水を入れた試験管Bの中にガラス管の先を入れ，試験管Aを①ガスバーナーで加熱した。試験管Aで発生した気体は試験管Bへと通り，②石灰水と反応して，白くにごらせた。

反応終了後，試験管A内の物質を取り出し，銅の質量を測定した。

この実験を，酸化銅の質量を変えて5回繰り返し行い，結果を下の**表**にまとめた。ただし，酸化銅と混ぜた炭素の粉末の質量はいずれもM［g］とする。

図1

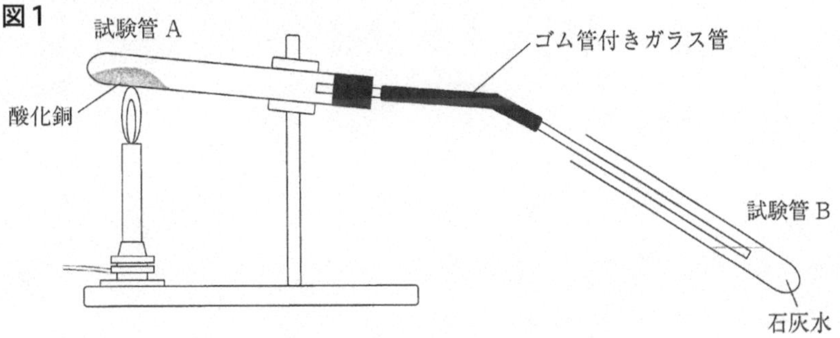

表

	1回目	2回目	3回目	4回目	5回目
酸化銅の質量［g］	1.0	1.5	2.0	2.5	3.0
銅の質量［g］	0.8	1.2	1.6	1.6	1.6

(1)　下線部①について，はじめガスバーナーを点火すると，炎がオレンジ色であった。**図2**のねじⅠまたはねじⅡを操作し，炎の大きさを変えずに青色の炎にするための操作として最も適当なものを，次の**ア**～**エ**の中から一つ選び，記号で答えなさい。

図2

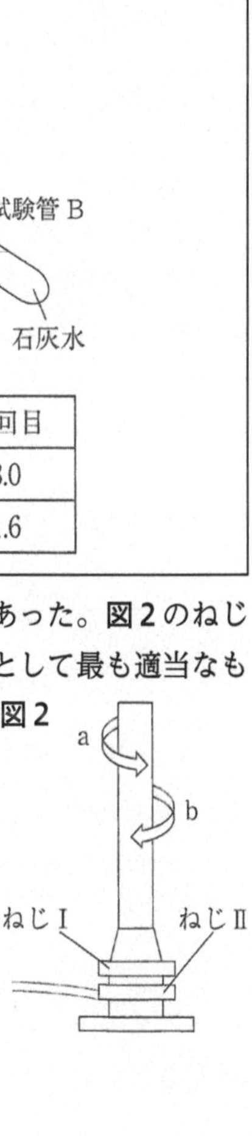

ア　ねじⅠを動かさないで，ねじⅡをaの方向に回す

イ　ねじⅠを動かさないで，ねじⅡをbの方向に回す

ウ　ねじⅡを動かさないで，ねじⅠをaの方向に回す

エ　ねじⅡを動かさないで，ねじⅠをbの方向に回す

(2)　下線部②について，この反応を示す化学反応式の空欄 X に当てはまる物質を**化学式**で答えなさい。

$$Ca(OH)_2 \quad + \quad CO_2 \rightarrow CaCO_3 \quad + \quad \boxed{X}$$

(3)　酸化銅は炭素と反応することで，酸素を失い銅になっている。このような化学変化を何というか，**漢字**で答えなさい。

(4)　次の文を読み，以下の(i)～(iii)の問いに答えなさい。

> 実験結果より，酸化銅の質量が2.0 g以上のときは銅の質量が1.6 gで一定であることから，M［g］の炭素の粉末に過不足なく反応する酸素の質量は あ gであることがわかる。この反応では，酸素原子2個と炭素原子1個が反応して い が生成されているので，酸素原子1個と炭素原子1個の質量の比が4：3であるとすると，M＝ う gとなる。

(i)　空欄 あ に当てはまる数値を答えなさい。

(ii)　空欄 い に当てはまる語句を**漢字**で答えなさい。

(iii)　空欄 う に当てはまる数値を答えなさい。

【社　会】（50分）〈満点：100点〉

1 日本や世界の地理に関する以下の問いに答えなさい。

(1) （図１）は日本地図である。Ｐの岩礁は，真珠の養殖に適している。この岩礁を答えなさい。

(2) （図１）は日本地図である。海苔の養殖が盛んな地域を，次のア～エの中から１つ選んで記号で答えなさい。

（図１）

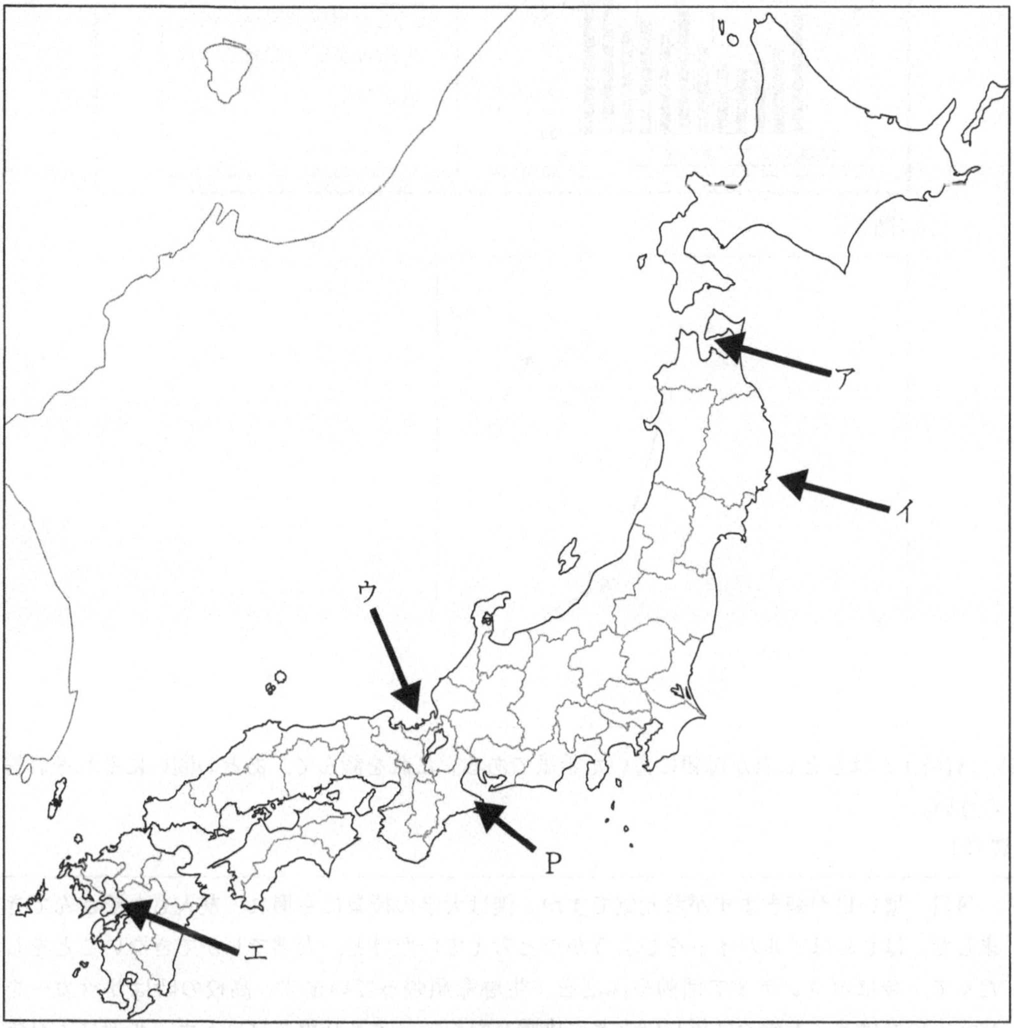

(3) （図２）はさとし君が作成した都道府県新聞である。 Ａ にあてはまる語句を答えなさい。

(4) （図２）の雨温図が示す都道府県にあてはまるものを，あとの（図３）のＡ～Ｄの中から１つ選んで記号で答えなさい。

（図２）

＜都道府県新聞＞

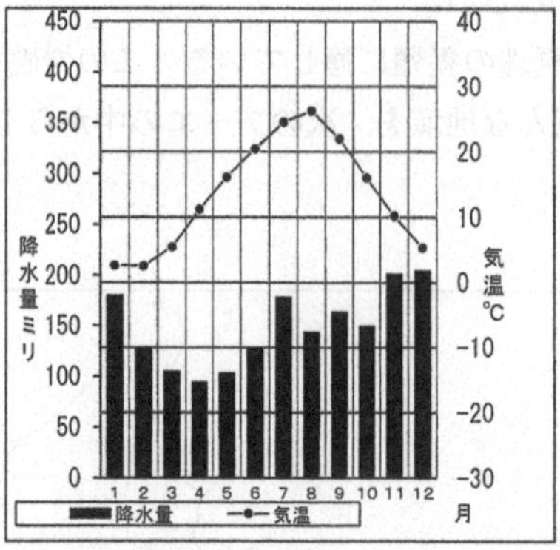

【特徴】

・伝統工芸品である小千谷ちぢみが有名

・洋食器の生産第１位

・ A 川流域では，メチル水銀が原因で第二水俣病が発生

（図３）

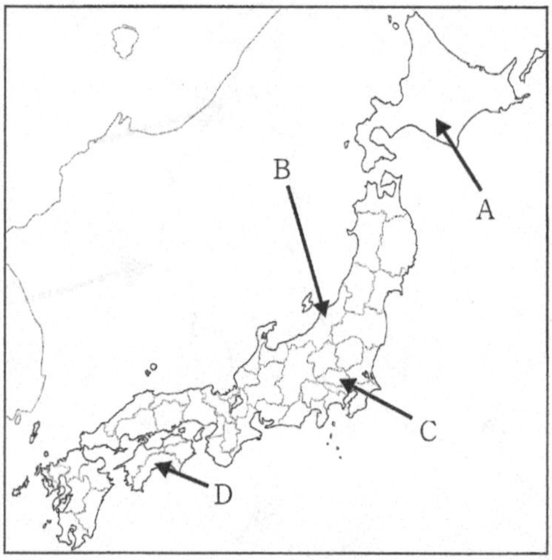

⑸ （資料１）はさとし君が母親に書いた手紙である。これを読んで，あとの問いにそれぞれ答えなさい。

（資料１）

毎日，暑い日が続きますがお元気ですか。僕は大学の授業にも慣れ，友人もたくさんできました。はじめはアルバイトをしようかなと考えていたけど，大学でしかできないことをしたくて，今はボランティア活動や部活を一生懸命頑張っています。高校の時はサッカーをやっていたけど，大学では新しいことに挑戦したくて，アメリカンフットボール部に入りました。ルールが難しくてまだまだうまくいかないことも多いけど，チームの力になれるように練習していきたいです。今度，アメリカンフットボール部のみんなで旅行に行く計画をしています。僕は初めての海外なので不安もありますが楽しみも大きいです。旅行の日程は，同じポジションの先輩の啓介さんが作ってくれました。まず，経度０度にあるカカオ豆の産地で有名な国に行きます。この国の首都はアクラで，ボーキサイト鉱山とボルタ川の水力発電を利用したアルミニウム工業が盛んです。

その国の観光が終わったら，イタリアやギリシャを見に行こうかなと考えています。イタリアやギリシャは地中海沿岸の国なのでとても農業が盛んです。イタリアの次は，飛行機でイギリスに行き，海底トンネルを使ってフランスにも行く予定です。

帰国したら日本観光もしたいです。まずは日本三景の天橋立を見学し，そこから姫路城・高野山を経由して，最後は鳥羽・伏見の戦いの舞台である鳥羽を見てきます。この鳥羽・伏見の戦いは，僕の好きな新選組も参加しているので見に行くのが楽しみです。落ち着いたら旅行のお土産をたくさん持って実家に帰ろうと思っています。楽しみにしていてください。いつまでも体に気を付けてね。

① （資料1）の中でさとし君たちが旅行する国の国旗を，次のア～エの中から1つ選んで記号で答えなさい。

ア

イ

ウ

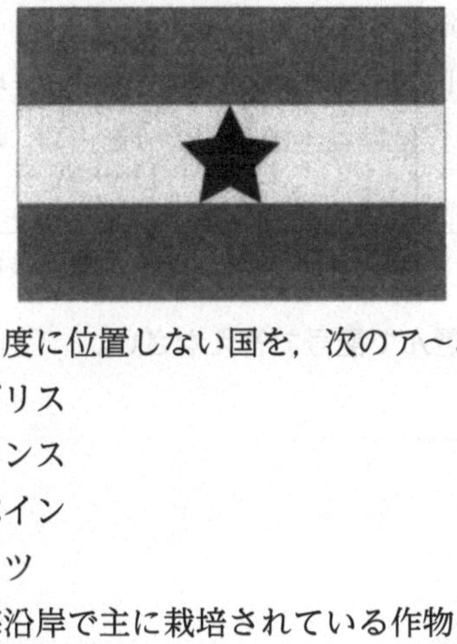

エ

② 経度0度に位置しない国を，次のア～エの中から1つ選んで記号で答えなさい。

ア　イギリス

イ　フランス

ウ　スペイン

エ　ドイツ

③ 地中海沿岸で主に栽培されている作物の正しい組み合わせを，次のア～エの中から1つ選んで記号で答えなさい。

ア　米ー大豆

イ　小麦ー大豆

ウ　米ーオリーブ

エ　小麦ーオリーブ

④ 海底トンネルを通って，イギリスとフランスを結ぶ高速鉄道を答えなさい。

⑤ （資料1）の中でさとし君たちが旅行する予定の近畿地方のルートとして正しい組み合わせを（図4）を見て，次のア～エの中から1つ選んで記号で答えなさい。

（図４）

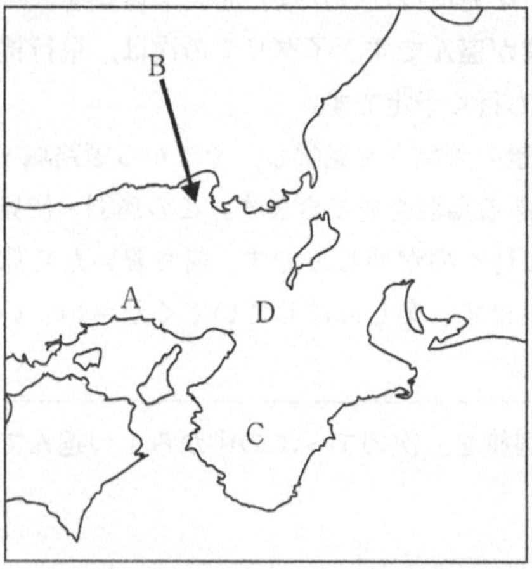

ア　A→B→D→C

イ　B→A→C→D

ウ　C→A→D→B

エ　D→A→B→C

(6)（資料２）は農林水産省のホームページで掲載されている小学生の質問に対する回答である。これを読んで，あとの問いにそれぞれ答えなさい。

（資料２）

【質問】

十勝地方で小豆が作られはじめたのはいつごろからですか。

【回答】

明治維新に北海道開拓のために入植した人が，本土から持ちこんで栽培をはじめました。十勝地方の農家の収入の柱となったのは明治35年ごろです。

平成30年産の小豆の作付面積は全国23,700 ha，うち北海道は19,100 ha。収穫量は全国42,100トン，うち北海道39,200トン。十勝地方の作付けは全国の約半分を占め，収穫量は65％を占める大産地です。

（農林水産省ホームページより）

①　十勝地方を，（図５）のア～エの中から１つ選んで記号で答えなさい。

（図５）

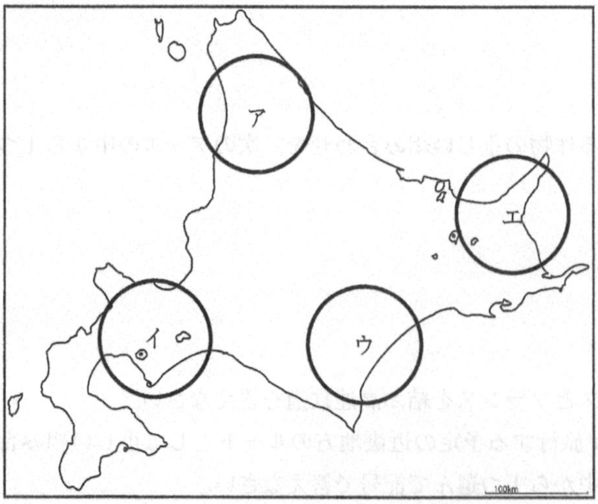

② （図６）は農産物の収穫量に占める北海道の割合のグラフである。小豆にあてはまるものを，（資料２）を参考にＡ～Ｄの中から１つ選んで記号で答えなさい。

（図６）

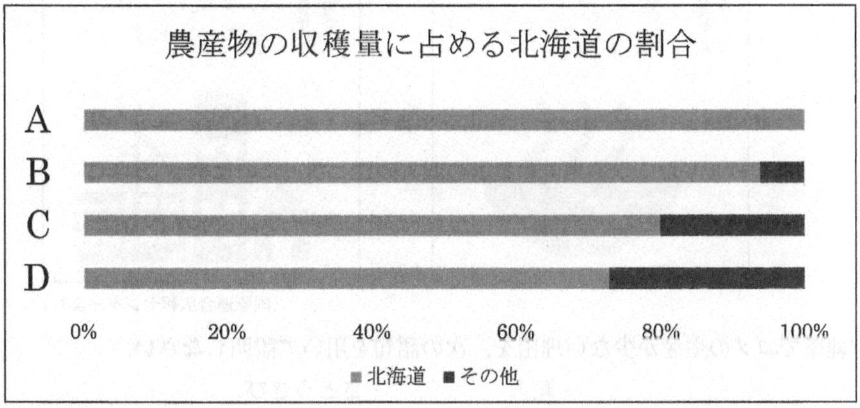

⑺ （図７）は世界の宗教をまとめた表である。［　Ａ　］にあてはまる語句を答えなさい。

（図７）

宗　教	特　徴
キリスト教	日曜日には教会に行き，食事の前は祈りをささげる
イスラム教	飲酒や豚肉を食べることは禁止
仏教	［　Ａ　］仏教（チベットから日本にかけて広がった）
	上座部仏教（スリランカや東南アジアで広がった）
ヒンドゥー教	牛は神の使いとされ，牛肉を食べることは禁止 聖なる川であるガンジス川には沐浴のため巡礼者が多く訪れる

⑻ （図８）は西アジアの地図である。イスラム教の聖地であるメッカを，次のア～エの中から１つ選んで記号で答えなさい。

（図８）

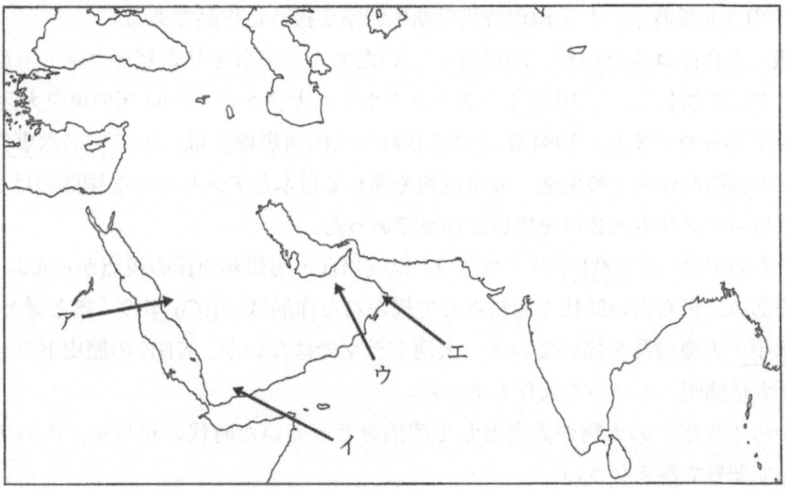

⑼ （図９）は持続可能な開発目標の一部である。「持続可能な開発目標」の略称を答えなさい。

（図９）

（国際連合広報センターより）

⑽ 沖縄県でコメの生産が少ない理由を，次の語句を用いて説明しなさい。

・輸入　　　　・さとうきび

2 歴史に関する次の本文を読んで，以下の問いに答えなさい。

1963年から始まったNHKの大河ドラマは，特に幕末や戦国時代を扱った作品が多い。第１作の「花の生涯」は，幕末の大老ⓐ井伊直弼の生涯を描いたものである。この他に幕末の人物である，坂本竜馬・ⓑ西郷隆盛・大久保利通を主人公とした作品がつくられた。また，最後の将軍徳川慶喜の姿を描いた作品もあった。

戦国時代を扱ったものでは，織田信長やⓒ豊臣秀吉が多いが，上杉謙信・武田信玄・伊達政宗が主人公となった作品もある。また，徳川家康やⓓ江戸時代を舞台とした作品もある。ⓔ1989年の「春日局」は，３代将軍徳川家光の乳母として権勢を振るった女性の姿を描いた。「ⓕ８代将軍吉宗」は，ⓖ紀伊藩から将軍となった徳川吉宗を主人公とした作品である。

室町時代を舞台とした，ⓗ1991年の「太平記」では足利尊氏を中心に，鎌倉幕府の滅亡や南北朝の動乱を描き出し，1994年の「花の乱」は足利義政の正室を中心に，承久の乱前後の歴史を描いた作品である。

今年の「鎌倉殿の13人」は，平清盛の時代を経て，北条義時を主人公とした鎌倉武士を描いた作品で，2001年の「北条時宗」もⓘ鎌倉時代の執権時宗を扱った作品である。

現代史を扱った作品は少ないが，2019年の「いだてん～東京オリムピック噺～」は，日本が初めてオリンピックに参加した，ⓙ1912年のストックホルム大会から，1964年の東京大会までの50年間を描いた作品であった。また，1984年につくられた「山河燃ゆ」は，ⓚ二・二六事件から太平洋戦争，アメリカの強制収容所での生活，東京裁判を通して日本とアメリカの２国間のはざまで差別や偏見に苦しんだ日系アメリカ人２世を描いた作品であった。

平安時代のものでは，ⓛ1993年の「炎立つ」は安倍氏・奥州藤原氏の視点から東北100年の歴史を描いた作品である。最も古い時代を題材として描かれた作品は，1976年の「風と雲と虹と」がある。これは，ⓜ承平・天慶の乱を描いている。大河ドラマではないが，NHKの歴史ドラマとして「大化の改新」や「大仏開眼」といった大作もあった。

⑴ 本文中の下線部ⓐの人物が大老として政治をとっていた時代の年号を，次のア～エの中から１つ選んで記号で答えなさい。

ア　天保　　　　　イ　安政
ウ　元治　　　　　エ　嘉永

(2)　本文中の下線部ⓑの人物と関係のないものを，次のア～エの中から１つ選んで記号で答えなさい。
ア　西南戦争をおこした。
イ　薩長同盟を結んだ。
ウ　征韓論を唱えた。
エ　岩倉使節団の一員として欧米に派遣された。

(3)　本文中の下線部ⓒの人物と面識のない人物を，次のア～エの中から１つ選んで記号で答えなさい。
ア　石田三成　　　イ　千利休
ウ　雪舟　　　　　エ　明智光秀

(4)　次の⬚の文は，本文中の下線部ⓓの時代から，日本とある国との関係を述べたものである。これを読んで，あとの問いにそれぞれ答えなさい。

> 16 世紀末に（　a　）の多い□がスペインから独立を宣言した。この国は 17 世紀には（　b　）会社を設立してアジアに進出し，日本とも貿易するなど，ヨーロッパの貿易や金融の中心として栄えた。江戸時代，鎖国体制が強化されると，この国の商館は（　c　）に移された。江戸時代は，この国を通じてヨーロッパの文化を学ぶ蘭学がおこり，（　d　）らはヨーロッパの解剖書を翻訳し「解体新書」を出版した。
>
> 1840 年に中国でおきた（　e　）後，この国の国王は幕府に対して開国を勧告する国書を送った。その後，日米修好通商条約が結ばれると，この国とも同様の条約を結んだ。この国とは明治以降もおおむね良好な外交関係を維持したが，昭和に入ると関係は悪化し，太平洋戦争開戦後，この国の政府は日本に宣戦布告した。1951 年に（　f　）内閣の時に結ばれたサンフランシスコ平和条約により親交は復活した。

①　⬚の文の□にあてはまる国名を，次のア～エの中から１つ選んで記号で答えなさい。
ア　オランダ
イ　フランス
ウ　ドイツ
エ　イギリス

②　⬚の文の（　a　）にあてはまる語句を，次のア～エの中から１つ選んで記号で答えなさい。
ア　イスラーム
イ　ピューリタン
ウ　カトリック
エ　プロテスタント

③　⬚の文の（　b　）にあてはまる語句を答えなさい。

④　⬚の文の（　c　）にあてはまる場所を，（図１）のア～エの中から１つ選んで記号で答えなさい。

（図１）

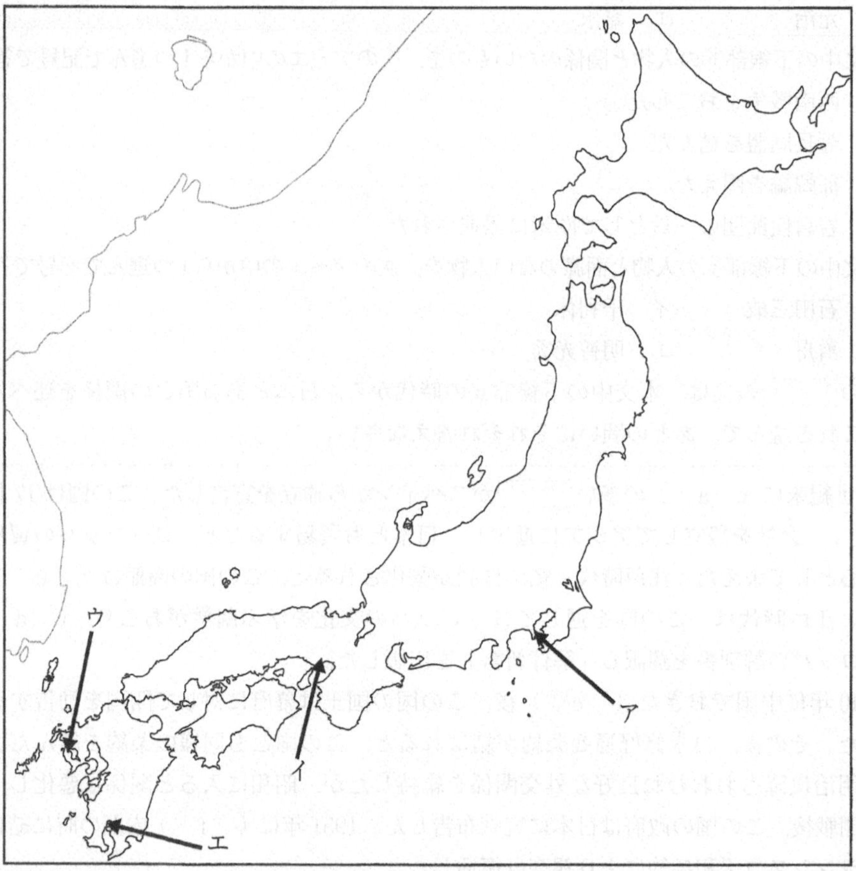

⑤ □ の文の（　d　）にあてはまる人名を，次のア～エの中から１つ選んで記号で答えなさい。

ア　伊能忠敬　　　イ　杉田玄白
ウ　緒方洪庵　　　エ　本居宣長

⑥ □ の文の（　e　）にあてはまる語句を，次のア～エの中から１つ選んで記号で答えなさい。

ア　南北戦争　　　イ　太平天国の乱
ウ　アヘン戦争　　エ　インド大反乱

⑦ □ の文の（　f　）にあてはまる人名を，次のア～エの中から１つ選んで記号で答えなさい。

ア　鳩山一郎　　　イ　佐藤栄作
ウ　岸信介　　　　エ　吉田茂

⑸　本文中の下線部ⓔの年に，弥生時代の日本最大級の環濠集落が発見された。この場所を，次の（図２）のカ～コの中から１つ選んで記号で答えなさい。また，この時代の特徴として正しいものを，あとのア～エの中から１つ選んで記号で答えなさい。

（図２）

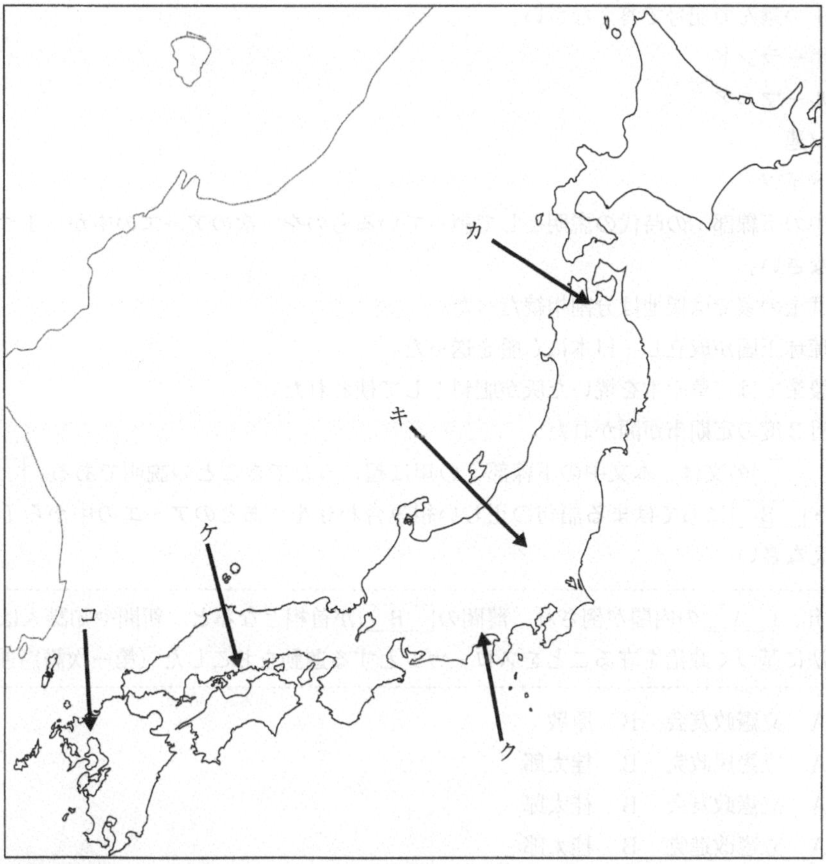

ア　銅剣・銅鉾がつくられた。

イ　須恵器がつくられた。

ウ　土偶がつくられた。

エ　埴輪がつくられた。

(6)　本文中の下線部ⓕの将軍の改革として正しい組み合わせを，あとのア～エの中から１つ選んで記号で答えなさい。

A　漢訳されたヨーロッパの書物の輸入を認めた。

B　昌平坂学問所をつくった。

C　印旛沼の干拓を始めた。

D　庶民の意見を聞く目安箱を設置した。

E　ロシア使節ラクスマンが根室に来航し通商を求めたが，回答を引きのばした。

ア　A・C

イ　A・D

ウ　B・C・D

エ　A・D・E

(7)　本文中の下線部ⓖの特産物を，次のア～エの中から１つ選んで記号で答えなさい。

ア　紅茶　　イ　茶　　ウ　いぐさ　　エ　みかん

⑻　本文中の下線部ⓗの年に，ヨーロッパのある国が解体・消滅した。その国名を，次のア～エの中から１つ選んで記号で答えなさい。

ア　ポーランド
イ　ルーマニア
ウ　ソ連
エ　ドイツ

⑼　本文中の下線部ⓘの時代の説明として誤っているものを，次のア～エの中から１つ選んで記号で答えなさい。

ア　武士の家では領地は分割相続だった。
イ　琉球王国が成立し，日本にも船を送った。
ウ　農業では，草や木を焼いた灰が肥料として使われた。
エ　月３度の定期市が開かれた。

⑽　次の[　　　]の文は，本文中の下線部ⓙの年に起こったできごとの説明である。[　　　]の文の[　A　]・[　B　]にあてはまる語句の正しい組み合わせを，あとのア～エの中から１つ選んで記号で答えなさい。

> 1912年，[　A　]の内閣が倒され，藩閥の[　B　]が首相となると，新聞や知識人は，藩閥を倒し憲法に基づく政治を守ることをスローガンとする運動をおこした（第一次護憲運動）。

ア　A　立憲政友会　B　原敬
イ　A　立憲民政党　B　桂太郎
ウ　A　立憲政友会　B　桂太郎
エ　A　立憲改進党　B　桂太郎

⑾　次の[　　　]の文は，本文中の下線部ⓚの事件について述べたものである。[　　　]の文の[　　I　　]にあてはまる文を，あとのア～エの中から１つ選んで記号で答えなさい。

> 二・二六事件後，[　　I　　]。

ア　陸軍は奉天郊外の柳条湖で満鉄の線路を爆破した。
イ　軍の圧力により，日本は国際連盟を脱退した。
ウ　犬養首相が海軍の将校によって暗殺される事件がおこった。
エ　軍部は政治的発言力を強め，軍備拡張を一層おし進めた。

⑿　本文中の下線部ⓛの年に，巨大な縄文時代集落跡が発見された。その場所を（図３）のカ～コの中から１つ選んで記号で答えなさい。また，この遺跡名を，あとのア～エの中から１つ選んで記号で答えなさい。

（図３）

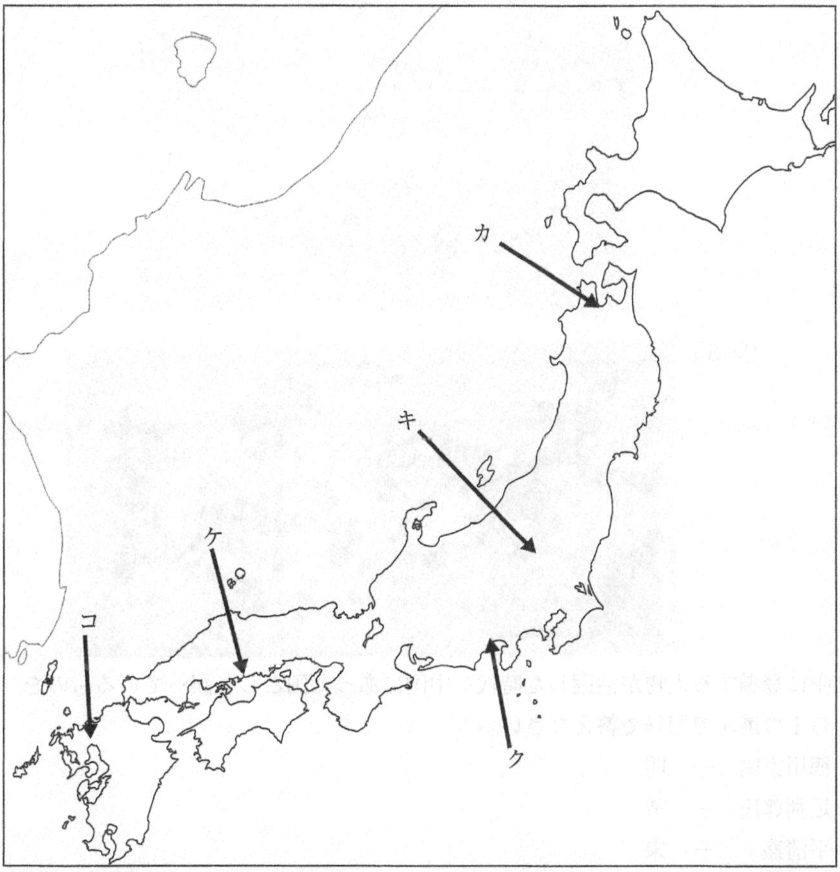

ア　三内丸山遺跡　　イ　登呂遺跡　　ウ　岩宿遺跡　　エ　荒神谷遺跡

⒀　本文中の下線部ⓜは，平将門と藤原純友のおこした反乱である。この事件前後のできごととして，時代順に正しく並んでいるものを，あとのア～エの中から１つ選んで記号で答えなさい。

A　藤原道長が摂政になる。

B　前九年・後三年合戦がおこる。

C　菅原道真は遣唐使の停止を訴え認められた。

D　坂上田村麻呂が征夷大将軍に任じられた。

ア　D→C→B→A

イ　D→C→A→B

ウ　C→D→B→A

エ　D→B→C→A

⒁　本文中に登場する人物とその時代の文化について，誤っているものを，次のア～エの中から１つ選んで記号で答えなさい。

ア　豊臣秀吉の時代，（図４）にある書物が印刷された。

イ　８代将軍徳川吉宗の時代，（図５）の屏風絵が描かれた。

ウ　奥州藤原氏は，浄土へのあこがれから中尊寺に金色堂を建てた。

エ　足利義政が京都の東山の別荘に銀閣を建てた。

（図４）

（図５）

⒂　本文中に登場する人物が活躍した時代，中国にあった国として誤っているものを，次のア～エの中から１つ選んで記号で答えなさい。

ア　徳川家康　―　明

イ　足利尊氏　―　清

ウ　平清盛　　―　宋

エ　北条義時　―　元

⒃　次のア～エの□には，１つだけ本文中に登場する人物名が入る。それを見つけ記号で答えなさい。

ア　□は，勘合と言う証明書を持たせ，朝貢の形で中国と貿易を行った。

イ　□は，長州藩士出身で，王政復古に力をつくし，天皇を中心とする政治にもどすことを宣言した。

ウ　甲斐の□は，「けんか両成敗」を規定して，家臣団の争いをやめさせた。

エ　□は，３代執権として御成敗式目（貞永式目）を定めた。

⒄　本文中には１か所誤りがある。それを見つけ訂正しなさい。
（解答欄には訂正した語句のみを答えなさい。）

⒅　本文中の下線部ⓙの年におこった第一次護憲運動に続き，1924年に第二次護憲運動がおこり，翌年，普通選挙法が成立した。1945年には，新選挙法が制定されたが，この選挙法の違いを，特に選挙人（投票権を持つ人）について説明しなさい。

3 世論と政治の関係，消費生活・消費者の権利に関する以下の問いに答えなさい。

(1) □の文を読んで，あとの問いに答えなさい。

> 国民はA世論を政治に反映させるため，賛同する人々に名前を書いてもらう（Ⅰ）や，陳情，日本国憲法第16条で，「何人も，損害の救済，公務員の罷免，法律，命令又は規則の制定，廃止又は改正その他の事項に関し，平穏に（Ⅱ）する権利を有し，何人も，かかる（Ⅱ）をしたために，いかなる差別待遇も受けない」として認められている（Ⅱ）権などを通して，政権への要求をおこなうことができる。その世論を形成する際に大きな影響力を持つのが，テレビや新聞などの（Ⅲ）を通じておこなわれる（Ⅳ）（大量的情報伝達）である。さらに今日のB情報社会では，Cインターネットの役割も非常に大きく，インターネットを通じて，だれでも情報を発信することができるようになった。
>
> また，D選挙により，世論を政治に反映させることも昔からおこなわれている方法である。

① 文中の空欄（Ⅰ）～（Ⅳ）にあてはまる語句を，次のア～エの中から１つずつ選んで記号で答えなさい。

ア マス＝コミュニケーション

イ 請願

ウ マスメディア

エ 署名

② 下線部Aの世論を15文字以内で説明しなさい。

③ 下線部Bについて誤っているものを，次のア～エの中から１つ選んで記号で答えなさい。

ア 住民基本台帳ネットワークシステムがつくられ，住民の情報を電子化し，共有されている。

イ 教育や所得の格差が，コンピューターを使う能力差をうみ情報格差につながる問題をデジタル・ディバイドと呼ぶ。

ウ 情報ネットワーク社会における情報は，膨大であるうえに，匿名性が高いことなどから，情報ネットワークのしくみを理解する必要がある。

エ 日本の国政選挙では，投票所に行かなくてもインターネットを利用して投票できる電子投票がおこなわれている。

④ 下線部Cについて，インターネットなどの情報は，常に正しいとは限らない。情報を無批判に受け入れるのではなく，真実かどうかを判断し，活用できる能力を何というか答えなさい。

⑤ 下線部Dについて，１票の価値が異なるという状況が問題とされる理由を，次のア～エの中から１つ選んで記号で答えなさい。

ア 法の下の平等に反する可能性があるから。

イ 思想・良心の自由を侵害する可能性があるから。

ウ 生存権を侵害する可能性があるから。

エ 請求権が認められない可能性があるから。

(2) （表１）は，ある家庭における１ヵ月の家計を示したものである。これを見て，あとの問いに答えなさい。

（表１）

収　入	世帯主の給料	３１０，０００円
支　出	食料費	５０，０００円
	住居費	５０，０００円
	光熱・水道費	７，０００円
	家具・家事用品費	３，０００円
	被服・履物費	９，０００円
	交通・通信費	２５，０００円
	教育・娯楽費	３０，０００円
	交際費	１１，０００円
	雑　費	１５，０００円
	税金など	５３，０００円
（X）		３０，０００円
その他		２７，０００円

① 消費支出の合計額を答えなさい。なお，雑費は消費支出に含めないものとする。

② （表１）の（X）にあてはまるものを，次のア～エの中から１つ選んで記号で答えなさい。

ア　預金や株式などの非消費支出

イ　預金や株式などの貯蓄

ウ　社会保険料などの非消費支出

エ　社会保険料などの貯蓄

③ （表１）の交通・通信費のうち，交通費などは生活に必要な形のないものである。交通費のような形のない商品を一般的に何というか答えなさい。

④ クレジットカードの説明として誤っているものを，次のア～エの中から１つ選んで記号で答えなさい。

ア　現金を持たずに買い物ができる。

イ　消費者は，カード会社に代金を支払っている。

ウ　商品の代金を前払いすることになる。

エ　収入を考え計画的に利用する必要がある。

(3) （図１）は，消費者の四つの権利，（図２）は，消費者の権利である。これを見て，あとの問いに答えなさい。

（図１）

消費者の四つの権利	
1．安全を求める権利	2．知らされる権利
3．選択する権利	4．意見を反映させる権利

（図２）

消費者の権利（Y）２００４年改正	
1．安全の確保	2．選択の機会の確保
3．必要な情報の提供	4．教育の機会の提供
5．消費者の意見の反映	6．Z消費者被害の救済

① （図１）の消費者の四つの権利は，ある国における消費者問題改善運動のなかで主張された。国名として正しいものを，次のア～エの中から１つ選んで記号で答えなさい。

ア　イギリス

イ　フランス

ウ　日本

エ　アメリカ

② （図２）の（Y）にあてはまる法律名を，次のア～エの中から１つ選んで記号で答えなさい。

ア　消費者基本法

イ　独占禁止法

ウ　金融商品販売法

エ　消費者契約法

③ （図２）の下線部Ｚについて，消費者が欠陥商品で被害を受けた時に，企業に責任があることを定めた法律名を答えなさい。

4「やむごとなき」

ア　高貴な

イ　とりとめもない

ウ　おわらない

エ　崇高な

問四　傍線部3「あやしみをなして」とあるが、何を不審に思ったのか、三十字程度で説明しなさい。

問五　傍線部5「大位」とは何か、本文中から抜き出しなさい。

相手の意見だけを優先させること。

問六　本文で述べられている内容と合うものを次のア～オから一つ選び、記号で答えなさい。

ア　日本人は決して自己主張ができないわけではなく、他者との距離を置いているだけである。

イ　アメリカ人はコミュニケーションを自分の意見を通すために使い、相手のことは全く考えない。

ウ　独立的自己観と相互協調的自己観は本質的に同じものであり、個人以外に影響を及ぼさない。

エ　日本人とアメリカ人の自己のあり方の違いは、コミュニケーションの役割の違いとは関係がない。

オ　相互協調的自己観は他者との関係性に大きく影響を受け、周囲の状況に左右される。

3　次の文章を読み、後の問いに答えなさい。

これも今は昔、伴大納言善男は佐渡国郡司※1が従者なり。彼国にて善男、夢に見る**やう**(A)、西大寺と東大寺とをまたげて立たりと見て、妻の女にこのよしを**語る**(1)。妻のいはく、「そこのまたこそ、裂かれんずらめ」と合はする※2に、善男、おどろきて、「**よしなき事**(2)を語りてけるかな」とおそれ思ひて、主の郡司が家へ向ふ所に、郡司、きはめたる相人※3なりけるが、日来※4はさもせぬに、事の外に饗応※5して、わらうだ※6とりいで、むかひて、召しのぼせ※7ければ、善男、**あやしみをなして**(3)、「我をすかしのぼせ※8て、妻のいひつるやうに、またなど裂かんずるやらん」と恐れ思ふ程に、郡司がいはく、「汝、**やむごとなき**(4)高相の夢見てけり。それに、よしなき人に語りてけり。かならず、**大位**(5)にはいたるとも、事いで来て、罪をかぶらんぞ」と**いふ**(6)。然る**あひだ**(B)、善男、縁につきて、京上して、大納言にいたる。されども、猶、罪をかぶる。郡司がことばにたがはず。

（『宇治拾遺物語』による）

※1郡司　律令制における地方官。その土地の豪族が任命され、中央から派遣される国司のもとで郡内を治めた。
※2合はする　夢合わせをしたので
※3相人　人相を見る人
※4日来　日頃は、普段は
※5饗応して　もてなして
※6わらうだ　藁などを使って円く編んだ座布団のようなもの
※7召しのぼす　上座に座らせる
※8すかし　だまして

問一　傍線部A「やう」B「あひだ」の読みを現代仮名遣いで答えなさい。

問二　傍線部1「語る」6「いふ」の主語を本文中から抜き出しなさい。

問三　傍線部2「よしなき事」4「やむごとなき」の本文中での意味として適切なものを次のア～エから一つ選び、記号で答えなさい。

2「よしなき事」

ア　おおげさなこと
イ　よくないこと
ウ　不吉なこと
エ　つまらないこと

には視線恐怖が多い。それは、僕たち日本人は、相手との関係性によって自分の出方を変えなければならないからだ。

相手がどう思っているかが気になる。こんなことを言ったら相手はどう感じるだろうかと気になる。それも、僕たちが[③]関係性としての自己を生きているからだ。

僕たちの自己は、相手から独立したものではなく、相手との相互依存に基づくものであり、[d]アイダガラによって形を変える。僕たちの自己は、相手にとっての「あなた」の要素を取り込む必要がある。だから相手の意向が気になる。相手の視線が気になるのだ。

個を生きているのなら、自分の心の中をじっくり振り返り、自分のしたいことをすればいいし、自分の言いたいことを言えばいい。相手が何を思い、何を感じているかは関係ない。自分が何を思い、何を感じているかが問題なのだ。自分の思うことを言う。自分が正しいと考えることを主張する。自分の要求をハッキリと伝える。それでいいわけで、じつにシンプルだ。

でも、関係性を生きるとなると、そんなふうにシンプルにはいかない。自分の意見を言う前に相手の意向をつかむ必要がある。気まずくならないようにすることが何よりも重要なので、エンリョのない自己主張は[e]キンモツだ。相手の意見や要求を汲み取り、それを自分の意見や要求に取り込みつつ、こちらの意向を主張しなければならない。

このように関係性としての自己を生きる僕たち日本人は、たえず人の目を意識することになる。

（榎本博明『〈自分らしさ〉って何だろう？』による）

問一　二重傍線部a～eのカタカナを漢字に直しなさい。

[a]エンリョ　[b]キョウレツ　[c]ソッチョク　[d]アイダガラ　[e]キンモツ

問二　【　A　】～【　D　】に入る言葉を次のア～オからそれぞれ選び、記号で答えなさい。

ア　すると　イ　でも　ウ　たとえば　エ　つまり　オ　あるいは

問三　傍線部①「でも、日本人が自己主張が苦手なのには理由がある」とあるが、その理由を八十字以内で答えなさい。

問四　傍線部②「それはけっして悪いことではない」について、その根拠が述べられている一文の最初と最後の五字を抜き出しなさい。（句読点も含む）

問五　傍線部③「関係性としての自己」とはどのように生きていくことか。その内容に合うものを次のア～オから一つ選び、記号で答えなさい。

ア　自己を完全に消し、関係する他者の意見や要求に出来るだけ応えられるように行動していくこと。

イ　相手の意見や要求を聞くが、自分の意見や要求だけが通るように、意向を主張していくこと。

ウ　自分と相手の意見や要求を理解しながら、どちらの意見や要求も通るように意向を主張していくこと。

エ　視線恐怖があまりなく、自分が正しいと思うことをしっかりと他者に主張していくこと。

オ　自分の意見を聞いた相手の反応を見て、反応が良くなければ、

【　A　】、僕たち日本人にとっては、コミュニケーションの最も重要な役割は、お互いの気持ちを結びつけ、良好な場の雰囲気を醸《かも》し出すことなのだ。bキョウレツな自己主張によって相手を説き伏せることではない。

だから自己主張のスキルを磨かずに育つことになる。自己主張が苦手なのは当然なのだ。その代わりに相手の気持ちを察する共感性を磨いて育つため、相手の意向や気持ちを汲《く》み取ることができる。

相手の意思を汲み取って動くというのは、僕たち日本人の行動原理といってもいい。コミュニケーションの場面だけではない。【　B　】、何かを頑張るとき、ひたすら自分のためというのが欧米式だとすると、僕たち日本人は、だれかのためという思いがわりと大きい。

親を喜ばせるため、【　C　】親を悲しませないために勉強を頑張る、ピアノを頑張る。先生の期待を裏切らないためにきちんと役割を果たす。そんなところが多分にある。大人だって、監督のために何としても優勝したいなんて言ったりするし、優勝すると監督の期待に応えることができてホッとしていると言ったりする。

自分の中に息づいているだれかのために頑張るのだ。もちろん自分のためでもあるのだが、自分だけのためではない。

このような人の意向や期待を気にする日本的な心のあり方は、「他人の意向を気にするなんて自主性がない」とか「自分がない」などと批判されることがある。【　D　】、それは欧米的な価値観に染まった見方に過ぎない。

教育心理学者の東洋《あずまひろし》は、日本の他者志向を未熟とみなすのは欧米流であって、他者との絆《きずな》を強化し、他者との絆を自分の中に取り込んでいくのも、ひとつの発達の方向性とみなすべきではないかという。

そもそも欧米人と日本人では自己のあり方が違う。僕たち日本人が、cソッチョクな自己主張をぶつけ合って議論するよりも、だれも傷つけないように気をつかい、気まずくならないように配慮するのも、欧米人のように個を生きているのではなくて、関係性を生きているからだ。

心理学者のマーカスと北山忍《きたやましのぶ》は、アメリカ的な独立的自己観と日本的な相互協調的自己観を対比させている。

独立的自己観では、個人の自己は他者状況といった社会的文脈から切り離され、そうしたものの影響を受けない独自な存在とみなされる。そのため個人の行動は本人自身の意向によって決まると考える。

それに対して、相互協調的自己観では、個人の自己は他者や状況といった社会的文脈と強く結びついており、そうしたものの影響を強く受けるとみなされる。そのため個人の行動は他者との関係性や周囲の状況に大いに左右されると考える。

このような相互協調的自己観をもつ僕たち日本人は、個としての自己を生きているのではなく、関係性としての自己を生きている。関係性としての自己は、相手との関係に応じてさまざまに姿を変える。その場その場の関係性にふさわしい自分になる。相手との関係性によって言葉づかいまで違ってくる。欧米人のように相手との関係性に影響を受けない一定不変の自己などというものはない。

「だれが何と言おうと、私はこう考える」「僕はこう思う」と自分を押し出していく欧米社会では視線恐怖があまり見られないのに対して、自分を押し出すよりも相手の意向を汲み取ろうとする日本人の間

問一　二重傍線部**a～e**の漢字の読み方を平仮名で答えなさい。
　　a思案　**b漏れた**　**c響き**　**d縁**　**e濁って**

問二　マスターは「お金」を別の表現で何と言っているか。本文中から三字で抜き出しなさい。

問三　本文中に出てくる「マスター」の言うチェスの在り方はどういうものなのか。「公園の男たち」と「グランドマスター」を比較して、七十字以上八十字以内で本文の語句を用いて答えなさい。（句読点含む）

問四　本文中の「マスター」は「少年（坊や）」のチェスをどう表現しているか。本文中から十四字で抜き出しなさい。

問五　本文全体を通じて最も適当なものを次のア～エから一つ選び、記号で答えなさい。

ア　マスターの独特な雰囲気や少年の緊張している様子を見てとることができる。また、話が進むごとにマスターのやさしさを全力で受けとろうとする少年が描かれている。

イ　マスターのチェスへのこだわりが一際目立つように描かれている。また、段々とチェスの魅力を理解し始めている少年を、これからどのように成長させていくか悪戦苦闘している様子も見てとることができる。

ウ　「チェス」を通じて芽生えるマスターと少年の友情が描かれている。また、マスターがチェスの魅力を少年に伝える様子がテンポよく表現されている。

エ　時間の経過とともに強くなっていくマスターと少年の関係が比喩表現や倒置法、回想シーン等を用いて表現されている。また、チェスの魅力を分かりやすく少年に伝えようとするマスターの様子も描かれている。

2　次の文章を読み、後の問いに答えなさい。

日本人は自己主張が苦手だと言われる。グローバル化の時代だし、もっと自己主張ができるようにならないといけないなどと言う人もいる。①**でも、日本人が自己主張が苦手なのには理由がある**。そして、②**それはけっして悪いことではない**。

では、アメリカ人は堂々と自己主張ができるのに、僕たち日本人はなぜうまく自己主張ができないのか。

それは、そもそも日本人とアメリカ人では自己のあり方が違っていて、コミュニケーションの法則がまったく違っているからだ。

アメリカ人にとって、コミュニケーションの最も重要な役割は、相手を説得し、自分の意見を通すことだ。お互いにそういうつもりでコミュニケーションをするため、**aエンリョ**のない自己主張がぶつかり合う。お互いの意見がぶつかり合うのは日常茶飯事なため、まったく気にならない。

一方、日本人にとって、コミュニケーションの最も重要な役割は何だろう。相手を説得して自分の意見を通すことだろうか。そうではないだろう。僕たちは、自分の意見を通そうというより前に、相手はどうしたいんだろう、どんな考えなんだろうと、相手の意向を気にする。そして、できることなら相手の期待を裏切らないような方向に話をまとめたいと思う。意見が対立するようなことはできるだけ避けたい。そうでないと気まずい。

キングを倒したいという欲とは、全然種類が違うものなんだよ。いつか話しただろう？　チェスは二人で指すものだ、敵と自分、二人で奏でるものだって。だからいくら坊やの手が澄んでいたって、相手の音が濁eっていたら台無しだ。そんなチェスをする坊やを俺は見たくない。坊やなら誰もがはっとして息を呑むようなチェスが指せる。盤上に、いや盤下に詩が刻める。それが俺にはよく分かっているから、だから賭けチェスなんか坊やには……」

「分かったよ」

我慢できずに少年はマスターの胸に飛び込んだ。

「もうしないよ。あんなチェスは二度としない。ごめんなさい。マスターをがっかりさせるつもりなんてなかったのに、どうしてこんな馬鹿な真似をしてしまったのか……。ごめんなさい。本当にごめんなさい。僕はどうしようもない馬鹿だよ」

少年はマスターのシャツに顔を押し付け、声を上げて泣いた。砂埃《すなぼこり》でざらざらしていたお札の感触を消そうとするように両手を握り締め、唇を無理矢理引き剝《は》がされた時よりももっと大きな口を開けて泣いた。ずっと胸を塞《ふさ》いでいたものが全部涙になって、後から後からこぼれ落ちてきた。

「坊やは馬鹿なんかじゃあるもんか」

マスターは少年の背中に両腕を回した。

「いいや、違う。馬鹿だ。最低の馬鹿だ。せっかくマスターが教えてくれたチェスなのに……よく考えもせず……いい気になって……せっかくの一等賞……おばあちゃんがあんなに喜んでくれた一等賞を……おばあちゃんに内緒で使うなんて……しかも目茶苦茶なチェスで……無理矢理酔っ払いからひったくるみたいにして……ごめんなさい、マスター。ごめんなさい、おばあちゃん。ごめんなさい」

ひどくしゃくり上げ、言葉は途切れ途切れにしか出てこなかった。最後、ごめんなさいと言ったあと、少年は一段と激しく泣きじゃくり、涙と鼻水でマスターのシャツを濡らした。背中を撫《な》でながら何度もマスターは、「いいんだよ。謝らなくてもいいんだよ」と繰り返したが、その口調の優しさがいっそう少年を悲しくさせ、涙をあふれさせた。

「で、お金は何に使ったんだい？」

小さな子供に話し掛けるように、マスターは少年の耳元に顔を寄せた。

「お子様……ランチ……デパートの……弟と……一緒……」

「おお、そうか。それはよかった。弟も喜んだだろう？　よかった、よかった」

胸もわき腹も下腹も太ももも、マスターの身体は全部が柔らかく温かかった。少年が全身の力を預けても、何の苦もなくゆったりと受け止めるだけの余裕があった。少年は目を閉じた。その柔らかさと温もりの奥には果てがなかった。

まるでチェスの海に沈んでいるみたいだ。

と、少年は思った。窓の向こうには夕闇が迫ろうとしていた。少年はいつまでもマスターと一緒にこうしていたいと願った。閉じた目からはまだ涙があふれていた。

（小川洋子『猫を抱いて象と泳ぐ』による）

【国語】〈五〇分〉〈満点：一〇〇点〉

1 次の文章を読み、後の問いに答えなさい。

「賭けチェスをやったんだね、坊や」

賭けチェスが何を意味するのか、少年は正確に理解はしていなかったが、マスターの口調からそれが好ましくないものであり、公園で酔っ払いを相手にしたあのチェスを差しているのだということは、すぐに分かった。

「はい」

少年は素直にうなずいた。

「で、勝ってお金をもらったのかい？」

「はい」

「そうか……」

マスターは無精髭《ぶしょうひげ》に手をやり、ジョリジョリ音をさせながら、長いため息をついた。怒っている気配はなかった。むしろa思案に暮れ、弱り果てているように見えた。その様子がいっそう少年を辛い気持にさせた。公園で男たちに商品券を差し出し、チェスの勝負をして以降、弟とお子様ランチを食べてもなお消えずに淀《よど》み続けているどんよりとした後ろめたさが、いよいよ気持悪く膨らんで少年の胸を押し潰そうとしていた。と同時にどうしてマスターが公園での出来事を知っているのか、やっぱり弟からb漏れたのか、その理由についての想像が頭を駆け巡っていた。こっそり仕掛けたつもりの手がやすやすと見破られ、たちまちチェックメイトされたかのような、惨《みじ》めな負け方をした気分だった。

マスターは頭をかき、ベルトを引っ張り上げ、食卓に指先で何かわけの分からない模様を書いた。シャツの襟からはみ出した首の肉をつまみ、シュガーポットの中のスプーンをかき回した。そうやって思いつく限りの仕草を一通りやったあと、ようやく口を開いた。

「俺は坊やがチェスでお金を稼いだことを怒っているんじゃない」

視線はシュガーポットに注がれたままだった。

「例えばグランドマスターたちは、素晴らしいチェスを指して、そのご褒美をもらう。それは当然のことだ。盤上に映し出される絵、浮かび上がる詩、c響き渡る音に観客は皆拍手喝采《かっさい》を送り、自分たちの感動の何分の一かでも形にしてプレゼントしたいと願う。それがお金だ。分かるかい？」

「うん、分かるよ」

少年の声は震えていた。マスターは砂糖をかき回し続けた。

「でも、公園にいる彼らがやり取りしているお金は、チェスへのご褒美なんかじゃない。単なる金だ。つまりチェスは金を稼ぐための道具に過ぎないんだ。なりふり構わず、手っ取り早く勝つ。それだけが彼らの目的であって、盤上に美しい何かを表現しようなどとはこれっぽっちも思ってない」

ポットのd縁から食卓の上に、砂糖粒がパラパラとこぼれ落ちた。

「つまりだ」

マスターは人差し指に砂糖粒を押し付けてなめ、それから視線を少年に移した。

「俺は坊やの駒を、そういう盤上で動かしてもらいたくないんだ。彼らの盤は結局、金を追い求める欲に支配されている。それは相手の

2022年度

解　答　と　解　説

《2022年度の配点は解答欄に掲載してあります。》

＜数学解答＞

1　(1)　2　　(2)　1　　(3)　$\frac{7}{12}$　　(4)　7　　(5)　1

2　(1)　$x=3$，$y=4$　　(2)　$x=-5$，7　　(3)　$\frac{7}{12}$　　(4)　$a=-6$　　(5)　$\angle x=68°$

3　(1)　24本　　(2)　40本　　(3)　144本　　(4)　15cm　　(5)　8181012本

4　(1)　DE：EC＝1：4　　(2)　DE＝$\frac{12}{5}$　　(3)　PQ＝$\frac{24}{5}$　　(4)　$\frac{54}{5}$cm²　　(5)　7倍

5　(1)　$a=1$　　(2)　B$(-2,\ 4)$　　(3)　$y=x+6$　　(4)　15　　(5)　0，12

○推定配点○

各4点×25　　　計100点

＜数学解説＞

1　(数・文字式の計算)

基本　(1)　$-5-(-7)=-5+7=2$

(2)　$3^2+(-2)^3=9-8=1$

基本　(3)　$\frac{1}{3}-\frac{1}{4}+\frac{1}{2}=\frac{4-3+6}{12}=\frac{7}{12}$

(4)　$(5-3\sqrt{2})(5+3\sqrt{2})=5^2-(3\sqrt{2})^2=25-18=7$

(5)　$(x+2)^2-(x+3)(x+1)=(x^2+4x+4)-(x^2+4x+3)=x^2+4x+4-x^2-4x-3=1$

2　(連立方程式，2次方程式，確率，変域，角度)

(1)　$y=3x-5$…①を$x=2y-5$…②に代入すると　$x=2(3x-5)-5$　$x=6x-10-5$　$x-6x=-15$　$-5x=-15$　$x=3$　①に代入すると　$y=3\times3-5=4$

(2)　$(x-1)^2=36$　$x-1=\pm6$　$x-1=6$より$x=7$　$x-1=-6$より　$x=-5$　$x=-5$，7

(3)　2つのさいころの目の出方は全部で$6\times6=36$(通り)　和が2になるのは$(a,\ b)=(1,\ 1)$の1通り，和が3になるのは(1，2)，(2，1)の2通り，和が4になるのは(1，3)，(2，2)，(3，1)の3通り，和が5になるのは(1，4)，(2，3)，(3，2)，(4，1)の4通り，和が6になるのは(1，5)，(2，4)，(3，3)，(4，2)，(5，1)の5通り，和が7になるのは(1，6)，(2，5)，(3，4)，(4，3)，(5，2)，(6，1)の6通り。あわせて$1+2+3+4+5+6=21$(通り)　したがってその確率は$\frac{21}{36}=\frac{7}{12}$

(4)　x^2の係数が正なので$y=\frac{3}{4}x^2$のグラフは上に開いた放物線になる。yが最小になるのは$x=0$のとき。yが最大になるのは，$x=a$のときまたは$x=4$のときとなるが，$x=4$のときは$y=\frac{3}{4}\times4^2=12$となり，$y=27$にならない。$y$の最大値が27になるのは$\frac{3}{4}a^2=27$　$a^2=36$　$a=\pm6$だが，グラフより$a<0$となるはずなので$a=-6$

(5)　BDを結ぶ。ADが直径なので∠ABD＝90°　∠CBD＝∠ABD－∠ABC＝90°－74°＝16°　$\overset{\frown}{CD}$について円周角の定理より∠CAD＝∠CBD＝16°　△AECについて外角の定理により$\angle x$＝∠CAD＋∠ACE＝16°＋52°＝68°

3 (規則性)

(1)　$n=3$のとき，縦の棒は3段にわたって，横に4本ならんでいるので$3\times4=12$(本)，横の棒は3列にわたって，縦に4本ならんでいるので$3\times4=12$(本)　あわせて$2\times3\times4=24$(本)

(2)　$n=4$のとき，縦の棒は4段にわたって，横に5本ならんでいるので$4\times5=20$(本)，横の棒は4列にわたって，縦に5本ならんでいるので$4\times5=20$(本)　あわせて$2\times4\times5=40$(本)

(3)　(1)，(2)と同様に計算できると考えられるので，$2\times8\times9=144$(本)

やや難 (4)　nのときも同様に棒は$2\times n\times(n+1)=2n(n+1)$本使うと考えられるので，$2n(n+1)\leqq500$となればよい。両辺を2でわると　$n(n+1)\leqq250$　$15\times16=240$，$16\times17=272$となるため，最大のnは15　最大15cmの正方形を作ることができる。

(5)　$n=2022$のとき，棒の本数は　$2\times2022\times2023=8181012$本

4 (相似，面積)

(1)　AF∥BCより錯角は等しいので$\angle DFE=\angle CBE$，$\angle EDF=\angle ECB$　2組の角がそれぞれ等しいので$\triangle EDF\backsim\triangle ECB$　対応する辺の比は等しいので　DE：EC＝DF：CB＝3：12＝1：4

(2)　(1)より$DE=DC\times\frac{1}{1+4}=12\times\frac{1}{5}=\frac{12}{5}$

重要 (3)　$\angle DFE=\angle QFP$(共通)，$\angle EDF=\angle PQF(=90°)$　2組の角がそれぞれ等しいので$\triangle FDE\backsim\triangle FQP$　対応する辺の比は等しいので　DE：PQ＝DF：FQ　$\frac{12}{5}$：PQ＝3：6＝1：2
$PQ=\frac{12}{5}\times2\div1=\frac{24}{5}$

(4)　四角形$PQED=\triangle PQF-\triangle EDF=\frac{1}{2}\times\frac{24}{5}\times6-\frac{1}{2}\times3\times\frac{12}{5}=\frac{72}{5}-\frac{18}{5}=\frac{54}{5}$(cm^2)

やや難 (5)　四角形$ABQP=\triangle FAB-\triangle FQP=\frac{1}{2}\times12\times15-\frac{1}{2}\times6\times\frac{24}{5}=90-\frac{72}{5}=\frac{450-72}{5}=\frac{378}{5}$
$\frac{378}{5}\div\frac{54}{5}=7$(倍)

5 (図形と関数・グラフの融合問題)

(1)　C(1, 1)が$y=ax^2$上の点なので，$1^2\times a=1$　$a=1$　放物線の式は$y=x^2$となる。

(2)　Bは$y=x^2$上の点で$x=-2$なので$y=(-2)^2=4$　B(−2, 4)

(3)　Aは$y=x^2$上の点で$x=3$なので$y=3^2=9$　A(3, 9)　直線ABの式を$y=mx+n$とおくとAを通ることから　$3m+n=9$…①　Bを通ることから　$-2m+n=4$…②　①−②は$5m=5$　$m=1$　①に代入すると　$3+n=9$　$n=6$　$y=x+6$

重要 (4)　AB上にC′(1, 7)をとる。$\triangle ABC=\triangle ACC'+\triangle BCC'=\frac{1}{2}\times(7-1)\times(3-1)+\frac{1}{2}\times(7-1)\times(1+2)=\frac{1}{2}\times6\times2+\frac{1}{2}\times6\times3=6+9=15$

(5)　直線ABとy軸の交点をDとするとD(0, 6)。また，P(0, p)とする。PがDより上にあるとき，$\triangle PAB=\triangle PAD+\triangle PBD=\frac{1}{2}\times(p-6)\times3+\frac{1}{2}\times(p-6)\times2=15$　$(p-6)\times3+(p-6)\times2=30$　$5(p-6)=30$　$p-6=6$　$p=12$　PがDより下にあるとき$\triangle PAD=\frac{1}{2}\times(6-p)\times3+\frac{1}{2}\times(6-p)\times2=15$　$(6-p)\times3+(6-p)\times2=30$　$5(6-p)=30$　$6-p=6$　p=0　したがって$p=0$，12

★ワンポイントアドバイス★

まずは**1**の基本的な計算問題を間違えないこと。**2**の小問群も，各単元の基本的な問題なのでここまでで確実に得点しておきたい。**3**以降の問題に対応できるよう，典型的な標準レベルの問題演習をしておこう。

＜英語解答＞

1 問1 a 1 b 3 c 3 d 4 問2 a 2 b 4 c 2
問3 a 2 b 4 c 3

2 a 2 b What can you do to stay in good health? c 休日の旅行は，リラックスする時間であるべきこと d あなたが休憩している間，人々を見ることによってたくさんのことを学ぶことができる。 e 3

3 a 2 b 2 c 1 d 4 e 1 f 4 g 4

4 a 3 b 3 c 1

5 a 4 b 5 c 1 d 2

6 a knew b driver c Chinese d wife e fast [quick]

7 a (例) I can not go to the party. b (例) How would you like to pay?

○推定配点○

1 各2点×10 **2**～**6** 各3点×24 **7** 各4点×2 計100点

＜英語解説＞

1 リスニング問題解説省略。

2 **(長文読解問題・説明文：語句補充，語句整序，指示語，英文和訳，内容吟味)**

(大意)旅行は楽しくてエキサイティングですが，病気になったらそうではない。あなたは「(1)私じゃない」と思うかもしれない。しかし，多くの人にとって，それはあり得ることだ。もちろん，あなたは病気になってベッドで休暇を過ごしたくないだろう。もしあなたが心臓の問題を抱えているならば，あなたはそれを悪化させたくないだろう。(2)健康を維持するために何ができるだろうか。旅行の際に覚えておくべきことが3つある：リラックスすること，寝ること，そしてよく食べることだ。

休日の旅行はリラックスする時間でなければならないが，観光客はしばしば(3)それを忘れてしまう。美術館，教会，公園，お店など，訪れるべき場所がたくさんある。もちろん，できるだけ多くを見たいので，あなたはほとんどの日を自分の足で過ごす。これはあなたを疲れさせてしまう。足が痛くなることがある。頭痛がすることもある。このように感じたら，休憩するべきだ。疲れた体は弱い体を意味し，弱い体は病気になりやすい。だから，素敵な場所に数時間座ってほしい。天気の良い日には，静かな公園のベンチや屋外のカフェを探しなさい。(4)休んでいる間，人を見ることでたくさんのことを学ぶことができる。

睡眠も重要である。健康を維持したい場合は，十分な睡眠をとる必要がある。旅行しているとき，それはしばしば難しい。騒々しいホテルの部屋や不快なベッドを持つかもしれない。もしそうなら，部屋やあるいはそのホテルさえも変えることを恐れないでほしい。あなたが若いなら，よく眠ることができない他の理由があるかもしれない。多くの都市で，ナイトライフはエキサイティングだ。夜遅くまで外出したいと思うかもしれない。それで，日中に眠るよう計画する必要がある。その余分な休息は大きな違いを生むことができる。

最後に，あなたはよく食べなければならない。それは正しい種類の食べ物を食べることを意味する。あなたの体は新鮮な果物と野菜や，肉，牛乳，または魚を必要とする。また，新しい食べ物を食べることにも注意する必要がある。最初に少量を試して，問題がないことを確認してほしい。そしてもちろん，非常に濃い食べ物には近づかないでほしい。

これを覚えておいてほしい：あなたがあなたの休暇を楽しみたいなら，体をいたわるべきだ。体を休ませなさい。十分な睡眠を取り，健康的な良い食べ物を食べなさい。

a)　直前に「病気になったらそうではない」とあり，「私じゃない」と続くので，「私は病気にならない」という意味だとわかる。よって，2が答え。1「私にはおもしろかったりエキサイティングだったりしない。」，2「私は病気にならないだろう。」，3「あなたは病気にならない。」，4「あなたは病気になる。」

b)　並べ替えると What can you do to stay in good health? となる。不定詞の副詞的用法は「～するために」という意味で目的を表す。

c)　直前にある「休日の旅行はリラックスする時間でなければならない」という部分を指している。

d)　〈 by ＋動名詞 〉で「～によって」という意味を表す。while は「～の間に」という意味を表す。

重要　e)　1　文中に書かれていない内容なので，誤り。　2　文中に書かれていない内容なので，誤り。3　第3段落の最後の2文の内容に合うので，答え。　4　第4段落の内容に合わない。注意しながら食べるようにと書かれているので，誤り。

3　(語句補充問題：SVOO，進行形，前置詞，代名詞，形容詞，分詞)

a)「父さん，私は新しい本がほしいです。お金をいくらかくれませんか。」〈 give A B 〉で「AにBを与える」という意味になる。

基本　b)「父が帰宅したとき，私は電話で話していた。」 直前に was があるので，過去進行形の文だとわかる。

c)　A 「日曜日には日中何をしますか。」　B 「私は時々姉といっしょに本を読むために図書館に行きます。」〈 during ～ 〉は「～の間に」という意味を表す。

d)「リョウは学校の窓を壊した。彼の両親はそれに対して支払わねばならない。」〈 pay for ～ 〉で「～について支払う」という意味を表す。

e)「リョウタはこの夏沖縄に行く予定だ。彼は海で泳ぎたいと思う。」 主語になるので，主格を選ぶ。

f)　A 「先生は今日の午後なぜ怒ったのですか。」　B 「ほとんどの生徒が宿題をするのを忘れたからです。」 生徒が宿題を忘れたときの様子にあてはまるものを選ぶ。

g)「ハルカは勉強するためによく英語で書かれた本を読む。」「～された」という意味を表して，直前にある名詞を修飾するときには，過去分詞の形容詞的用法を使う。

4　(資料問題：内容吟味)

ABC サマー・ダンス・ワークショップ3

何を：ヒップホップ，コンテンポラリー，そして k ポップダンスのクラス

どこで：ABC ダンス・スタジオ

いつ：8月1日(月曜日)から9月24日(土曜日)

スケジュール：

月曜日と水曜日　　ヒップホップ

火曜日と木曜日　　コンテンポラリー

金曜日と土曜日　　k ポップ

初心者　　9:00-11:00

中級者　　13:00-15:00

上級者　　17:00-19:00

9月30日(金曜日)に行われる，毎年恒例のダンスコンサートで踊るチャンスを獲得してください！
料金：登録料　3,000円
授業料：7,000円(セッションごと)
登録するには：abcdance_workshop3@kmail.com
登録期限：7月31日
より詳しい情報は047-319-0011へお電話ください。

基本 a) 「登録の期限はいつか。」「登録期限：7月31日」とあるので，3が答え。
b) 「もしあなたが中級者用のｋポップダンスのクラスに16セッション入りたいなら，合計でいくら払わねばならないか。」 1セッションにつき7,000円なので，16セッションで112,000円になる。また，登録料として3,000円が必要なので，合計で115,000円払わねばならない。
c) 「ABC サマー・ダンス・ワークショップについて，次の文のどれが正しいか。」 1 「ダンスコンサートは毎年行われる。」「毎年恒例のダンスコンサート」とあるので，答え。 2 「上級者用のコンテンポラリーダンスのクラスは週末に行われる。」 コンテンポラリーは「火曜日と木曜日」とあるので，誤り。 3 「クラスの最後の日は9月30日である。」 最終日は「9月24日(土曜日)」とあるので，誤り。 4 「クラスに登録するために電話することができる。」 登録はインターネットを使って行うので，誤り。

5 (会話文問題：語句補充)

A：こんにちは，元気ですか。
B：(a)もうすぐ夏休みなので，とてもわくわくしています。あなたはどうですか。
A：私はとても忙しいですが，大丈夫です。
B：なぜそんなに忙しいのですか。
A：(b)霞ヶ浦マラソンに登録したからで，毎日早起きして練習します。
B：わお！　それはすごい！　前にもやったことがあるのですか。
A：(c)いいえ。初めてです。あなたはどうですか。あなたはこの夏何をしますか。
B：私は両親と大阪に行きます。
A：いいですね！　そこで何をしますか。
B：(d)私の兄が甲子園球場で野球の試合をします。その試合を見た後，私はたこ焼きを食べたいです。私はこれまでに関西に行ったことがありません。
A：それはいいですね！

6 (語彙問題：動詞，名詞，形容詞)

a) 「書く」:「書いた(過去形)」＝「知っている」:「知っていた(過去形)」 動詞を過去形にする。
b) 「訪問する(動詞)」:「訪問者(名詞)」＝「運転する(動詞)」:「運転手(名詞)」 動詞についてそれをする人を表す語にする。
c) 「オーストラリア(名詞)」:「オーストラリアの(形容詞)」＝「中国(名詞)」:「中国の(形容詞)」名詞に対応する形容詞にする。
d) 「男」:「女」＝「夫」:「妻」 対になるものにする。
e) 「低い」:「高い」＝「おそい」:「速い」 反意語にする。

7 (英作文問題：語句補充)

a) エミ：明日のミカの誕生日パーティーに私はわくわくしています。
マコ：サムとジェニーもそこに来るのは確かです。
エミ：あなたはどうですか。
マコ：＿＿＿＿＿＿＿。私の母と私は明日歯科医院に行かねばなりません。

エミ：ああ！　それは残念です。

歯科医院に行くと言っていることから，誕生日パーティーには行けないという内容が入るとわかる。「～できない」は〈can not ～〉などを使って表す。

b)　バリスタ：何がよろしいですか。

客：私はコーヒーを1杯ほしいです。

バリスタ：3ドルになります。他に何かお飲みになりますか。

客：いいえ，けっこうです。

バリスタ：＿＿＿＿＿＿＿。

客：私はカードで支払います。

カードで払うと言っていることから，コーヒー代の支払い方法についてたずねられたことがわかる。方法をたずねるときはhowを使うとよい。「～したい」は〈would like to ～〉や〈want to ～〉などを使って表すとよい。

★ワンポイントアドバイス★

2のdにはwhileが使われているが，これはよく入試で問われる語なので，覚えておこう。whileは直後を「主語＋動詞」の形にすること。同じ意味を表す語にduringがあるが，これは直後に名詞を置く。(例)　during your holidays

＜理科解答＞

1　(1)　感覚器官　(2)　運動(神経)　(3)　(i)　(名称)　反射　(具体例)　ウ　(ii)　ウ

2　(1)　季節風　(2)　ア　(3)　あたたまりやすくさめやすい　(4)　ア　(5)　エ

3　(1)　溶質　(2)　イ　(3)　(i)　オ　(ii)　ア

4　(1)　4倍　(2)　5V　(3)　8Ω・2A　(4)　ウ

5　(1)　ア　(2)　水面から水が蒸発するのを防ぐため。　(3)　(i)　イ　(ii)　エ
(4)　ア・イ

6　(1)　エ　(2)　ア　(3)　(i)　初期微動　(ii)　イ　(iii)　13時10分20秒
(4)　エ

7　(1)　0.05J　(2)　エ　(3)　エ　(4)　ウ

8　(1)　ウ　(2)　H_2O　(3)　還元　(4)　(i)　0.4　(ii)　二酸化炭素　(iii)　0.15

○推定配点○

1　各2点×5　2　(3)　3点　他　各2点×4　3　各2点×4　4　各3点×5

5　(2)　3点　他　各2点×5　6　(3)(iii)　3点　他　各2点×5

7　各3点×4　8　各3点×6　計100点

＜理科解説＞

重要　1　(ヒトの体のしくみ)

(1)　刺激を受け取る器官を感覚器官という。

(2)　筋肉とつながっているのは運動神経である。

(3)　(i)　熱いものにさわったり，とがったものに触ったときに脳を経由しないで体が動くことを

反射という。ウは脳を経由して行う動作なので，反射の具体例としては誤っている。 (ii) 反射は脳を経由しないので，A→C→Bの経路をたどる。

2 (天気と変化)

重要 (1) 季節によって吹く方向が変化する風を季節風という。

基本 (2)・(3) 岩石は水よりもあたたまりやすく冷めやすい。地表での空気は冷たい方からあたたかい方に流れていくので，アのように線香の煙は動く。

重要 (4) 夏になると，ユーラシア大陸上の温度が太平洋上の温度より高くなるため，太平洋上で高気圧が発生する。このとき日本では南東の風が吹く。冬になると逆にユーラシア大陸上に高気圧が発生し，日本に北西の風を吹かす。

重要 (5) 日本の冬は日本海側で，水蒸気を含んだ空気が山にぶつかって上昇するため，雪が降ることが多い。

3 (電気分解とイオン)

重要 (1) 溶媒に溶けている物質を溶質という。

基本 (2) 実験1で電流が流れているとき，ビーカーでは水溶液中の陽イオンが陰極に引かれ，陰イオンが陽極に引かれる。

基本 (3) (i) 異なる金属板(実験1の3からわかる)を電解質水溶液(実験2からわかる)に入れることで，電流を取り出せることがわかる。これを利用した装置を電池という。

やや難 (ii) 実験1の1と4で，銅板を電圧計の－端子につないだとき，亜鉛板でも，マグネシウムリボンでも電圧計の針は左にふれるので，銅が最も陽極になりやすい。実験1の2で亜鉛板を＋端子につないだとき，電圧計の針は右に触れたので，マグネシウムリボンより，亜鉛板の方が陽極になりやすいことがわかる。よって，陽極になりやすい順に並べると，銅，亜鉛，マグネシウムの順となる。

4 (電流と電圧)

基本 (1) 4Vの電圧がはたらくとき，抵抗器Aは400mA，抵抗器Bは100mAの電流が流れるので，抵抗器Bの電気抵抗は抵抗器Aの電気抵抗の4倍である。

基本 (2) 4Vの電圧がはたらくとき，抵抗器Aに400mA流れることから，抵抗器Aの電気抵抗は，$4(\mathrm{V})=x(\Omega)\times0.4(\mathrm{A})$より，10Ωである。また，4Vの電圧がはたらくとき，抵抗器Bに100mA流れることから，抵抗器Bの電気抵抗は，$4(\mathrm{V})=x(\Omega)\times0.1(\mathrm{A})$より，40Ωである。図3では抵抗器AとBが直列につながれているので，合成抵抗は50Ωである。よって，実験2の電圧計が示す電圧は，$50(\Omega)\times0.1(\mathrm{A})=5(\mathrm{V})$である。

基本 (3) 抵抗器AとBは並列につながれているので合成抵抗は，$\frac{1}{10(\Omega)}+\frac{1}{40(\Omega)}=\frac{1}{8(\Omega)}$より，8Ωである。よって，回路に流れる電流は，$16(\mathrm{V})=8(\Omega)\times x(\mathrm{A})$より，2Aとなる。

(4) LED電球は白熱電球よりも購入コストが高い。

5 (植物の体のしくみ)

(1) 図1，2から，観察した植物は双子葉類なので，ホウセンカである。

重要 (2) 水面に油を浮かすのは，水面からの水の蒸発を防ぐためである。

基本 (3) (i) 右図のような表をかくと，くきの蒸散量が0.5ml，葉の表の蒸散量が2.3(ml)－0.5(ml)＝1.8(ml)，葉の裏の蒸散量が5.6(ml)－0.5(ml)＝5.1(ml)であることがわかり，葉の裏の方で蒸散量が多いことがわかる。 (ii) この実験の結果からは葉の裏で蒸散量が多いということがわかるだけで，葉の裏の方に気

	表	裏	くき	減った水の量
何もぬらない	○	□	△	7.4ml
葉の表側にぬる	×	□	△	5.6ml
葉の裏側にぬる	○	×	△	2.3ml
葉の両側にぬる	×	×	△	0.5ml

孔が多いとはわからない。(例えば，葉の表も裏も気孔の数が同じであって，葉の裏の方がより多くの蒸散を行うことができ，その結果葉の裏での蒸散量が多いと考えることもできる。)

(4)　葉を取り除き，くきの切り口以外の部分をワセリンで塗った(ア)と葉を取り除き，くきの切り口の部分をワセリンで塗った(イ)を比べると，くきからも蒸散しているかどうかがわかる。

6　(大地の動き・地震)

基本　(1)　両方の地震とも震度は同じであったが，マグニチュードが違うので，地震の大小は，マグニチュードの大小では決まらないことがわかる。

重要　(2)　X側はユーラシアプレート，Yはフィリピン海プレートであり，フィリピン海プレートはユーラシアプレートの下に沈む。

重要　(3)　(i)　P波によっておこるゆれを初期微動という。

基本　(ii)　初期微動継続時間が，観測地点Aでは40秒，Bでは50秒，Cでは70秒であることから震央の位置はイであると考えられる。

やや難　(iii)　P波の到着が観測地点AとBでは，10秒違う。観測地点AとBの震源距離の差は1マス分なので，P波は1マスを10秒で移動することがわかる。観測地点Aは震央から4マス分離れているので，震源距離と震央距離が同じだと考えると，地震の発生時刻は観測地点AでP波が届いた13時11分00秒の40秒前である13時10分20秒であると考えられる。

(4)　地震の発生直後はまず，安全を確かめてから外に避難するべきなので，エは誤っている。

7　(運動とエネルギー)

(1)　50g(0.5N)を10cm(0.1m)まで移動させたので，このとき手がおもりにした仕事の大きさは，0.5(N)×0.1(m)＝0.05(J)である。

(2)　運動エネルギーと位置エネルギーの和(力学的エネルギー)は等しいので，エのグラフとなる。

(3)　点Eの位置までおもりが行くと，水平方向に向かう力は0になっているので，おもりが点Eに達し糸が切れた場合は，鉛直方向(エの方向)に落下する。

重要　(4)　ふりこは，おもりの重さや振れ幅は関係なく，糸の長さの違いだけで10往復するのにかかる時間が決まることが表からわかる。

重要　**8**　(化学変化と質量)

(1)　ガスバーナーの炎を青にするには，ねじⅡ(ガスの調節ねじ)を動かないようにしてから，ねじⅠ(空気の調節ねじ)を反時計回りにまわす。

(2)　$Ca(OH)_2$　＋　CO_2　→　$CaCO_3$　＋　H_2O

(3)　酸化物が酸素を失うことを，還元という。

(4)　(i)　2.0(g)－1.6(g)＝0.4(g)

(ii)　酸素原子2個と炭素原子1個が反応すると二酸化炭素が生成される。

(iii)　酸素原子1個と炭素原子1個の質量比が4：3であるならば，二酸化炭素を生成するためには，酸素原子2個と炭素原子1個が反応するので，その質量比は4×2：3である。よって，8：3＝0.4(g)：M(g)より，M＝0.15gである。

★ワンポイントアドバイス★

問題文の条件，情報を正確に読み取る練習をしよう。

＜社会解答＞

1 (1) リアス海岸　(2) エ　(3) 阿賀野川　(4) B　(5) ① ウ　② エ　③ エ　④ ユーロスター　⑤ イ　(6) ① ウ　② B　(7) 大乗仏教　(8) ア　(9) SDGs　(10) 占領後に安価な輸入米におされ，沖縄でしか作れないサトウキビなどの栽培に転換したから。

2 (1) イ　(2) エ　(3) ウ　(4) ① ア　② エ　③ 東インド　④ ウ　⑤ イ　⑥ ウ　⑦ エ　(5) (地図) コ　(記号) ア　(6) イ　(7) エ　(8) ウ　(9) イ　(10) ウ　(11) エ　(12) (地図) カ　(記号) ア　(13) イ　(14) イ　(15) イ　(16) ウ　(17) 応仁の乱

(18) 1925年の普通選挙法では，満25歳以上の男子のみであったが，新選挙法では満20歳以上と年齢が引き下げられ，さらに婦人参政権が初めて認められた。

3 (1) ① Ⅰ エ　Ⅱ イ　Ⅲ ウ　Ⅳ ア　② 多くの国民のまとまった意見。③ エ　④ メディアリテラシ　⑤ ア　(2) ① 185000円　② イ　③ サービス　④ ウ　(3) ① エ　② ア　③ 製造物責任法[PL法]

○配点○

1 (1)・(3)・(5)④・(7)・(9)・(10)　各4点×6　他　各2点×9

2 (18)　3点　他　各1点×25　**3**　各2点×15　計100点

＜社会解説＞

1 (地理－地形・気候・産業など)

重要 (1) 起伏の多い山地が沈降して形成されたノコギリの歯のような海岸。

(2) 干満の差が日本一といわれる九州最大の湾。日本全体の約4割のノリを生産している。

(3) 上流部は電源開発が盛んで，会津盆地周辺の水を集めて日本海に注ぐ川。

(4) 冬季の雪による降水量が特徴の日本海側の気候。

(5) ① 西アフリカ，ギニア湾岸にあるガーナ。アはアルジェリア，イはチュニジア，エはナミビア。　② 本初子午線はロンドンの旧グリニッジ天文台を通る子午線。　③ 夏季の高温乾燥に耐えるかんきつ類と冬季の雨を利用する小麦栽培。　④ ロンドンとパリを3時間で結ぶ国際特急列車。　⑤ 天橋立(京都府宮津湾の砂州)→姫路城(岡山)→高野山(和歌山)→鳥羽伏見(京都)。

(6) ① 帯広を中心とする北海道南東部の平野。　② 39200÷42100≒0.93。

やや難 (7) 従来の出家者を中心とする仏教(上座部)を批判，すべての人の救済を目指した仏教。

(8) ムハンマドの聖地であり，イスラム教徒はこの地のカーバ神殿に向かって礼拝を行う。

(9) 「誰一人取り残さない」を理念として2030年までに達成を目指す17の目標を示したもの。

(10) 温暖な沖縄は稲作に適した気候といえる。しかし，島やサンゴ礁といった地理的な条件は稲作には向いていないうえ，米軍の施政権下にあったことが大きく影響している。

2 (日本と世界の歴史－古代～現代の政治・社会・文化史など)

(1) 日米修好通商条約を単独で結んだ井伊直弼は反対派を厳しく弾圧(安政の大獄)した。

(2) 西郷隆盛は大久保利通らが渡航したあと留守政府の責任者として内政を担当した。

(3) 雪舟は室町時代中期の画僧。大内氏の庇護《ひご》のもと明にわたり日本風の水墨画を大成させた。

(4) ① 1世紀にわたる武力闘争のうえ独立。　② 勤勉を評価するカルバンの教えがオランダに浸透。 ③ ジャカルタを根拠地にオランダのアジア進出の中心となった。 ④ 1641年，平戸に置かれていたオランダの商館を長崎の出島に移転し鎖国体制が完成された。 ⑤ ターヘルアナトミアを前野良沢らと翻訳したもの。 ⑥ 清は敗北し中国の反植民地化の起点となった事件。 ⑦ 日米安保体制を中心に戦後の日本政治の方向性を確立した首相。

重要

(5) 深い濠や物見やぐらといった邪馬台国をほうふつとさせる佐賀県の吉野ケ里遺跡。弥生時代を特徴づけるのは稲作と金属器。須恵器は古墳時代以降に渡来した技術。

(6) 実学を重視した徳川吉宗は漢訳洋書の輸入制限を緩和した。

(7) 江戸時代には藩をあげて栽培，ミカンで財を成した豪商でも知られている。

(8) 1989年に冷戦の終結が宣言，翌年ドイツが統一され翌翌年にはソ連邦が解体された。

(9) 1429年，尚巴志《しょうはし》が北山・南山・中山の三国を統一して琉球王国を建国。

やや難 (10) 陸軍と対立した立憲政友会の西園寺公望内閣が総辞職し桂太郎が第3次の内閣を組織。「門閥打破，憲政擁護」のスローガンが全国で盛り上がり桂内閣はわずか50日余りで総辞職した。

(11) 1936年の2・26事件で軍部は皇道派を一掃，その後政治的発言力を増し権力を独占していった。柳条湖事件は1931年，国際連盟の脱退は1933年，5・15事件は1932年。

(12) 青森の三内丸山遺跡。1500年間にわたり最盛期には500人もの人々が暮らしていたといわれる縄文時代最大級の遺跡。巨大な建物跡のほか，原始的な農耕の痕跡もみられる。

(13) D(797年)→C(894年)→A(1016年)→B(1051～62年，1083年～87年)。

(14) 図5は安土桃山時代の狩野派絵師・狩野永徳の代表作「唐獅子図屏風」。

(15) 清の建国は江戸初期の1616年，1911年に辛亥革命が起こり翌年に滅亡した

(16) 武田信玄は支配の安定と富国強兵を目的に分国法の「甲州法度之次第」を作成。

(17) 足利義政の後継争いなどから始まったのは応仁の乱。

(18) 第二次護憲運動で誕生した加藤高明内閣は男子普通選挙法と治安維持法を制定。

3 (公民―政治のしくみ・消費生活など)

(1) ① Ⅰ 文書に氏名を書き記すこと。 Ⅱ 国や自治体に希望を表明する参政権の一つ。 Ⅲ 広く情報を伝達する機関。 Ⅳ マスメディアを通じて行われる情報の伝達。

重要 ② 世論の形成にはマスメディアの果たす役割が極めて大きい。 ③ インターネットを使った選挙運動も一部認められているが投票はできない。 ④ リテラシーとは読み書き能力の意味。ICT(情報通信技術)が急速に発展した現代には不可欠の能力といえる。 ⑤ 投票価値の著しい格差は法の下の平等(憲法14条)に違反し選挙も無効といった判決も出ている。

(2) ① 支出から雑費，税金などを除いたもの。 ② 貯蓄や投資は支出には当たらず，社会保険料は税金と同じ非消費支出に分類される。 ③ モノや情報，快適さなどサービスはあらゆる場面で私たちの生活を潤している。 ④ クレジットカードは代金後払い方式。

やや難 (3) ① 1962年，ケネディ大統領が示したもの。 ② 消費者を保護の対象ではなく権利の主体として位置付けた法律。 ③ メーカーの無過失責任を定めた法律。

★ワンポイントアドバイス★

急速に情報化が進んでいる現代社会では毎日のように新しい言葉を耳にする。ニュースなどに注意を払いそうした言葉をまとめてみよう。

＜国語解答＞

1 問一 a しあん b も(れた) c ひび(き) d ふち e にご(って)
問二 ご褒美 問三 (例) 公園の男たちのチェスは，単なる金を稼ぐ道具でしかないが，グランドマスターたちのチェスは，盤上に素晴らしい絵を映し出し，観客に感動を与えられるものである。 問四 盤上に，いや盤下に詩が刻める 問五 ア

2 問一 a 遠慮 b 強烈 c 率直 d 間柄 e 禁物 問二 A エ B ウ C オ D イ 問三 (例) 日本人のコミュニケーションの役割は，お互いの気持ちを結びつけ，良好な場の雰囲気を醸し出すことであり，強烈な自己主張によって相手を説きふせることではないから。 問四 その代わり～ができる。 問五 ウ 問六 オ

3 問一 A よう B あいだ 問二 1 善男 6 郡司 問三 2 エ 4 ア
問四 (例) いつもと違って，自分の主である郡司が丁重にもてなしてくれたこと。
問五 大納言

○推定配点○

1 問一 各2点×5 問三 10点 他 各5点×3
2 問一・問二 各2点×9 問三 10点 他 各5点×3
3 問一～問三 各2点×6 問四 7点 問五 3点 計100点

＜国語解説＞

1 (小説－漢字の読み，文脈把握，内容吟味，情景・心情，大意)

問一 a 「思案」は，あれこれ考えること。「思」を使った熟語はほかに「思索」「思慮」など。訓読みは「おも(う)」。 b 「漏」の訓読みは「も(らす)」「も(る)」「も(れる)」。 音読みは「ロウ」。熟語は「漏水」「漏電」など。 c 「響」の音読みは「キョウ」。熟語は「影響」「反響」など。 d 「縁」の音読みは「エン」。熟語は「縁者」「血縁」など。 e 「濁」の訓読みは「にご(す)」「にご(る)」。音読みは「ダク」。熟語は「濁点」「濁流」など。

問二 「お金」については，「『例えば……』」で始まるマスターの言葉に「例えばグランドマスターたちは，素晴らしいチェスを指して，そのご褒美をもらう……それがお金だ」とあるので，「ご褒美」を抜き出す。

やや難 問三 「マスター」は，「公園の男たち」のチェスについては，「『公園にいる彼らがやり取りしているお金は，チェスへのご褒美なんかじゃない。単なる金だ。つまりチェスは金を稼ぐための道具に過ぎないんだ』」と言っており，「グランドマスター」たちのチェスについては，「『素晴らしいチェスを指して，そのご褒美をもらう。それは当然のことだ。盤上に映し出される絵，浮かび上がる詩，響き渡る音に観客は拍手喝采を送り，自分たちの感動の何分の一かでも形にしてプレゼントしたいと願う。それがお金だ』」と言っているので，「公園の男たち」の「単なる金を稼ぐための手段」としてのチェスと，「グランドマスター」たちの「盤上に映し出される絵，浮かび上がる詩」「観客は拍手喝采を送る」チェスを比較してまとめればよい。

問四 「『俺は坊やの……』」で始まるマスターの言葉に「坊やなら誰もがはっと息の呑むようなチェスが指せる。盤上に，いや盤下に詩が刻める。」とあるので，「盤上に，いや盤下に詩を刻める(14字)」を抜き出す。

やや難 問五 マスターは，「賭けチェスをやったんだね，坊や」「で，勝ってお金をもらったのかい？」「俺は坊やがチェスでお金を稼いだことを怒っているんじゃない」「俺は坊やの駒を，そういう盤

上で動かしてもらいたくないんだ。……坊やなら誰もがはっと息を呑むようなチェスが指せる」と優しく諭しており，坊やは，その言葉を受けとめて「うん，分かるよ」「もうしないよ，あんなチェスは……ごめんなさい。本当にごめんなさい」「せっかくマスターが教えてくれたチェスなのに……よく考えもせず……いい気になって……」と考えを進めているので，「話が進むごとにマスターの優しさを全力で受けとろうとする少年が描かれている」とするアが適切。イは「マスターのチェスへのこだわりが一際目立つ」，ウは「テンポよく表現」，エは「比喩表現や倒置法，回想シーン等を用いて表現」という部分が適切でない。

2 (論説文－漢字の書き取り，脱語補充，接続語，文脈把握，要旨)

問一　a 「慮」を使った熟語はほかに「苦慮」「配慮」など。訓読みは「おもんぱか(る)」。 b 「烈」を使った熟語はほかに「烈風」「激烈」など。訓読みは「はげ(しい)」。 c 「率」を使った熟語はほかに「率先」「引率」など。音読みはほかに「リツ」。熟語は「確率」「能率」など。訓読みは「ひき(いる)」。 d 「柄」を使った熟語はほかに「事柄」「人柄」など。訓読みはほかに「え」「つか」。音読みは「ヘイ」。熟語は「横柄」など。 e 「禁」を使った熟語はほかに「禁止」「解禁」など。

問二　A 直前に「僕たちは，自分の意見を通そうというより前に，相手はどうしたいんだろう，どんな考えなんだろうと，相手の意向を気にする。そして，……意見が対立するようなことはできるだけ避けたい。そうでないと気まずい」とあり，直後で「僕たち日本人にとっては，コミュニケーションの最も重要な役割は……良好な場の雰囲気を醸し出すことなのだ」と言い換えて説明しているので，言い換え・説明を表す「つまり」がはいる。 B 直前に「相手の意思を汲み取って動くというのは，僕たち日本人の行動原理」とあり，直後で「何かを頑張るとき……」と具体例を示しているので，例示を表す「たとえば」が入る。 C 直前の「親を喜ばせるため」と，直後の「親を悲しませないために」を並べて，対比させているので，対比・選択を表す「あるいは」が入る。 D 直前に「……などと批判されることがある」とあるのに対し，直後では「それは欧米的な価値観に染まった見方に過ぎない」としているので，逆接を表す「でも」が入る。

やや難　問三　「日本人が自己主張が苦手」な「理由」については，後に「それは，……コミュニケーションの法則がまったく違っているからだ」とあり，さらに「僕たち日本人にとっては，コミュニケーションの最も重要な役割は，お互いの気持ちを結びつけ，良好な場の雰囲気を醸し出すことなのだ。キョウレツな自己主張によって相手を説き伏せることではない」と説明されているので，これらを要約すればよい。

問四　「日本人が自己主張が苦手」なことについては，「だから……」で始まる段落に「だから自己主張のスキルを磨かずに育つことになる。自己主張が苦手なのは当然なのだ」とあり，「悪いことではない」といえる根拠については，続いて「その代わりに相手の気持ちを察する共感性を磨いて育つため，相手の意向や気持ちを汲み取ることができる」と説明されているので，この一文があてはまる。

問五　「関係性としての自己」については，直後に「僕たちの自己は，相手から独立したものではなく，相手との相互依存に基づくものであり，アイダガラによって形を変える。……だから相手の意向が気になる。相手の視線が気になるのだ」とあり，さらに「関係性を生きるとなると，……自分の意見を言う前に相手の意向をつかむ必要がある……相手の意見や要求を汲み取り，それを自分の意見や要求に取り込みつつ，こちらの意見を主張しなければならない」と説明されているのでウが適切。アは「自己を完全に消し」，イは「自分の意見や要求だけが通るように」，エは「視線恐怖があまりなく」，オは「相手の意見だけを優先させる」という部分が適切でない。

やや難 問六　アは「他者との距離を置いているだけ」という部分が合致しない。本文には「僕たち日本人にとっては，コミュニケーションの最も重要な役割は，お互いの気持ちを結びつけ，良好な場の雰囲気を醸し出すことなのだ」「だから自己主張のスキルを磨かずに育つことになる」とある。イは「(アメリカ人は)相手のことを全く考えない」という説明は本文にないのであてはまらない。ウは「独立的自己観と相互協調的自己観は本質的に同じ」という部分が適切でない。本文には「独立的自己観」と「相互協調的自己観」の違いが説明されている。エは，本文に「そもそも日本人とアメリカ人では自己のあり方が違っていて，コミュニケーションの法則がまったく違っている」とあることと合致しない。オは，「それに対して……」で始まる段落に述べられている内容と合致する。

3　**(古文－仮名遣い，主語，語句の意味，文脈把握，口語訳，大意)**

〈口語訳〉　これも今となっては昔のことだが，伴大納言善男は佐渡の国の郡司の従者である。

その国で善男が，西大寺と東大寺とをまたいで立った夢を見て，妻にこの話をした。(すると)妻は「そのまたは裂かれるでしょう」と，夢合わせをしたので，善男は驚いて，「つまらないことを言ってしまったか」と恐れて，主の郡司の家へ向かうと，郡司はたいへんな人相見であるが，日頃はそんなことはしないのに，思いのほか(丁重に)もてなして，藁で編んだ座布団を取り出して，向かい合って座り，上座に座らせるので，善男は不審に思って，「私をだまして，妻の言うようにまたなどを裂くのだろうか」と恐れていると，郡司は「お前は，高貴な相の夢を見た。そして，つまらない人に(その)話をした。(善男は)必ず高い位にのぼるが，事件が起きて，罪をかぶることになるぞ」と言う。

そうしているうちに，善男は縁あって京に上り，大納言になった。しかし，やはり罪をかぶる(ことになった)。郡司の言葉通りになった。

問一　A 「やう」は「よー」と発音し，現代仮名遣いでは「よう」と表記する。　B 語頭以外の「はひふへほ」は，現代仮名遣いでは「わいうえお」となるので，「ひ」は「い」に直して「あいだ」となる。

問二　1 一文の初めに「善男」とあるので，主語は「善男」。　6 前に「郡司がいはく」とあるので，主語は「郡司」。

問三　2 「よしなし」は，つまらない，無意味だ，理由がない，という意味があるのでエが適切。4 「やむごとなし」には，位が高い，高貴だ，などの意味があるのでアが適切。

やや難 問四　直前に「主の郡司が家へ向ふ所に，郡司，きはめたる相人なりけるが，日来はさもせぬに，事の外に饗応して，……召しのぼせれば」とあるので，これらを要約して「いつもと違って，自分の主である郡司が丁重にもてなしてくれたこと。」などとする。善男の主である郡司が，いつもと違って，善男を上座に座らせ丁重にもてなしたことを不審に思ったのである。

問五　「大位」は，高い位，という意味。「大位にはいたる」は，最終段落で「大納言にいたる」と言い換えられているので，「大納言」を抜き出す。郡司の従者であった「善男」が，「大納言」にまで出世したのである。

★ワンポイントアドバイス★

現代文，古文ともに，記述対策として，内容を要約する練習をしよう！
古文は，注釈を参照して口語訳する力，大意を的確にとらえる力をつけよう！

MEMO

大切なことはメモしておこうネ！

解答用紙集

○月×日　△曜日　天気（合格日和）

◆ご利用のみなさまへ
＊解答用紙の公表を行っていない学校につきましては、弊社の責任において、解答用紙を制作いたしました。
＊編集上の理由により一部縮小掲載した解答用紙がございます。
＊編集上の理由により一部実物と異なる形式の解答用紙がございます。

人間の最も偉大な力とは、その一番の弱点を克服したところから生まれてくるものである。 ――カール・ヒルティ――

東京学参株式会社

鹿島学園高等学校（一般）　2024年度

◇数学◇

※ 139％に拡大していただくと，解答欄は実物大になります。

1

(1)		(2)		(3)	
(4)		(5)			

2

(1)	$x=$　　　　，$y=$	(2)	$x=$
(3)	中央値　　　点，第 3 四分位数　　　点	(4)	
(5)	$\angle x=$　　　度		

3

(1)		(2)		(3)	（　　　　）枚
(4)	段目	(5)	枚		

4

(1)		(2)	$a=$	(3)	（　　，　　）
(4)		(5)			

5

(1)	：	(2)	：

(3)	ア	
	イ	

(4)		(5)	

鹿島学園高等学校（一般）　2024年度　◇英語◇

※ 145%に拡大していただくと，解答欄は実物大になります。

1

問1			
a	b	c	d

問2		
a	b	c

問3		
a	b	c

2

a

b
…（
）the history …

c

d

e

3

a	b	c	d	e	f	g

4

a	b	c

5

a	b	c	d

6

a	b

c	d

e

7

a
?

b
.

鹿島学園高等学校（一般）　2024年度　◇理科◇

※ 147％に拡大していただくと，解答欄は実物大になります。

1

(1)		(2)	cm^3
(3) ①	と	②	と
(4)			
(5) (i)			
(5) (ii) あ		い	

2

(1)			
(2) 図		記号	
(3)		(4)	
(5)			

3

(1) 実験2		実験3	
(2) あ		い	
(2) う	法		
(3)			
(4) あ		い	う

4

(1)	W	(2)	J
(3) あ	エネルギー	い	
(3) う	エネルギー		
(4) 値	N	長さ	cm
(5)			

5

(1)	秒		
(2) (i)		(ii)	
(2) (iii)			
(2) (iv)			

6

(1)		(2)	
(3)	→ → → → →		
(4) 名称			
(4) 条件			

7

(1)

(2)

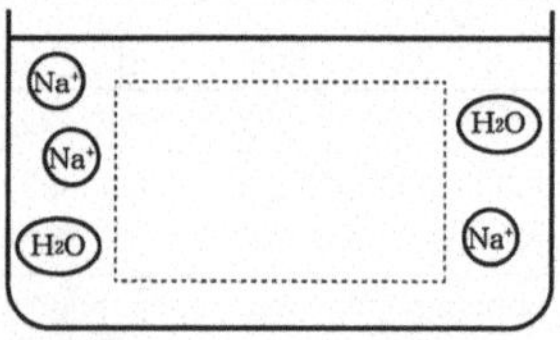

(3) $H_2SO_4+Ba(OH)_2\rightarrow$

(4)

8

(1)			
(2)	Ω	(3)	
(4)	Ω	(5)	

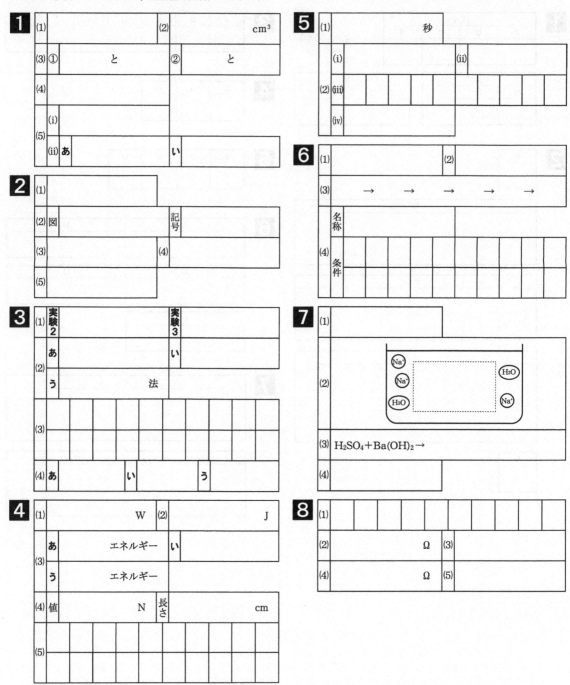

鹿島学園高等学校（一般）　2024年度

◇社会◇

※ 137%に拡大していただくと，解答欄は実物大になります。

1

I	(1)	大陸	(2)		(3)			
	(4)							
	(5)		(6)		(7)		(8)	
II	(1)		(2)					
	(3)							
	(4)	→ →	(5)	市	(6)			
	(7)	①		②				

2

I	(1)	住居	(2)		(3)		(4)		(5)		(6)	
	(7)											
	(8)		(9)		(10)		(11)		(12)			
II	(1)			(2)		(3)						
	(4)		(5)									
	(6)											
	(7)		(8)		(9)							

3

I	(1)		(2)		(3)		(4)	
	(5)							
II	(1)		(2)		(3)		(4)	
	(5)							
III	(1)	①		②	税			
	(2)		(3)		(4)			

2024年度　鹿島学園高等学校（一般）

◇国語◇

※145％に拡大していただくと、解答欄は実物大になります。

1

問一　a　b　c　d　e

問二

問三

問四　（50）

問五

2

問一　a　b　c　d　e

問二　A　B　C　D　E

問三　段落

問四　ア　イ　ウ　エ　オ　カ　キ　ク

問五

問六

3

問一　①　②

問二　（30）

問三

問四　X　Y

問五

問六

鹿島学園高等学校（一般）　2023年度

◇数学◇

※ 143％に拡大していただくと，解答欄は実物大になります。

1

(1)		(2)		(3)	
(4)		(5)			

2

(1)	$x=$　　　　$y=$	(2)	$x=$
(3)	平均値　　　，中央値	(4)	$\leqq y \leqq$
(5)	$\angle x=$　　　，$\angle y=$		

3

(1)		(2)		(3)	
(4)		(5)			

4

(1)	

(2)	ア		イ		ウ	
	エ					

(3)		(4)	

5

(1)		(2)	$a=$	(3)	
(4)		(5)			

鹿島学園高等学校（一般）　2023年度

◇英語◇

※ 147％に拡大していただくと，解答欄は実物大になります。

1

問1			
a	b	c	d

問2		
a	b	c

問3		
a	b	c

2

a

b

c

d

e

3

a	b	c	d	e	f	g

4

a	b	c

5

a	b	c	d

6

a	b

c	d

e

7

a

b

鹿島学園高等学校(一般)　2023年度　◇理科◇

※ 149％に拡大していただくと，解答欄は実物大になります。

1

(1)

(2)

(3) (i)　(ii)

(4)

2

(1) 物質

電離　→　＋

(2)

(3)

(4)

3

(1)　(2)

(3)　(4)

(5)

4

(1)　(2)

(3)

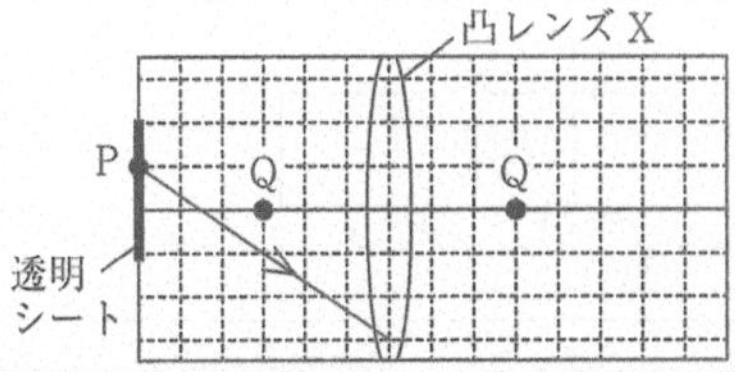

(4)

(5) (i)　(ii)

5

(1) ℃　(2)

(3)

(4) ℃

6

(1)　(2)

(3) (i)　(ii) 通り

7

(1) cm　(2)

(3)

(4) 長さ　浮力 N

(5) N

8

(1) cm^3　g/cm^3

(2) 状態変化　理由

(3) 枝付きフラスコから出た

(4)

(5)

鹿島学園高等学校(一般)　2023年度　◇社会◇

※ 137%に拡大していただくと，解答欄は実物大になります。

1

(1)		(2)						
(3)	①		②		③		④	
(4)	①		②		③			
(5)		(6)	A		B			
(7)	①		②		③			
(8)								

2

Ⅰ	(1)												
	(2)												
	(3)		(4)		(5)		(6)		(7)		(8)		
	(9)		(10)		(11)		(12)		(13)				
Ⅱ	(1)		(2)		(3)								
	(4)												
	(5)		(6)		(7)								

3

(1)	①		②		③		④		⑤		
(2)	①	年									
	②										
	③		④								
(3)	①		②		③		④		⑤		

◇国語◇

鹿島学園高等学校（一般）　２０２３年度

※１４７％に拡大していただくと、解答欄は実物大になります。

1

問一　a　b　c　d　やか　e

問二

問三

問四　（50）

問五

2

問一　a　b　c　d　める　e　る

問二　A　B　C　D　E

問三

問四

問五　ア　イ　ウ　エ　オ　カ　キ　ク

問六

3

問一　①　②

問二　（30）

問三　〜

問四　X　Y

問五

問六

鹿島学園高等学校(一般)　2022年度

◇数学◇

※ 143％に拡大していただくと，解答欄は実物大になります。

1

(1)		(2)		(3)	
(4)		(5)			

2

(1)	x =　　　　y =			(2)	x =
(3)		(4)	a =	(5)	∠x =

3

(1)	本	(2)	本	(3)	本
(4)	cm	(5)	本		

4

(1)	DE：EC =	(2)	DE =	(3)	PQ =
(4)	cm^2	(5)	倍		

5

(1)	a =	(2)	B (　　,　　)	(3)	
(4)		(5)			

鹿島学園高等学校（一般）　2022年度

◇英語◇

※ 147％に拡大していただくと，解答欄は実物大になります。

1

問1			
a	b	c	d

問2		
a	b	c

問3		
a	b	c

2

a

b

c

d

e

3

a	b	c	d	e	f	g

4

a	b	c

5

a	b	c	d

6

a	b

c	d

e

7

a

b

鹿島学園高等学校（一般）　2022年度

◇理科◇

※ 149％に拡大していただくと，解答欄は実物大になります。

1

(1)

(2)　神経

(3) (i) 名称　具体例

(ii)

2

(1)

(2)

(3)

(4)

(5)

3

(1)

(2)

(3) (i)

(ii)

4

(1)　倍

(2)　V

(3)　Ω　A

(4)

5

(1)

(2)

(3) (i)

(ii)

(4)

6

(1)

(2)

(3) (i)

(ii)

(iii)　時　分　秒

(4)

7

(1)　J

(2)

(3)

(4)

8

(1)

(2)

(3)

(4) (i)

(ii)

(iii)

鹿島学園高等学校(一般)　2022年度

◇社会◇

※ 137%に拡大していただくと，解答欄は実物大になります。

1

(1)		(2)		(3)		(4)			
(5)	①		②		③		④		⑤
(6)	①		②		(7)		(8)		(9)
(10)									

2

(1)		(2)		(3)		(4)	①		②		③
(4)	④		⑤		⑥		⑦				
(5)	場所		特徴		(6)		(7)		(8)		(9)
(10)		(11)		(12)	場所		遺跡名		(13)		(14)
(15)		(16)		(17)							
(18)											

3

(1)	①	Ⅰ		Ⅱ		Ⅲ		Ⅳ	
	②								
	③		④		⑤				
(2)	①		②		③		④		
(3)	①		②		③				

鹿島学園高等学校（一般）　２０２２年度

※１４７％に拡大していただくと、解答欄は実物大になります。

◇国語◇

1

問一　a　b　れた　c　き　d　e　って

問二

問三　70　80

問四

問五

2

問一　a　b　c　d　e

問二　A　B　C　D

問三　80

問四　〜

問五

問六

3

問一　A　B

問二　1　6

問三　2　4

問四　30

問五

～公立高校志望の皆様に愛されるロングセラーシリーズ～

公立高校入試シリーズ

・全国の都道府県公立高校入試問題から良問を厳選
※実力錬成編には独自問題も！
・見やすい紙面、わかりやすい解説

数学

合格のために必要な点数をゲット

目標得点別・公立入試の数学 基礎編

- 効率的に対策できる！　30・50・70点の目標得点別の章立て
- web解説には豊富な例題167問！
- 実力確認用の総まとめテストつき

定価：1,210円（本体1,100円＋税10%）／ISBN：978-4-8141-2558-6

応用問題の頻出パターンをつかんで80点の壁を破る！

実戦問題演習・公立入試の数学 実力錬成編

- 応用問題の頻出パターンを網羅
- 難問にはweb解説で追加解説を掲載
- 実力確認用の総まとめテストつき

定価：1,540円（本体1,400円＋税10%）／ISBN：978-4-8141-2560-9

英語

「なんとなく」ではなく確実に長文読解・英作文が解ける

実戦問題演習・公立入試の英語 基礎編

- 解き方がわかる！　問題内にヒント入り
- ステップアップ式で確かな実力がつく

定価：1,100円（本体1,000円＋税10%）／ISBN：978-4-8141-2123-6

公立難関・上位校合格のためのゆるがぬ実戦力を身につける

実戦問題演習・公立入試の英語 実力錬成編

- 総合読解・英作文問題へのアプローチ手法がつかめる
- 文法、構文、表現を一つひとつ詳しく解説

定価：1,320円（本体1,200円＋税10%）／ISBN：978-4-8141-2169-4

理科

短期間で弱点補強・総仕上げ

実戦問題演習・公立入試の理科

- 解き方のコツがつかめる！　豊富なヒント入り
- 基礎～思考・表現を問う問題まで
重要項目を網羅

定価：1,045円（本体950円＋税10%）
ISBN：978-4-8141-0454-3

社会

弱点補強・総合力で社会が武器になる

実戦問題演習・公立入試の社会

- 基礎から学び弱点を克服！　豊富なヒント入り
- 分野別総合・分野複合の融合など
あらゆる問題形式を網羅
※時事用語集を弊社HPで無料配信

定価：1,045円（本体950円＋税10%）
ISBN：978-4-8141-0455-0

国語

最後まで解ききれる力をつける

形式別演習・公立入試の国語

- 解き方がわかる！　問題内にヒント入り
- 基礎～標準レベルの問題で
確かな基礎力を築く
- 実力確認用の総合テストつき

定価：1,045円（本体950円＋税10%）
ISBN：978-4-8141-0453-6

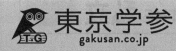

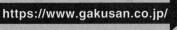

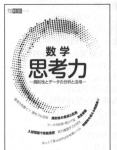

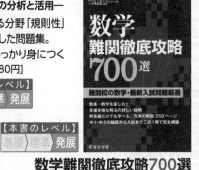

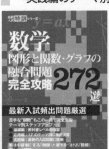

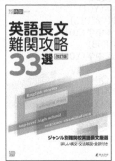

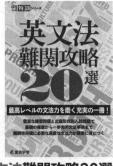

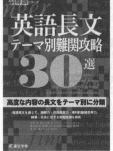

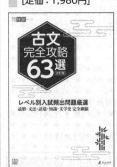

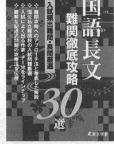

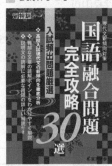

東京学参の

中学校別入試過去問題シリーズ

＊出版校は一部変更することがあります。一覧にない学校はお問い合わせください。

東京ラインナップ

あ　青山学院中等部(L04)
麻布中学(K01)
桜蔭中学(K02)
お茶の水女子大附属中学(K07)
か　海城中学(K09)
開成中学(M01)
学習院中等科(M03)
慶應義塾中等部(K04)
啓明学園中学(N29)
晃華学園中学(N13)
攻玉社中学(L11)
国学院大久我山中学
（一般・CC）(N22)
（ＳＴ）(N23)
駒場東邦中学(L01)
さ　芝中学(K16)
芝浦工業大附属中学(M06)
城北中学(M05)
女子学院中学(K03)
巣鴨中学(M02)
成蹊中学(N06)
成城中学(K28)
成城学園中学(L05)
青稜中学(K23)
創価中学(N14)★
た　玉川学園中学部(N17)
中央大附属中学(N08)
筑波大附属中学(K06)
筑波大附属駒場中学(L02)
帝京大中学(N16)
東海大菅生高中等部(N27)
東京学芸大附属竹早中学(K08)
東京都市大付属中学(L13)
桐朋中学(N03)
東洋英和女学院中学部(K15)
豊島岡女子学園中学(M12)
な　日本大第一中学(M14)
日本大第三中学(N19)
日本大第二中学(N10)
は　雙葉中学(K05)
法政大学中学(N11)
本郷中学(M08)
ま　武蔵中学(N01)
明治大付属中野中学(N05)
明治大付属八王子中学(N07)
明治大付属明治中学(K13)
ら　立教池袋中学(M04)
わ　和光中学(N21)
早稲田中学(K10)
早稲田実業学校中等部(K11)
早稲田大高等学院中学部(N12)

神奈川ラインナップ

あ　浅野中学(O04)
栄光学園中学(O06)
か　神奈川大附属中学(O08)
鎌倉女学院中学(O27)
関東学院六浦中学(O31)
慶應義塾湘南藤沢中等部(O07)
慶應義塾普通部(O01)
さ　相模女子大中学部(O32)
サレジオ学院中学(O17)
逗子開成中学(O22)
聖光学院中学(O11)
清泉女学院中学(O20)
洗足学園中学(O18)
捜真女学校中学部(O29)
た　桐蔭学園中等教育学校(O02)
東海大付属相模高中等部(O24)
桐光学園中学(O16)
な　日本大中学(O09)
は　フェリス女学院中学(O03)
法政大第二中学(O19)
や　山手学院中学(O15)
横浜隼人中学(O26)

千・埼・茨・他ラインナップ

あ　市川中学(P01)
浦和明の星女子中学(Q06)
か　海陽中等教育学校
（入試Ⅰ・Ⅱ）(T01)
（特別給費生選抜）(T02)
久留米大附設中学(Y04)
さ　栄東中学（東大・難関大）(Q09)
栄東中学（東大特待）(Q10)
狭山ヶ丘高校付属中学(Q01)
芝浦工業大柏中学(P14)
渋谷教育学園幕張中学(P09)
城北埼玉中学(Q07)
昭和学院秀英中学(P05)
清真学園中学(S01)
西南学院中学(Y02)
西武学園文理中学(Q03)
西武台新座中学(Q02)
専修大松戸中学(P13)
た　筑紫女学園中学(Y03)
千葉日本大第一中学(P07)
千葉明徳中学(P12)
東海大付属浦安高中等部(P06)
東邦大付属東邦中学(P08)
東洋大附属牛久中学(S02)
獨協埼玉中学(Q08)
な　長崎日本大中学(Y01)
成田高校付属中学(P15)
は　函館ラ・サール中学(X01)
日出学園中学(P03)
福岡大附属大濠中学(Y05)
北嶺中学(X03)
細田学園中学(Q04)
や　八千代松陰中学(P10)
ら　ラ・サール中学(Y07)
立命館慶祥中学(X02)
立教新座中学(Q05)
わ　早稲田佐賀中学(Y06)

公立中高一貫校ラインナップ

北海道　市立札幌開成中等教育学校(J22)
宮　城　宮城県仙台二華・古川黎明中学校(J17)
市立仙台青陵中等教育学校(J33)
山　形　県立東桜学館・致道館中学校(J27)
茨　城　茨城県立中学・中等教育学校(J09)
栃　木　県立宇都宮東・佐野・矢板東高校附属中学校(J11)
群　馬　県立中央・市立四ツ葉学園中等教育学校・
市立太田中学校(J10)
埼　玉　市立浦和中学校(J06)
県立伊奈学園中学校(J31)
さいたま市立大宮国際中等教育学校(J32)
川口市立高等学校附属中学校(J35)
千　葉　県立千葉・東葛飾中学校(J07)
市立稲毛国際中等教育学校(J25)
東　京　区立九段中等教育学校(J21)
都立大泉高等学校附属中学校(J28)
都立両国高等学校附属中学校(J01)
都立白鷗高等学校附属中学校(J02)
都立富士高等学校附属中学校(J03)
都立三鷹中等教育学校(J29)
都立南多摩中等教育学校(J30)
都立武蔵高等学校附属中学校(J04)
都立立川国際中等教育学校(J05)
都立小石川中等教育学校(J23)
都立桜修館中等教育学校(J24)
神奈川　川崎市立川崎高等学校附属中学校(J26)
県立平塚・相模原中等教育学校(J08)
横浜市立南高等学校附属中学校(J20)
横浜サイエンスフロンティア高校附属中学校(J34)
広　島　県立広島中学校(J16)
県立三次中学校(J37)
徳　島　県立城ノ内中等教育学校・富岡東・川島中学校(J18)
愛　媛　県立今治東・松山西中等教育学校(J19)
福　岡　福岡県立中学校・中等教育学校(J12)
佐　賀　県立香楠・致遠館・唐津東・武雄青陵中学校(J13)
宮　崎　県立五ヶ瀬中等教育学校・宮崎西・都城泉ヶ丘高校附属中学校(J15)
長　崎　県立長崎東・佐世保北・諫早高校附属中学校(J14)

公立中高一貫校「適性検査対策」問題集シリーズ

総合編　作文問題編　資料問題編　数と図形編　生活と科学編　実力確認テスト編

私立中・高スクールガイド

THE《ザ》 私立

私立中学＆高校の学校生活がわかる！

〈ダウンロードコンテンツについて〉

本問題集のダウンロードコンテンツ、弊社ホームページで配信しております。現在ご利用いただけるのは「2025年度受験用」に対応したもので、**2025年3月末日**までダウンロード可能です。弊社ホームページにアクセスの上、ご利用ください。

※配信期間が終了いたしますと、ご利用いただけませんのでご了承ください。

高校別入試過去問題シリーズ

鹿島学園高等学校　2025年度

ISBN978-4-8141-3027-6

[発行所] 東京学参株式会社

〒153-0043　東京都目黒区東山2-6-4

書籍の内容についてのお問い合わせは右のQRコードから　⇒

※書籍の内容についてのお電話でのお問い合わせ、本書の内容を超えたご質問には対応できませんのでご了承ください。

2024年7月11日　初版